국립중앙도서관 출판시도서목록(CIP)

첩자열전 : 정보를 지배하는 자가 세상을 얻는다 / 지은이:
김승제. -- 서울 : 토담미디어, 2014
    p. ;   cm

한자표제: 諜者列傳
표제관련정보: 한중일 삼국 간 첩보전 속에서 우리 역사를
지켜 온 숨은 이야기
ISBN 978-89-92430-96-8 03300 : ₩14000

첩보전[諜報戰]
한국사[韓國史]
349.9-KDC5
327.1209-DDC21   CIP2014013750

첩자열전

정보를 지배하는 자가 세상을 얻는다

첩자열전

諜者列傳

김승제 지음

토담미디어

머리말

첩보(諜報)란 단어는 왠지 첫 인상부터 부담스럽고 베일에 가려진 것 같은 느낌이 들어 일반 대중이 흔히 쓰는 용어는 아니다.

하지만 첩보와 관련된 첩자 행위는 인류 역사에서 두 번째로 오래된 직업으로, 21세기에도 명칭만 스파이로 바뀌어 오늘날 가장 유망한 직업 중의 하나로 평가받고 있다. 이는 과거 국가가 주도하여 온 첩보가 오늘날에는 기업은 물론 개인의 행위로까지 확대되고 있음을 반영하는 것이기도 하다.

즉 첩보는 오래전부터 우리에게 있어 늘 있어왔고, 앞으로도 함께 해야 할, 떼려야 뗄 수 없는 불가분의 관계에 있으며, 이러한 현상은 더욱 촘촘해지는 경향을 보이고 있다.

따라서 첩보활동을 어느 한 기구나 조직의 이른바 검은 안경에 가려진 음습한 행위로 보는 것은 시대적 흐름과는 동 떨어진 발상이라 아니할 수 없다.

학술적으로 첩보란 맨 처음 현장에서 수집된 생정보(生情報, Information) 또는 생자료(生資料, Raw Data)를 의미하며, 이것을 가지고 분석과 평가과정을 거친 것을 정보(情報, Inteligence)라 부르고 있다.

이러한 의미에서 각국은 첩보를 수집하고, 분석한 정보를 바탕으로 비밀공작이나 방첩활동을 수행하고 있는데, 이것은 시대의 차이만 있을 뿐 예나 지금이나 그 활동분야는 크게 다르지 않았다.

본서는 우리 조상들이 벌였던 첩보수집, 정보분석, 비밀공작, 방첩활동을 모두 아우르는 이른바 첩보활동(諜報活動)을 다룬 역사서이다. 따라서 조금은 다른 각도에서 본 역사 해석이라 다소 생소하다는 인상마저 가질 수 있다.

그럼에도 불구하고 우리 역사를 가로 지르는 저 편에 첩보를 다루는 그들이 있었고, 그들만 가지고도 역사를 재구성할 수 있을 것으로 판단되어 그 들을 직접 다뤄보기로 했다.

하지만 단순한 기록만 가지고는 역사에 가려져있던 첩자들의 숨은 활동내용을 발견해 내기란 그리 쉽지 않았다. 이들의 행적을 찾기 어려운 것은 사료의 부족이 가장 큰 원인이겠으나 첩보활동이 원래 갖고 있는 비밀스런 행동으로 그 모습이 표면에 잘 나타나지 않는다는 것도 이유로 꼽을 수 있을 것 같다.

그러나 한반도를 둘러싼 동아시아 격변의 소용돌이 속에서, 그 기록만 자세하지 않을 뿐이지, 보이지 않는 곳에서 은밀히 역사의 물줄기를 돌려놓았던 첩자들의 그림자는 남아있을 수밖에 없었다. 그들의 흔적을 느끼면서 오랜 동안 파묻혔던 사료와 기록의 행간 속에서 또 다른 역사의 주인공을 발견할 수 있었다.

주지하다시피 인류사는 전쟁사였다고도 말할 수 있고, 전쟁과 첩보는 불가분의 관계에 있는 이상 전쟁사는 바로 첩보사로 보아도 무방할 것이다. 이러한 의미에서 약 4천 년 이상의 전쟁사가 존재하고 있음에 비추어 볼 때, 첩보사 역시 그 기원을 동서양 모두 그 수준으로 보는 데는 큰 이견이 없을 것이다.

우리나라에서도 위만조선의 건국시기인 BC 195년 경 우리 역사상 최초의 전쟁이 있었던 점을 볼 때 실제 이즈음부터 첩보전이 활발하게 전개되었음을 사료로 찾아볼 수 있다.

역대 우리 왕조는 모두 중국대륙의 변화 추이와 거란, 여진, 말갈 등의 발호(跋扈) 그리고 일본의 끊임없는 침략 속에서 살아남기 위해 총력을 기울였고, 그 과정에서 상대에 대한 첩보활동은 필수적이었다. 그리고 이러한 역사적 환경에서 여러 우수한 첩자가 태어나기도 했다.

이러한 첩자가 태어난 배경에는 시대를 초월한 중국의 병법서적 『무경칠서(武經七書)』의 영향도 빼놓을 수 없다. 이중 『손자병법』의 「용간」편은 첩보이론의 교과서로 불릴 만큼 우리나라에서도 그 중요성을 인식해왔고, 오래전부터 제왕이나 무인들의 필독서로 불릴 만큼 전쟁에서 막강한 영향력을 발휘하였다.

본서는 우리나라 기원전경 부터 대한제국까지의 첩보사를 담고 있다. 이것은 그 시기까지라도 이 책이 의도하고자 하는 내용을 충실히 담고자 함이었다. 그 이후의 첩보사는 짧지만 보다 방대한 기록이 있고, 비교적 일반에게도 알려져 있어 일제 강점기 이후의 근현대 첩보사는 다음으로 미루는 것을 양해 바란다.

우리를 둘러싼 첩보전은 지금도 현재진행형이다. 이런 의미에서 21세기 무한경쟁 속 대한민국의 미래를 위해서도 과거의 첩보활동을 되돌아보는 것은 꽤 의미 있는 일이라고 여겨진다.

그래서 이 책에서는 기원전부터 국가의 필수 불가결한 활동으로 자리 잡았던 첩보활동의 숨은 기록을 꼼꼼하게 소개하고, 각국의 사료를 들어 동아시아 국가 간에 치열했던 첩보전의 현장을 밟아 보고자 한다.

또한 2천년 역사를 수놓은 첩자들의 그림자를 찾아내어, 그들이 간절히 꿈꾸었던 세상과 함께 과거의 실패사례를 혹독하게 성찰해 보고자 하는 심정에서 이 글을 쓴 의도가 있었음을 밝혀둔다.

아울러 그동안 낯설게만 느껴지던 첩보와 그것을 다루는 이들이 그려 낸 한국의 역사를 재조명해 보면서 첩보활동에 대해 다소 거리가 있었던 국민적 인식을 새롭게 하는 계기가 되기를 바라는 바이다.

차례

CHAPTER 01

그림자,
그 뿌리를 찾아서

ESPIONAGE

삼국의 첩보업무

삼국은 일찍이 주변국가와의 전쟁을 통해 첩보의 중요성을 인식하고 있었다.

부족 간 병합전쟁이 삼국 구도로 재편되면서 첩보활동은 필히 수반되어야 할 요건으로 자리매김하였고, 그 방법 역시 점차 고도화·체계화되는 양상을 보였다.

또한 전쟁이 중국과 북방세력 그리고 일본을 포함한 복합 구도로 전개되는 과정에서 국가 간 합종연횡(合從連衡)[1]은 물론 치열한 외교전과 함께 다양한 첩보활동이 선보였다. 생존경쟁에서 살아남기 위한 필사적인 몸부림이었다.

이를 위해 삼국은 상황에 따라 다양한 동맹을 결성하거나, 중국과의 연합을 통해 상대를 견제하거나 제압하려 했다. 이 과정에서 삼국은 영원한 적도, 우방도 없는 동맹과 적대관계를 반복하였고. 그 기조아래 원교근공(遠交近攻)[2]·이이제이(以夷制夷)[3]·반간계

(反間計) 등을 복합적으로 사용했다. 또 힘이 약한 약자가 강자를 제압할 때 흔히 사용되는 온갖 권모술수나 모략 등도 동원되었다.

삼국 초기, 첩보조직은 독립기구로 편성되어 있지는 않았으나 후 반기에 이르면 고구려의 중리부(中裏部), 신라의 집사부(執事部) 등 국가기밀과 첩보활동을 관장하는 부서가 나타나기 시작했다. 비록 사료의 부족으로 백제의 기록은 찾아볼 수 없으나 삼국 공히 첩보조직의 존재와 활동은 훨씬 그 이전부터 있었으리라 사료된다.

삼국의 첩보업무는 상대국의 군사·정치관계 첩보가 중점 수집 대상이었다. 이를 위해 외견상으로는 사신 등 공식 사절을 통해서 첩보를 수집하였으나 그 배후에는 첩자를 상대국에 장기간 매복 시켜 수집하기도 했다. 또한 고정첩자를 통해 적국의 관리를 첩자로 포섭하는 이른바 내간(內間)[4]을 구축하는 방법도 흔히 사용했다. 또 귀순을 가장해 적국을 흔들어 놓는 계략을 즐겨 사용하기도 했다.

삼국의 첩자 운용에서 특이하게 나타나는 점은 왕과 왕족이나 귀족들이 직접 첩보활동에 투입되고 있다는 점이다. 당시 허약했던 왕권강화를 위해 왕들은 스스로 위험을 무릅쓰고 직접 전쟁에 나서 독려를 하고, 그와 관련되는 첩보활동을 최전선에서 진두지 휘하고 있었다.

고구려의 대무신왕·장수왕·안장왕을 비롯해 김춘추·김유신·거 칠부·을지문덕·연개소문·성충 등 첩보 역량이 뛰어난 인물들이 이 시기에 많이 배출되었다.

또 다른 점으로, 승려들을 첩자로 많이 활용하였다는 것이다. 이는 당시 호국불교의 특성상 승려들의 강한 충성심과 왕의 지근거리에 있어 비교적 발탁이 용이했던 때문인 것으로 풀이된다. 또한 승려로서 자연스런 신분 가장과 함께 적국의 권력 핵심부에 침투하는 것이 용이했던 이유도 있었을 것으로 보인다.

고구려의 도림·덕창, 신라의 원광·의상 등 당시 승려들은 종교를 넘어 자주 전쟁과 첩보전에 동원되고 있었다.

한편 7세기 중국의 통일왕조로 들어선 당(唐)은 종래의 군사력 위주의 침공에서 벗어나 전략정보·군사지리정보를 수집하는 일층 변화된 첩보전 양식을 선보였다. 그 결과 당은 다양한 첩자의 부식과 함께 이간(離間)·반간(反間)으로 고구려를 공략함으로써 삼국시대 첩보전의 대단원을 고하게 했다.

삼국의 국가기밀부서

　삼국은 국가 형성 초기 왕권이 극히 제약을 받아 대부분의 국가 중대사는 귀족들의 합의체에서 결정되었다.

　고구려는 제가회의(諸加會議), 백제는 정사암(政事巖)회의, 신라는 화백회의(和白會議)에서 각각 이루어졌다. 또한 국가의 군국기무(軍國機務)는 삼국 모두 초기에는 중국 한(漢) 나라의 직제에서 비롯된 것으로 보이는 재상(宰相)과 같은 역할의 대보(大輔)·좌보(左輔)·우보(右輔)로 하여금 담당하게 했다.

　그러나 점차 왕권이 강화되고 중앙집권적 체제가 형성되면서부터 국가기밀을 다루는 부서가 출현했다. 끊임없는 삼국 간 또는 중국과의 전쟁에서 살아남기 위해 총력을 기울여야 했고, 그 과정에서 상대국에 대한 첩보수집과 비밀활동은 필수적이었으므로 기밀을 다루는 부서의 출현은 당연한 일이었다.

고구려의 기밀부서로는 중리부(中裏部)가 기록에 보인다. 고구려는 일찍이 대보로 하여금 군국기밀을 관장하게 하다가 얼마 후 좌·우보로 나누어 담당하게 했다. 그러다가 다시 166년 좌·우보 체제를 국상(國相)으로 통합하였고, 최종적으로는 대대로(大對盧)가 그 업무를 총괄하게 했다.

기록은 "대대로가 기밀의 관장, 정사의 모의(謀議) 등 국사 전반에 걸쳐 대권을 가졌다."[5]고 전한다. 이와 아울러 국가기밀을 다루는 부서의 출현을 알리는 것으로는, 147년 10월에 양신을 중외대부(中畏大夫)로 임명하였다."[6]는 기록이 있는 것으로 보아 중리부의 성립 시기를 추정해 볼 수 있다.

당초 147년 양신(陽神)이 중외대부로 임명될 때 중리부는 국왕의 근시기구(近侍機構)로서 왕명출납 등의 역할을 했을 것으로 보이나 연개소문 집권 전후에는 중앙의 인사·국가기밀 및 일부 군사력까지 갖춘 부서로서의 기능을 해 나간 것으로 알려져 있다. 한편 중외(中畏)는 중리(中裏)와 음 또는 자형(字形)이 상통하는 같은 의미로 해석된다.

기록에 따르면 연개소문은 장남인 남생을 15세 때 중리소형(中裏小兄)에 임명하고, 중리대형(中裏大兄)을 거쳐 23세가 됐을 때는 최고 관등인 중리위두대형(中裏位頭大兄)에 임명했다.

"고구려에서 중리위두대형은 제5관등으로 국가의 기밀과 군인의 징발 등을 관장하였다."[7]고 기록이 이를 뒷받침하고 있다.

즉 연개소문이 혁명에 성공한 것도 중리부의 힘이 일정부분 기여했다고 볼 수 있으며, 집권 후에도 정보정치에 많이 의존한 것을 볼 수 있다. 연개소문이 이처럼 정보활동에 치중했던 것은 그의 집안이 대대로 중리부에서 활동한 것과 관련이 있다.

연개소문의 3남 남산(南產) 묘지명에는 그의 고조를 비롯하여 증조 연자유(淵子遊)가 중리의 높은 벼슬을 계속 이어 받았고, 조부 연태조(淵太祚)와 부친 연개소문(淵蓋蘇文)은 태대대로의 큰 이름을 전했다고 적고 있다.[8] 즉 연씨 가문 대대로 중리부에서 활동했음을 알 수 있다.

고구려가 이런 기밀부서를 운영하게 된 것은 남쪽의 백제와 신라는 물론 중국대륙이나 북방세력과 치열한 영토분쟁을 겪어야 하는 지정학적 환경에서 비롯되었을 것으로 보인다. 즉 다양한 국가와의 생존경쟁에서 살아남기 위해서는 불가피하게 일찍부터 첩보활동을 전개할 수밖에 없었고, 첩보 역량 역시 다른 나라보다 우월했을 것으로 보인다.

이러한 모습을 알 수 있는 사건으로 승려 도림을 침투시켜 백제를 와해시킨 것, 김춘추가 당에서 돌아오는 첩보를 미리 입수해 해상에서 살해하고자 한 것 등 상당 수준의 첩보능력과 유명한 첩자의 활동이 많은 것이 그것을 말해주고 있다.

신라의 기밀부서는 집사부(執事部)이다.

신라 초기, 군국 기무는 대보가 총괄하였으나 탈해 이사금 이후에는 이벌찬 또는 이찬 등이 대보 임무를 계승한 것으로 보인다. 이어 565년에는 왕권 성장과 정복사업을 적극화하기 위해 품주(稟主)를 설치하여 국가기밀 및 재정 업무를 담당하게 했다.

그리고 651년에는 품주를 집사부로 개편하고, 국가 기밀사무와 서정을 관장하는 최고의 관부로 삼았다.[9] 집사부는 진덕여왕 때 정치적인 실권을 장악하였던 김춘추와 김유신 세력이 화백회의와 상대등으로 대표되는 귀족세력에 대항하여 왕권의 전제화를 이루기 위한 목적에서 설치된 것으로 보인다. 829년에 집사성(執事省)으로 개칭했다.[10]

집사부는 장관인 중시(中侍 : 2~5등관)와 전대등(典大等 : 6~11등관)·대사(大舍 : 11~13등관)·사지(舍知 : 12~13등관) 각 1명과 사(史 : 12~17등관) 14명을 두었다.

김춘추가 정치개혁과 집권에 성공한 것도 집사부의 역할이 적지 않았던 것으로 볼 수 있다. 김춘추는 집권 후 서라벌을 비롯해 신라 전역에 조사관을 파견해 하루하루의 민심을 파악했던 것으로 알려지고 있다. 또한 관산성 전투의 첩보활동을 비롯해 김유신이 첩자를 침투시켜 백제를 와해시킨 사건 등은 신라의 우수한 첩보능력을 보여준 사례라 할 수 있다.

이러한 신라의 첩보능력은 개국 초부터 고구려와 백제는 물론 왜(倭)의 침입에 시달리며 생존을 위한 돌파구를 모색해야 하는 상황에서 비롯된 것으로 볼 수 있다. 결국 신라는 당나라와의 연합으로 삼국을 통일할 수 있었으며, 여기에는 일찍이 첩자의 중요성을 인식한 김유신의 역할을 빼놓을 수 없다.

백제의 기밀부서는 기록에 뚜렷이 나타나 있지 않다.

그러나 백제 역시 초기부터 고구려와 같이 좌보와 우보로 하여금 군국업무를 담당하게 했다. 또한 백제는 삼국 중 가장 이르게 중앙 정치제도를 완비했다.

손자병법(孫武 著)

백제의 관직제도가 정비된 것은 260년의 일로, 이때 수석 좌평인 내신좌평을 비롯해 6 좌평(佐平)으로 구성된 좌평협 의체를 통하여 국가 중대사를 결정케 하였다. 사비천도 후 성 왕 시대에는 내·외관 22부를 완성했다.

내관 12부 가운데 내신좌평이 관장하는 수석관부(首席官府) 전내부(前內部)는 왕의 측근에서 일하는 근시기구로 왕명 출납·왕실 관계의 업무를 담당했으며, 내무 전반에 관한 사무도 처리했던 것으로 보인다.[11] 신라의 집사부와 성격이 비슷하였다. 사료의 부족으로 자세한 내용을 확인할 수 없으나 고구려와 신라의 왕명출납을 담당했던 기구들이 기밀사무도 함께 담당했던 것으로 미루어 왕명 출납을 관장한 내신좌평과 그 휘하에 있던 전내부에 이러한 기능이 있었을 것으로 조심스럽게 짐작된다.

무왕 대에 이르러 전내부 장관에 1품 좌평이 취임하여 '내좌평'으로 칭해지면서 국정 운영에 상당한 발언권을 행사하는 등 관제적 위상이 크게 높아지는 것도 그것을 뒷받침하는 단서이다.

위와 같이 기밀활동과 관련한 백제의 기록은 그 부서 자체마저 파악하기 어려우며, 그나마 존재하는 사료 역시 고구려나 신라와 관련된 것들로 되어있다. 그러나 반걸양·대야성 전투 등에서 보여준 첩보활동은 다른 나라에 비해 결코 뒤떨어지지 않았다. 특히 의자왕 때 성충은 청병 차 고구려에 간 김춘추를 감금케 하는 계략을 펼치기도 하는 등 신채호로부터 삼국 최고의 전략가라는 칭호를 받았던 인물이다.

기원전 최초의 첩보활동

부분노가 "선비(鮮卑)는 지세가 험준하며 사람들이 용감하고 우직해 힘
으로 싸우기는 어렵지만 꾀로서 그들을 굴복시키기는 쉽습니다. 사람을
시켜 우리나라를 배반하고 저들에게 가서 거짓말로 '우리는 작고 군대
가 약하므로 겁이 나서 움직이지 못한다.'고 하면 선비가 반드시 우리를
얕잡아 보고 수비를 하지 않을 것입니다."(삼국사기, 권13, 고구려본기,
제1, 유리왕 11년 조, 기원전 9년 4월)

　토종 여우의 꾀로 북방의 웅크린 곰을 꼬여냈다!
　위 기사는 계략으로 적을 제압한 우리 사료에 처음으로 나타나
는 첩보전 기록이다.
　이것으로 보아 기원전 당시에도 상당한 수준의 첩보활동이 수행
되고 있었음을 보여준다. 유리왕 11년 무렵 선비족(鮮卑族)[12]은 강
한 고구려를 상대함에 있어 늘 치고 빠지는 전술을 구사하여 고구

려에 어려움을 주고 있었다.

당시 유리왕의 말에서 이를 엿볼 수 있다. "선비가 험준함을 믿고 우리와 화친하지 않고, 이로우면 나와서 노략질하고 불리하면 들어가 지켜서 나라의 걱정거리가 되었다."라며 그 고심의 흔적을 말해준다.

이때 고구려의 지장 부분노(扶芬奴)가 그 해결책으로 반간계(反間計)[13]를 쓸 것을 왕에게 제시하고 있다. 즉 적에 파견할 첩자 적임자를 선발한 후, 고구려를 배반한 그럴듯한 구실을 만들어 적에게 위장 귀순시킨다는 것이다. 또 귀순 후에는 적에게 고구려의 허실과 함께 선비를 두려워하고 있다는 거짓 정보를 흘리게 한다는 것이다.[14]

비록 기록에는 나타나지 않으나 그의 이런 반간계는 왕에게 진언하기 오래전부터 구상되었을 것으로 추측된다. 왜냐하면 이러한 일을 성사시키는 데는 적의 내부동정 파악이 선행되어야 했고, 그에 알맞은 계략과 그리고 적에게 보낼 적임자 선발에서부터 파견까지 상당한 시간과 노력이 경주돼야 했기 때문이다.

즉 고구려는 이러한 훈련된 첩자가 있었고, 또 이를 고도로 운용할 수 있는 첩보에 해박한 인물이 있었던 것이다. 이러한 치밀한 계략에 의해 첩자를 적에 보낸 결과, 선비는 자신들의 강함을 과신하게 되었고, 대거 병력을 이끌고 성 밖으로 나와 고구려를 공격하게 되었다. 계략에 말려든 선비족이 성을 비운 사이 그 틈을 노린 고구려 군에 대패한 것은 당연한 것이었다.

선비족(석탈해왕조를 무너뜨리고 김씨왕조 개국)　　적석 목곽분(4세기 선비족 무덤 추정, 경주)

선비는 과연 성문을 열고 군사를 출동시켜 추격해왔다. 이 틈을 타서 부분노가 군사를 거느리고 성으로 달려 들어가니, 선비가 이것을 보고 크게 놀라 다시 성 안으로 달려들어 왔지만 때는 늦은 상태였다. 부분노는 성문에서 싸워 그들을 수없이 목 베어 죽였고, 그때 왕이 깃발을 들고 북을 올리며 전진했다. 선비가 앞뒤로 적을 맞이해 대책이 없고 힘이 다하자 항복했다.

즉 고구려는 전형적인 위장 귀순공작을 써서 선비를 제압할 수 있었다. 이는 한반도와 동아시아에서 이른바 '소리 없는 전쟁(Silent Warfare)' 즉 첩보전의 서막을 알린 사건이었다.

결과적으로 고구려는 부분노의 계략 성공으로 국가 도약의 발판을 마련하게 되었고, 또 이 사건은 주변국과의 전쟁에 있어 첩보활동의 중요성을 인식하는 계기가 되었다.

대무신왕의 혼인공작

왕자 호동이 옥저에 유람하였는데, 낙랑주 최리가 마침 보고 호동에게 이르기를 "그대의 용모를 보니 반드시 보통 사람이 아니다." 하고, 드디어 같이 돌아와 딸로써 처를 삼아 주었다. 낙랑에 고각이 있는데, 만약 적병이 이르게 되면 저절로 울리었다. 호동이 장차 돌아올 때 몰래 여인에게 이르기를 "그대가 무고(武庫)에 들어가 고각을 베고 파괴시키면 내가 예로써 맞이할 것이오." 하였다. 여인이 몰래 무고에 들어가 북의 피면을 베고 취각(吹角)의 주둥이를 파괴시키고는 호동에게 알리니, 호동은 돌아와 왕에게 낙랑을 엄습하도록 권하였다.(극역 동국통감, 대무신왕 15년 조, 32년 4월)

호동왕자와 낙랑공주의 슬픈 러브스토리는 잘 알려진 이야기다. 하지만 이 뒤에는 낙랑[15]의 고각을 사이에 두고 고구려 대무신왕과 낙랑왕 간에 음험하고 치열한 한판의 계략 대결이 있었다.

위 기사는 고구려의 왕자 호동이 낙랑왕 최리(崔理)와 만나 그의 사위가 되었고, 귀국한 호동이 그의 딸 낙랑공주에게 은밀히 전갈을 보내 고각(鼓角)[16]을 부수도록 한 후 기습하여 항복을 받아냈다는 내용이다.

일설에는 대무신왕이 낙랑을 멸하기 위해 호동을 낙랑공주와 정략 결혼시키고, 그녀를 본국으로 돌려보내 북과 뿔피리를 파괴하게 하였다고도 한다.

아무튼 호동왕자는 태어나면서부터 얼굴이 미려(美麗)하여 이름을 호동(好童)이라 지었다 하며, 대무신왕은 어려서부터 총명하고 얼굴이 잘 생긴 호동을 매우 아꼈다고 한다.[17]

사실 낙랑왕이 호동을 사위로 삼은 것은 나름대로의 복안이 있었다. 또한 고구려 대무신왕에게 사전 통보나 격식도 갖추지 않고 자신의 딸과 결혼시키지는 않았을 것이다.

그는 날로 팽창하고 있는 강국 고구려를 보면서 언젠가는 낙랑에게도 그 위세가 밀려들 것을 두려워한 나머지 대무신왕과 사돈을 맺어 둠으로써 약소국의 안위를 도모하고자 했을 것이다. 또 고구려에 시집갈 낙랑공주로부터 고구려의 내부동정을 파악하고 고급기밀도 얻고자 했을 것이다.

이에 반해 대무신왕은 낙랑 정벌에 앞서 기습할 시간을 얻기 위해, 호동으로 하여금 유람이라는 구실을 대며 그에게 교묘히 접근을 하게 했다. 그가 혼인을 맺으려는 의도도 이미 간파하였음은 물론이다. 그리고 두 사람의 맺어진 사랑을 계기로 낙랑공주로 하여금 고각을 무용지물로 만들도록 배후에서 조종하였던 것이다.

청와대 경내에 있는 대고각(大鼓角)

따라서 낙랑공주가 적군이 침입했을 때 스스로 울리기로 되어 있는 고각, 즉 자동 경보시스템을 파괴하여 작동을 못하게 하는 사이 무방비 상태의 낙랑을 고구려가 기습해 승리하는 것은 그다지 어려운 일이 아니었다.

이는 요즘으로 하면 대무신왕이 직접 공작관이 되어 공작원인 호동을 미끼로 공작을 지휘했던 것이고, 그에 포섭된 낙랑공주는 희생양이 되어 결국 아버지 손에 죽음을 맞이하게 된 사건이었다. 즉 두 사람의 사랑은 정치적인 음모와 권모술수로 배신과 죽음이 기다리고 있었을 뿐 애초부터 이루어질 수 없었던 사랑이었다.

예로부터 미인계는 손자병법에서도 강조할 정도로 병가에서 자주 사용되어 왔으며, 현대에도 사랑이나 섹스를 통해 공작목표를 달성하는 것은 흔히 알려져 있는 사실이다.

그런데 당시 고구려와 낙랑은 혼인을 명분으로 막후에서 치열한 계산과 암투를 전개했고, 결국 호동을 활용해 공작을 성공시킨 고구려가 낙랑을 접수하게 된 것이었다. 상대를 쓰러뜨리기 위해서는 그 어떤 것이라도 마다하지 않는 비정한 첩보전의 단면이 일찍부터 표출된 사례였다.

이로써 고구려는 평안도, 황해도 일대, 강원도 일부 지역까지 이르는 영토를 확장하게 되었다.

청야전술을 개척한 명림답부

명림답부가 말하였다. "한나라는 나라가 크고 백성이 많습니다. 지금은 강한 군대로 멀리서 싸우러 왔으니, 그 날카로운 기세는 감당할 수 없습니다. 또한 지금 한 나라 사람들은 멀리서 군량을 가지고 왔으니, 오랫동안 유지하지 못할 것입니다. 만약 우리가 고랑을 깊이 파고 보루를 높이 쌓으며 들을 비우고 한나라 군대의 공격에 대비한다면, 저들은 반드시 열흘이나 달포를 넘지 못하고 굶주리고 지쳐서 돌아갈 것입니다. (이때) 우리가 강한 군사로 한나라 군대를 추격한다면 뜻을 이룰 수 있을 것입니다."(삼국사기 권 45, 열전 제5, 명림답부 조, 신대왕 8년, 172년 11월)

'묵은 생강이 맵다.'라는 사실의 본때를 보여줬다. 그는 고구려 역사상 최초의 국상(國相)으로, 우리에게는 비교적 생소한 이름의 소유자다. 또 그 이름답게 97세 나이에 쿠데타를 일으켜 실권을 장악한 역사적 미스터리 사건을 만들어 낸 장본인이기도 했다.

늙은 너구리 명림답부(明臨答夫 : 69~179)의 이야기다. 그는 집권 후 각 세력들의 단합에 힘쓰면서 옛 고조선의 땅을 수복하기 위해 군사 활동을 부단히 조직하고 전개했다. 특히 대외적으로는 선비족과 협력하면서 부여와의 합동작전에도 각별한 관심을 보였다. 이는 당시 고구려가 요동과 현도를 차지하기 위해 후한(後漢 : 25~220)과 치열한 공방전을 주고받던 시기였기 때문이다.

한편 고구려가 정치적 혼란을 겪는 동안 후한은 고구려를 수시 위협해왔다. 한때 양국이 협력하던 시기도 있었으나 후한과의 우호 관계는 그리 오래 가지 못하였다.

후한은 169년 침략으로 그 의도를 드러낸데 이어 다시 172년 11월 현토태수 경림(耿臨)이 대규모 병력을 동원해 고구려를 공격해 왔다. 이 소식은 즉시 고구려의 첩보망에 포착되었고, 보고를 받은 신대왕은 신하들을 모아놓고 대응책을 강구하기 시작했다. 나가서 맞서 싸우느냐, 아니면 방어에 전념하느냐를 선택하기 위한 회의였다.

당시 많은 신하들이 맞서 싸울 것을 주장하였으나 누구보다도 먼저 나서 훌륭한 계책을 내놓아야 할 국상인 그는 상념에 잠겨 있었다. 104세의 노회한 국상이 과연 심중에 무엇을 묻어두고 침묵을 지켰는가에 대한 대답은 그리 오래 걸리지 않았다.

그는 다수의 의견과 다른 해결책을 제시했다. 즉 후한의 군대가 멀리서 왔으니 일단 성을 높게 쌓고, 들판을 비워서 기다리면 그들은 얼마가지 않아 보급이 끊겨 굶주림에 지쳐 철수할 것이니 그때

강한 군사로 나가 싸우면 적을 크게 물리칠 수 있다는 것이었다.

그가 이처럼 이른바 '청야전술(淸野戰術)'[18]을 제안한 것은 그가 수집된 첩보를 통해 적의 전술상 의도와 피아간의 전력을 깊이 파악하고 있었기 때문이었다.

적이 전쟁을 도발한 것은 11월 겨울철로서 요동지역은 이미 추위가 한창이었다. 즉 혹한기에 병력을 일으켜서는 안 된다는 것을 모를 리 없는 적이 굳이 겨울에 침공해 왔다는 것은 바로 속전속결을 노린 것이라고 그는 판단했던 것이다.

또한 후한은 속전속결을 통해 고구려왕을 제압·굴복시킴으로써 다른 성·진들과 제후국들이 스스로 항복하도록 하자는 것이었다. 때문에 고구려가 후한의 운명을 건 속전속결 전략을 저지·파탄시키는 것이야말로 승리의 관건이라고 본 것이다.

명림답부의 건의는 채택되었고, 그 결과 고구려는 후한의 대군과 맞서 싸우지 않고, 성에 들어가 철저히 수비하기를 거듭했다. 예상한대로 후한의 군사들은 장거리 원정으로 인해 피로감이 쌓여갔고, 차츰 식량마저 부족해져 사기도 떨어졌다. 결국 후한의 군대는 철수를 시작하기에 이르렀다.

명림답부는 수천의 기병을 이끌고 그들을 추격하였고, 좌원(坐原)에서 전투를 하였다. 한나라 군대는 크게 패하여 한 필의 말도 돌아가지 못하였다.[19]

이는 먼저 적에 대한 정확한 첩보를 수집하고, 수비에 치중하면서 적이 지치기를 기다린 후, 적이 후퇴하거나 대열이 흩어질 때 우수한 기동력을 바탕으로 적을 기습하여 섬멸한 작전의 대표적 사례이다.[20]

비록 이전에도 이와 유사한 전술이 사용된 일이 있었으나 단지 적을 쫓아버리는데 그쳤음에 비추어 이는 청야전술의 위력을 최대한으로 발휘한 전쟁이었다.

결국 고구려는 요동을 놓고 벌인 후한과의 전투에서 승리함으로써, 국제정치 무대에서 당당한 독립국가로 발돋움하고 동북아의 강자로 군림하는 계기가 되었다. 또한 명림답부가 사용한 이 전술은 훗날 을지문덕의 작전 모델이 되어 대제국 수나라를 물리치는 데도 혁혁한 공을 세우는 단초가 된다.

고구려 고분벽화(개마무사 돌격대형, 북한 약수리)

비장의 카드를 꺼낸 유유

형세가 매우 위급하니 그냥 죽을 수는 없습니다. 신에게 어리석은 계교가 있사온데, 음식을 가지고 가서 위나라 군을 공궤하다가 틈을 보아 저들의 장수를 찔러 죽이려 합니다. 신의 계책이 이루어진다면 왕께서는 그 틈을 타 승리를 거두소서.(삼국사기, 권17, 고구려본기5, 동천왕 20년 조, 246년 10월)

전쟁이나 위기는 종종 영웅을 만들어 낸다. 한두 명의 인물이 전투에서 결정적인 역할을 하거나 사기를 올릴 수 있다는 이야기다.

고대 전쟁에서는 이런 의외의 인물이 더욱 가공할 위력을 발휘했다. 더구나 상대가 소설 삼국지에 나오는 조조(曹操)의 후예라면 이야기는 더욱 달라진다.

위(魏)나라[21]는 요동지역의 공손씨(公孫氏) 세력을 붕괴시킨데 이어, 동방에 대한 지배력을 확고히 하기 위해 246년 유주자사 관구검(毌丘儉)이 1만여 명의 군사를 몰고 고구려를 침공해 왔다.

이에 고구려 동천왕은 2만을 동원하여 맞섰고, 초기에는 적군 3천여 명을 죽이는 등 승리가 눈앞에 보이는 듯했다. 그러나 막다른 곳에 몰린 위의 역습으로 고구려 동천왕은 크게 패하여 수도 국내성을 포기한 채 탈출했고, 남겨진 성은 모두 함락되었다. 초전의 승리에 도취한 나머지 적을 너무 쉽게 본 것이 천추의 한을 만든 것이었다.

관구검은 그 여세를 몰아 휘하의 왕기(王頎)에게 동천왕의 추격을 맡겼다. 고구려의 근거지는 물론이고 후일을 도모할 싹 마저 아예 제거하고자 한 것이었다. 동천왕이 궁지에 몰린 것은 당연하였다.

그때 고구려 장수 밀우(密友)가 1차 저지선을 자청하고 나섰다. 밀우는 결사대를 모아 적진으로 가서 혼신의 힘을 다해 싸웠고, 왕의 탈출에 어느 정도 시간을 벌어줄 수 있었다.

한편 패잔병을 수습한 동천왕은 특공대를 보내 밀우를 구해오도록 했다. 다행히도 밀우는 부상을 입고 적진 속에 쓰러져 있다가 가까스로 구출되었다.

동천왕이 결코 장병들을 헛되게 죽이지 않는다는 것을 단적으로 보여주자 장병들의 사기는 올라갈 수밖에 없었다. 하지만 위의 추격은 계속되었고, 동천왕 일행은 샛길을 찾아 남옥저까지 피신하기에 이르렀다.

기사에는 "왕은 계책이 막연하고 형세가 곤란하여 어찌할 바를 알지 못하였다."고 이때의 어려운 처지를 전한다. 이런 절박한 상황

관구검의 전승기념비

에서 왕의 곁을 지키던 유유(紐由)가 나섰다.

스스로 목숨을 내놓는 첩자, 즉 사간(死間)[22]의 역할을 자청함으로써 적장을 제거하고, 적 진영을 흔들어 놓겠다는 계책을 제시한 것이었다. 더 이상 물러날 수 없는 벼랑 끝에서 꺼내든 카드였다.

그의 계책이 성공하기 위해서는 자신의 목숨은 당연히 내놓아야 했다. 또한 목적을 숨기고 적장을 근거리에서 만나기 위해서는 거짓 항복을 진실인 채 위장할 수 있는 그럴 듯한 시나리오도 준비해야 했다. 또 어떻게 변할지 모르는 상황에 대처할 수 있는 능력 역시 필요했다. 특히 결정적인 순간에 이르러 의연하게 행동에 나설 수 있는 담력도 있어야 했다.

모든 계책을 완료한 유유는 위군 진영에 들어가 "우리 임금이 대국에 죄를 짓고 도망하여 바닷가에 이르러 몸 둘 곳이 없게 되었다. 장차 진영에 와서 항복을 청하고 처벌을 받고자 하며, 먼저 저를 보내 변변치 못한 물건으로나마 대접하고자 한다."고 하였다.

이에 위군 장수가 의심을 품지 않자 유유는 그에게 다가가 음식 그릇 속에 숨겨두었던 칼을 꺼내 적장의 가슴을 찔러 살해하였다. '적을 이기려면 우두머리부터 잡아 적의 주력을 궤멸시킨다.'는 승부수를 띄운 결과였다.

순식간에 장수를 잃은 위군에서는 동요가 일어났고, 거사의 성공을 애타게 기다리던 고구려군은 질풍처럼 돌입하여 적군을 물리침으로써 극적으로 위기에서 벗어날 수 있었다.[23)]

　이처럼 삼국지 한 페이지를 뜨겁게 장식했던 위와 고구려의 전투는 반전에 반전을 거듭한 승부였고, 그 이면에는 자신을 희생하며 기만전술을 펼친 유유가 있었기에 가능했다.

　즉 고구려는 전력의 열세에도 불구하고 최후의 비밀활동을 통해 전세를 뒤집을 수 있었으며, 그것은 또 고구려의 기상으로 승화되어 훗날 동북아의 강자로서 수·당의 침략을 막아낼 수 있던 저력이 되기도 했다.

반걸양 전투 승리를 이끈 극비첩보

고구려인 사기는 원래 백제인이었는데, 실수로 왕이 타는 말의 발굽을 상처 나게 하였다. 그는 이로 말미암아 벌을 받을까 두려워하여 고구려로 도망갔었다. 그가 이때 돌아와서 태자에게 말했다. "고구려 군사가 비록 수는 많으나 모두 가짜 군사로서 수를 채운 것에 불과합니다. 그중 제일 강한 부대는 붉은 깃발을 든 부대입니다. 만일 그 부대를 먼저 공략하면, 나머지는 치지 않아도 저절로 허물어질 것입니다."(삼국사기, 권24, 백제본기 권2, 근초고왕 24년 조, 369년 9월)

북방 전연(前燕)에게 밀린 고구려가 칼을 빼든 것은 백제였다.

수도를 평양으로 옮긴 고국원왕이 남방에서 그 보상을 받으려고 한 것이었다.

그즈음 고구려는 평안도와 황해도 일대를 중심으로 국경을 마주하게 된 백제와 점차 갈등을 빚었고, 결국 충돌이 불가피한 상황을 맞고 있었다. 양측 모두에게 이 지역은 양보할 수 없는 전략지역이었기 때문이다.

이 요충지를 차지하기 위한 양국의 대결은 369년 고구려의 선공으로 시작되었다. 고국원왕이 2만의 군사를 거느리고 다섯 가지색깔의 기로 나누어 반걸양(半乞壤 : 벽란도)에 이르렀다는 소식을 듣자, 백제의 근초고왕은 태자 근구수(近仇首)로 하여금 나아가 방어토록 하였고, 고구려와의 피할 수 없는 전면전을 준비하고 있었다.

그런데 이때 근구수는 전혀 예기치 못했던 낭보를 접하게 된다. 사기(斯紀)라는 인물이 백제 진영에 넘어 온 것이었다. 사기는 원래 백제왕의 말을 관리했던 하급관리로서 말발굽을 다치게 하자 처벌이 두려워 고구려로 도망쳤으나 양국의 대결이 벌어지자 백제로 돌아온 것이었다.

또한 사기는 놀랄만한 첩보도 함께 제공했다.

"적기병(赤旗兵) 만이 용맹하니 그들만 깨치면 나머지는 스스로 무너질 것."이라는 내용이었다.[24]

여기서 말하는 사기는 백제 대성팔족(大姓八族) 중의 하나인 사(斯)씨 출신 귀족이다. 사기는 과거 백제의 마한·일본·번국 등 외국과의 대외 교섭·해상 교역에도 활동하였다고 알려지는 인물이다.

따라서 사기가 말발굽 하나로 처벌이 두려워 고구려로 도망갔다는 것은 위장일 가능성이 많으며, 또한 반걸양 전투 직전에 돌아와 고구려의 허실을 자세히 제보하고 있는 점으로 미루어 그가 백제

고국원왕 비문(故國原王 碑文), 고국원왕은 371년 백제의 공격을 방어하다가 사망

의 첩자였으리라는 추측은 그리 어렵지 않아 보인다.

즉 백제 공작조직은 오래전부터 고구려와의 대결이 불가피한 것으로 보고, 그를 위장 귀순시켜 첩보활동을 해왔으며, 전쟁이 나자 돌아와 그 공작의 결실을 뿌린 대로 거두고 있다고 보아야 할 것이다.

이렇게 적의 약점과 핵심 공격 포인트를 간파한 백제는 고구려의 적기군을 최우선 타격하는데 작전의 중심이 모아졌다. 그 결과 근구수가 정예병들을 뽑아 고구려 군을 급습하여 적기병을 깨뜨리니, 무려 5천여 명을 죽이는 대승을 거두었으며, 이후 수곡성(水谷城 : 신계) 서북까지 진격하여 패하(浿河 : 곡산) 이남을 전부 백제 땅으로 만들었다.[25]

또한 이 승리로 백제가 이후 양국의 대결에서 주도권을 쥐게 되면서 371년에는 고구려 평양성을 침공하여 고국원왕을 전사시키는 대사건을 만들어 내기도 했다.[26]

이렇듯 백제와 고구려가 대군을 동원하여 역사상 첫 번째 벌인 대결은 백제의 완승으로 끝났고, 그 이면에는 첩자를 통해 얻은 극비첩보가 있었다.

이는 백제의 첩보활동이 고구려 등 타국에 비해 전혀 뒤떨어지지 않았음을 반증하는 예로서, 이러한 정보력의 뒷받침 속에 백제는 전성시대를 구가할 수 있는 계기를 마련하게 되었다.

왕자 귀환공작을 수행한 박제상

눌지 2년 봄 정월, 왕이 시조묘에 친히 참배했다. 왕의 아우 복호가 고구려로부터 나마(奈麻) 박제상과 함께 돌아왔다. 가을에 왕의 동생 미사흔이 왜국으로부터 도망해 돌아왔다.(삼국사기, 권3, 신라본기 제3, 눌지 2년 조, 418년)

일편단심의 원조 박제상(朴堤上)! 그의 이야기는 약소국 신라가 겪을 수밖에 없던 시대적인 아픔을 대변하고 있었다.

당초 신라는 실성왕[27] 때 왜국과 고구려의 위세에 눌려 내물왕의 차남 미사흔(未斯欣)과 3남 복호(卜好)를 각각 인질로 보냈다. 강대국의 틈새에 눌려 숨도 제대로 쉴 수 없었던 신라의 슬픈 현실이었다.

그러나 418년 내물왕의 장남 눌지왕이 즉위한 후 그는 나라의 자존심을 회복하고 동생들을 송환시키기 위해 애를 태우면서 그

임무를 맡길 적임자를 찾고 있었다. 하지만 군사적으로 열세였던 신라에게 왕제 귀환은 결코 쉬운 일이 아니었다.

400년 당시 백제와 왜가 연합하여 신라를 공격할 때, 고구려가 군사를 파견하여 그들을 격퇴해 준 이후로 신라의 고구려에 대한 예속은 심화되었고, 고구려 군이 신라에 주둔할 정도였다.

기록에는 "박제상이 강직하고 용감하며 꾀가 있다고 들었습니다. 박제상이 전하의 근심을 풀어 드릴 수 있을 것입니다."라고 주위에서 추천하였다고 한다. 그는 탁월한 용모와 언변, 충성심을 갖춘 그러면서도 지략에 뛰어 났던 인물이었다.

그 결과 제상은 먼저 고구려에 가서 양국의 군사협력과 우호관계를 들어 장수왕을 설득하였고, 결국 허락을 받아내기에 이르렀다. 그의 준수한 용모와 호소력 있는 화술은 장수왕으로 하여금 신뢰감을 주기에 충분한 것이었다.

고구려 입장에서도 복호 왕자의 인질 송환이 자국에 손해 될 것이 없다는 나름대로의 판단이 섰을 것이다. 1차 목표를 달성한 제상에게 이제 남은 것은 왜국이었다. 그러나 왜의 경우는 성격이 다른 것이었다.

당시 왜는 신라와 고구려를 적대국으로 간주하고 있던 때라 양국 간의 정상적인 외교교섭을 통해 왕자 귀환을 추진한다는 것은 애당초 불가능한 일이었다. 즉 모종의 계략이나 비밀활동을 통해 목표를 달성하는 것만이 유일한 선택이었고, 그것도 목숨을 담보할 수 없는 위험한 것이었다.

다음 박제상의 건의가 그 어려움을 말해주고 있다.

고구려는 큰 나라이고, 왕 또한 어진 인군이어서 한마디의 말로써 깨닫게 할 수 있었으나, 왜인은 말로는 달랠 수 없으니 거짓 꾀를 써서 왕자를 돌아오게 해야 합니다. 신이 그곳에 가거든 나라를 배반한 죄로 다스려 왜인들이 이를 알게 하십시오.[28]

일단 그는 왜에 도착하여 신라를 배반하고 귀순한 것처럼 가장하면서 때를 기다렸다.

한편 당시 그곳에는 백제 진지왕이 보낸 사신이 파견되어 왜와 협력을 다지고 있었다.[29] 이 인물은 왜왕에게 '신라가 고구려와 함께 왜를 침공해 올 것'이라는 첩보를 제공한 적이 있었다. 그 즈음 실제로 고구려 군이 신라 경계 밖에 있던 왜의 순찰 병력을 몰살시킨 일이 발생하자 왜왕은 이 사신의 말을 믿게 되었다.

이런 상황에서 제상이 귀순하여 유사한 첩보를 제공하였고, 또 때맞춰 신라로부터도 그와 미사흔 왕자의 식솔을 모두 가두었다는 소식이 전해지자 왜는 그에게 품었던 의심을 완전히 거두게 되었다.

이에 왜왕은 신라 습격 계획을 세운 뒤, 군사를 내어 제상과 미사흔을 장수로 임명하고 그들을 향도로 삼아 산도(山島 : 대마도)에 이르게 했다.

한편 제상은 계획했던 대로 자신에 대한 의혹이 풀리고, 신라와 가까운 섬에 이르게 되자 본격적으로 탈출 기회를 노리기 시작했다. 이후 그는 현지에서 미리 대기시켜 놓았던 신라인 어부에게 왕자를 맡겨 달아나도록 한 후 자신은 숙소에 남아 미사흔의 탈출이 성공할 수 있도록 시간을 벌어 주었다. 왜인들이 왕자의 탈출을 알게 된 것은 그로부터 오랜 시간이 지난 뒤였다.

이는 제상이 일찍부터 왕자를 귀환시키는 일은 생사를 기약하기 어려운 임무임을 알고 있었고, 그에 대한 마음의 각오를 했음을 짐작케 하는 대목이다.[30]

당시 왕자를 탈출시킨 죄로 제상을 죽였던 왜인들도 그의 절개에 깊은 감명을 넘어 소름이 끼쳤다는 기록이 있다.

일본의 『유방원사적(流芳院事蹟)』에는 이렇게 기록되어 있다.

그(박제상)가 죽던 날 그를 태워 죽인 불길이 하늘로 치솟아 청천벽력으로 화해 왜왕을 기절초풍케 하였고, 그를 태워 죽인 군졸들은 모두 피를 토하고 죽었으며, 그 이듬해 신라를 치려고 바다를 건너가던 군사들은 풍랑을 만나 몰살당하여 다시는 신라를 칠 엄두를 못 냈다.

즉 미사흔을 탈출시킨 제상을 왜가 발바닥을 벗겨 갈대밭으로 끌고 다니며, 불에 달군 철판 위로 고문을 한 후 마침내 불에 태워 죽이자, 박제상의 노한 영혼이 왜를 집어 삼켰다는 내용이다.

오늘날에도 국가의 대외정책 목표를 이루는 데는 외교교섭과 군사활동에 이어 비밀공작이 제3의 대안(The Third Option)으로 사용되고 있다.

즉 박제상은 처음부터 비밀공작만이 문제 해결을 위한 유일한 대안이었음을 깊이 인식하고 있었던 것이다.

그리고 치밀하게 공작계획을 세운 후 적절한 가장과 함께 적국

박제상 순국지비(대마도 소재)

에 잠입하였고, 잠입한 후에는 여하한 상황에도 상대를 기만하면서 임무를 달성한 고도의 비밀활동을 수행하였던 것이다. 또한 완벽한 공작목표를 달성하기위해 자신의 목숨을 버린 첩자였다.

도림의 대 백제 와해공작

고구려 장수왕이 백제를 치기 위하여 백제에 가서 간첩할만한 자를 비밀리에 구했다. 이때에 도림이 응모하자. 왕이 기뻐하여 비밀리에 그를 시켜 백제를 속이게 했다. 그제야 도림이 거짓으로 죄를 짓고 도망하는 체하고 백제로 도망갔다. (삼국사기, 권25, 백제본기 제3, 개로왕 21년조, 475년)

정통 역사서에 바둑에 관한 이야기가 처음 나타났다.

또 바둑을 하나의 공작 수단으로 활용하여 국가의 명운을 흔든 사건도 함께 등장했다.

5세기 초 백제는 고구려의 위협에 대해 신라·송(宋)·왜(倭)와 외교관계를 맺은 데 이어 북위(北魏)와도 군사적 협력관계를 맺고자 했다. 즉 '적의 적은 나의 우방'이라는 기본 외교 전략을 시행하고 있었다.

이러한 가운데 472년 백제 개로왕이 북위에 고구려 토벌을 요청한 일이 있었다. 백제와 북위와의 연합이 사실상 고구려가 남북으로 협공당하는 것을 잘 알고 있던 장수왕으로서는 이 사실을 알고 크게 격분할 수밖에 없었다.

　그는 과거 백제군에 살해된 고국원왕의 복수를 위해서도 더 이상 이를 좌시할 수가 없다고 보고 백제 정벌을 결심했다.

　그리고 그 전에 먼저 첩보전으로 백제를 송두리째 흔들어 놓고자 비밀리에 첩자를 수소문했다. 그리고 그 결과는 매우 만족스러운 것이었다. 첩자에 자원한 도림(道琳)이 충성심·신분가장·바둑·화려한 언변 등 첩자로서 요구되는 자질을 갖춘 뛰어난 인물이었기 때문이었다.

　당시 삼국은 모두 불교를 숭상하던 때였으므로, 그가 승려라는 사실은 백제 침투에 있어 좋은 가장여건(Cover)이었다. 그리고 바둑이라면 자다가도 벌떡 일어날 만큼 바둑을 좋아한다는 개로왕에 대한 사전정보가 있었기 때문에 그가 국수(國手)에 버금가는 실력을 갖춘 것도 중요한 발탁 요소였다. 더구나 왕을 위한 충성심과 화려한 언변은 첩자로서 더할 수 없이 이상적인 자격요건을 갖춘 것이었다.

　그는 첩자로서의 출사표를 이렇게 던졌다.

소승은 전부터 도는 알지 못하므로 나라의 은혜나 갚으려고 생각하고 있었습니다. 원컨대 대왕께서는 신을 불초하게 여기지 마시고 저에게 지시하여 시키신다면 기필코 대왕의 명령을 욕되게 하지 않을 것입니다.

이에 장수왕은 도림에게 백제에 은밀히 침투하는 계략을 본격적으로 꾸미게 했다. 이 결과 그는 고구려에서 죄를 짓고 나온 것처럼 위장하고, 바둑으로 개로왕과의 친분을 조성하는 것으로 침투계획을 설정했다.

이후 철저한 준비를 갖춘 도림은 백제에 넘어가 계획대로 바둑으로 개로왕의 마음을 사로잡는데 성공했다. 둘은 늦게 만난 것을 한탄하며 신선놀음에 도끼자루 썩는 줄 모르고 바둑으로 세월을 탐닉했다.

그러던 도림이 서서히 그 마각을 드러내기 시작했다. 고승으로서의 신뢰감과 화려한 화술을 바탕으로 왕실의 권위를 위한다는 그럴듯한 이유를 들어 개로왕으로 하여금 대대적인 토목공사를 벌이게 하는 등 본래의 공작 목표를 서서히 진행시켰다.

도림의 말을 충언으로 받아들인 개로왕이 그의 말을 곧이곧대로 따랐음은 물론이다. "나라의 창고들이 텅 비고, 백성들이 곤궁해져서 나라의 위태로움이 누란보다 더하였다."는 기사가 당시 상황을 잘 말해주고 있다.

도림은 이런 백제의 모습을 보면서, 와해공작(瓦解工作)[31]이 무르익었다고 판단하고, 첩자의 역할을 마치고 유유히 백제를 탈출하는데 성공했다.

그는 귀환 후 입수한 고급정보들을 장수왕에게 보고하였고, 이를 바탕으로 고구려는 완벽한 작전계획을 수립하고 백제를 공격하게 된다. 특히 이 공격에는 백제 개로왕의 전제정권에 맞서다가 고구려로 귀부한 재증걸루(再曾桀婁)와 고이만년(古爾萬年)이 선봉

장수왕릉(중국 길림성 지안현 소재)

을 서서 개로왕을 사로잡는 등 그 위력이 배가되었다.

한편 개로왕은 도림의 탈출 소식을 듣고 통한의 말을 남겼다.

내가 어리석고 밝지 못하여 간사한 사람의 말을 듣고 이 지경에 이르렀다. 백성은 쇠잔하고 군사는 약하니 비록 위태한 일이 있다 하더라도 누가 즐거이 나를 위하여 힘을 다해 싸워주겠는가?

결국 이 전쟁의 패배로 백제는 수도 한성(漢城)을 포함한 한강 유역 일대를 송두리째 빼앗겨 웅진(熊津)으로 천도할 수밖에 없었고, 개로왕 뿐 아니라 태후와 왕자들이 적군에게 살해되었으며, 8천여 명이 포로가 되는 대패를 당했다.[32]

이는 오늘날로 하면 흑색공작원(Black Agent)의 역할을 수행했던 도림의 첩자활동 결과가 어떠하였는지를 잘 말해주고 있다.

이 전쟁에서 보듯이 적절한 첩자의 활용이 전쟁의 승리를 담보하는 열쇠임을 알 수 있으며, 또한 첩보전에서의 승패가 국가의 안위와 직결되는 사안임을 확인시켜 주는 것이라 하겠다.

고구려 왕자의 백제 정탐활동

왕봉현(王逢縣, 또는 개백이라고도 하였다. 한씨 미녀가 안장왕을 만난 곳이므로 왕봉이라고 이름 하였다), 달을성현(達乙省縣, 한씨 미녀가 높은 산마루에서 봉화를 피워 안장왕을 맞이한 곳이므로, 후에 고봉이 라고 이름 하였다)(삼국사기, 권37, 잡지6, 지리4, 고구려)

  '춘향전'을 누가 언제 썼는지에 대해서는 정작 알려진 바가 없다. 하지만 이보다 훨씬 전에 있었던 안장왕의 로맨스가 춘향전의 원 조라는 설이 유력하다. 첩보활동에 투입된 후 국경을 초월하여 온 갖 시련을 극복하고 아름다운 결실을 맺은 이야기이다.
  위 기사는 고구려 안장왕이 태자 시절 왕봉현(王逢縣 : 고양시 행주)에서 한씨 미녀(漢珠)[33]와 만나 사랑을 하게 되었으며, 왕위 에 오른 후 백제를 침공할 때 그녀가 고봉산에 올린 봉화를 보고 진격하여 백제군을 격파했음을 나타내는 내용이다.

즉 백제 땅이었던 개백현은 한씨가 안장왕을 만났다는 뜻의 왕봉(王逢)으로, 달을성현은 그녀가 높은 산마루에서 봉화를 피워 안장왕을 맞이하였다는 뜻의 고봉(高烽 : 고양시 일산)으로 각각 지명이 바뀌게 된 것이다.

기록에 의하면 498년 태자가 된 흥안(興安 : 후의 안장왕)이 상인으로 변복하고 백제 개백(皆伯) 지역에 잠입한 시기는 대략 510년경으로 추정된다. 그리고 그가 한씨와 인연이 맺어지게 된 것은 그의 첩자 행각이 백제군에게 발각되어 쫓기다가 우연히 한씨 집에 피신하게 된데서 비롯되었다고 한다. 둘은 연인관계가 되어 급속도로 가까워졌고, 장래를 약속하는 사이가 된다.

그 후 안장왕은 정탐활동을 마치고 무사 귀환하였는데, 훗날 그가 한강 이북지역을 점령하는 과정에서 한씨를 비롯해 그곳 토착 세력의 도움을 받아 백제군을 축출했다고 전해진다.

즉 고구려 태자 흥안은 과거 백제에게 빼앗긴 한강 이북의 땅을 다시 회복하기 위해 치밀한 준비 끝에 스스로 첩자가 되어 고구려의 공격로 등 지리정보를 사전 정탐하기 위한 침투공작을 벌였던 것이다.

한편 흥안이 귀환한 후 백제 개백현 태수는 한씨가 미녀라는 소문을 듣고는 수청을 강요했으나 일언지하에 거절당했다. 그러자 태수는 그녀를 잡아들여 옥에 가두고는 온갖 협박과 감언이설로 마음을 잡으려 했으나 그녀는 조금의 흔들림도 없었다.

한씨가 갇혔다는 소식은 안장왕에도 전해졌고, 결국 광대패로 변장한 을밀선인(乙密先人)이 선발대 20명과 함께 그녀를 구출했

고봉산 안내판(高峰山城, 고양시 일산동구)

다는 설화가 전해내려 온다.

　실제로 고구려 안장왕은 529년 직접 군사를 몰고 백제의 방어거점을 피해, 수군(水軍)으로 하여금 혈성(穴城 : 강화도)을 기습하여 함락시킨 후 육지로 상륙하여 백제의 배후를 공격하기에 이르렀다.

　그리고 구출된 한씨의 봉화 안내를 받아 고양·김포·파주·강화 등 한강 이북지역을 송두리째 차지하였다. 한씨와 감격적인 재회를 하고 그를 왕비로 맞은 것은 물론이었다.

　한편 백제 성왕은 3만 대군을 동원하여 안장왕에 맞섰으나 오곡(伍谷) 전투에서 참담한 패전을 당해 퇴각하였고, 한강 이남지역마저 상실하여 아산만유역으로 밀려나게 되었다. 급기야 538년에 가서는 웅진에서 사비로 수도를 천도하게 된다.[34]

　이처럼 백제는 과거 장수왕이 승려 도림(道琳)을 보내 꾸민 와해공작에 당한데 이어, 안장왕의 침투공작에 다시 한번 치명적인 패배를 맛보았다.

　즉 백제의 첩보활동 실패는 국가의 존립여부에 직결되고 있음을 보여주고 있으며, 반대로 고구려는 과거의 패배를 만회하면서 한강이라는 전략 요충지를 점령하게 되어 백제의 심장부를 지척에서 위협하게 되었다.

　이는 고구려가 백제나 신라에 비해 끊임없이 다양한 형태의 첩보활동을 기획하고 수행하였으며, 특히 대규모 군사행동을 하기 전에 반드시 첩자를 먼저 보내 상대국을 흔들어 놓고 있음을 보여준다.

또 이 과정에서 왕과 왕족들은 왕권강화를 위해 스스로 위험을 무릅쓰고 직접 전쟁에 나가서 지휘를 하고, 첩보활동에 투입되고 있는 점을 눈여겨 볼 수 있다.

신라 왕족 거칠부의 대 고구려 정탐활동

사방으로 영토를 개척하여 백성과 토지를 널리 획득하니, 이웃 나라(고구려)가 신의를 맹세하고 화호(和好)를 요청하는 사신이 서로 통하여 오도다.(신라 진흥왕 마운령비 비문 내용, 568년 8월 21일)

'적과의 동침'이란 말이 있다. 하지만 국제관계에서의 동맹이란 일시적인 전략적 협력에 불과하지, 힘이 뒷받침되지 않은 동맹은 그야말로 모래 위에 쌓은 성이 아닐 수 없다.

위 기사는 진흥왕이 새로이 개척한 함남 이원군 마운령에 비를 세우면서 고구려가 신라에 강화를 요청하고 사신을 교환했다는 내용으로 신라와 고구려 간의 밀약설이 숨겨져 있다.

5세기까지 고구려와 백제의 위세에 눌려 고전을 면치 못하던 신라는 진흥왕 대에 이르러 비약적인 국가발전을 이루게 되는 계기가 조성된다. 여우의 간지(奸智)와 사자의 용맹을 갖춘 진흥왕이 신라의 황금기를 열어가고 있었다.

동쪽 귀퉁이에서 시작된 소국이었지만 차근차근 성장하면서 때로는 적을 동지로 삼고, 때로는 동지를 과감하게 적으로 내치면서 치밀하게 계획하고 행동으로 옮기며 발전해 왔던 것이다.

이에 반해 고구려는 6세기 중반 안원왕 대에 이르러 왕위 계승을 놓고 왕족들 간에 내전이 벌어지고 외부로는 북쪽의 돌궐이, 남쪽으로는 '나제동맹(羅濟同盟)'[35]으로 심각한 외우내환(外憂內患)의 위기에 봉착하고 있었다. 따라서 남방의 근심을 덜고, 북방에 전념할 수 있는 획기적인 대책 마련이 시급한 실정이었다.

이러한 정세는 550년 고구려와 백제가 도살성(道薩城 : 천안)과 금현성(金峴城 : 연기군 전의면)의 주인을 놓고 각축을 벌였으나 신라의 교묘한 술책으로 두 성이 모두 신라 차지가 된 것을 좌시할 수밖에 없던 상황으로 몰리고 있었다.

백제 역시 신라의 이러한 술책에 맞서기 보다는 차후 고토회복을 위해 나제동맹을 유지하는 것이 낳을 것이라는 판단 하에 신라의 변심을 당분간 인정할 수밖에 없던 상황이었다.

한편 다음해인 551년 백제는 신라와 연합하여 대대적인 고구려 침공을 감행한 결과, 과거 장수왕에 빼앗겼던 한강하류를 76년 만에 회복하였고. 신라 역시 거칠부가 고구려 죽령 이북 등 10개 군의 한강상류를 차지하게 되었다.

또한 이 여세를 몰아 백제는 바로 신라 진흥왕에 고구려 본토에 대한 합동공격을 제의하였으나 진흥왕은 아래와 같이 백제의 제의를 거절했다.

진흥왕이 말하기를 "나라가 흥하고 망함은 하늘에 달려 있는데 만약 하늘이 고구려를 미워하지 않는다면 내 어찌 바라겠느냐." 하였다. 그리고 이 말을 고구려에 전하니 고구려는 이 말에 감동이 되어서 신라와 평화롭게 지냈다.[36]

즉 진흥왕의 거절에는 이미 나제동맹의 파탄과 함께 신라·고구려 양국의 물밑작업이 진행되고 있음을 암시해주고 있다.

사실 이 같은 움직임은 신라 왕족 거칠부(居柒夫)가 젊은 시절 승려로 위장한 후 고구려에 잠입하여 첩보활동을 벌인 것에서부터 이미 싹트고 있었다.

거칠부는 내물왕의 5대손이다. 머리를 깎고 승려가 되어 고구려를 정찰하려고 그 땅에 들어갔다가 법사 혜량이 절을 개창하여 불경을 설법한다는 말을 듣고, 드디어 그 곳에 나아가 강경(講經)을 들었다. 어느 날 혜량이 그를 불러 만나 손을 잡으며 은밀히 말하였다. "내가 많은 사람을 보았는데 자네 용모를 보니 분명 보통 사람이 아니다. 아마 다른 마음을 가졌지? 노승은 불민한 데도 능히 그대를 알아볼 수 있는데, 이 나라는 비록 작지만 사람을 알아보는 자가 없다고 할 수 없다. 그대가 잡힐까 염려하여 은밀히 충고하는 것이니 빨리 돌아감이 좋을 듯하다."[37]

위와 같이 거칠부는 고구려를 정탐할 때 혜량법사와 처음 인연을 맺게 되었고, 그 인연은 이어져 거칠부가 551년 한강유역 점령 후 혜량(惠亮)은 문도들을 데리고 나와 그를 영접한 것으로 되어

진흥왕순수비(북한산비)

있다. 그리고 혜량은 그의 천거에 의해 신라에 귀부하여 사주(寺主 : 國統)가 되기에 이른다.

이는 당시 고구려가 나제동맹에 대한 이간책으로서 신라와 접촉하기 위해 신라 정보통인 거칠부와 선이 닿아있는 혜량을 활용했을 것임을 쉽게 짐작해 볼 수 있는 대목이다.

이 결과 거칠부와 혜량을 통한 양국의 물밑작업은 553년 나제동맹을 파기하게 하는 한편 새로운 밀약[38]을 탄생케 하는 단초를 제공하였다.

또한 신라는 이 밀약을 통해 고구려로부터 점령지역에 대한 권리를 인정받고, 고구려를 더 이상 정벌하지 않겠다는 약속을 하기에 이르렀으며, 고구려로서는 나제동맹을 깨트려 시급한 돌궐의 침공에 대비함으로써 국난을 극복할 수 있었던 것이다.

결국 거칠부는 사전 정탐활동과 혜량이라는 협조망(協助網)을 기반으로 고구려와의 밀약을 이끌어 내게 함으로써 신라 융성과 진흥왕의 영토 확장 의지를 강력히 뒷받침하는 계기를 조성했다.

이로써 신라는 553년 백제가 차지하였던 한성지역까지 차지하고, 신주(新州 : 경기 이천)를 설치하였으니, 후일 관산성 전투에서의 승리를 예약해 놓고 있었다.

성왕의 시찰 첩보를 탐지한 김무력

왕이 신라를 습격하기 위하여 직접 보병과 기병 50명을 거느리고 밤에
구천(仇川)에 이르렀는데 신라의 복병이 나타나 그들과 싸우다가 왕이
난병들에게 살해되었다. 시호를 성(聖)이라 하였다.(삼국사기, 권26, 백
제본기 제4, 성왕 32년, 554년 7월)

무려 백년이 넘었던 밀월이 끝나고 이제 양자는 적으로 만났다.
554년 관산성(管山城 : 충북 옥천 일대) 전투는 백제와 신라가
국운을 걸고 싸웠던 곳으로, 고구려는 물론 백제의 용병인 대가야
와 왜(倭) 등 수십만이 동원된 한반도 최대의 전쟁이었다.
이보다 앞서 553년 신라 진흥왕은 고구려와 몰래 밀약을 맺고,
기존 동맹관계를 맺고 있었던 백제를 기습하여 한강 유역을 점령
했다. 선진 문물의 통로이자 민족의 젓줄인 '아리수'가 신라 차지가
됨으로써 본격적인 '아라뱃길' 시대를 연 것이었다.

이 같은 신라의 배반으로 백제는 한강 하류의 상실은 물론, 고구려 정벌이라는 원대한 계획이 수포로 돌아가게 되었다.

이에 대한 보복으로 성왕은 신라 공격에 앞서 553년 10월 외부의 지원세력 차단을 위해 고구려를 먼저 공격하여 백합야(白合野) 전투[39]에서 승리를 거두었다. 이어 다음해 5월에는 왜와 가야군까지 규합하여 태자 여창(餘昌 : 후의 위덕왕)에게 군사를 주어 신라를 공격하게 했다.

당시 왜국의 흠명(欽明) 천황은 532년 신라가 그들의 고향인 금관가야를 멸망시켰기 때문에 병력 천여 명과 병선 40여 척을 지원했던 것으로 알려져 있다.

가야 역시 지금의 경북 고령 일대에 있었던 대가야(大伽倻)와 경남 함안 일대에 있던 안라가야(安羅伽倻) 등이 백제의 회유와 압력으로 참전하게 되었다.

이 결과 백제를 비롯한 삼국 연합군은 사비에서 관산성으로 나아가는 요충지인 진성(珍城 : 금산군 진산면) 전투에서 먼저 큰 승리를 거두었다. 이러한 백제의 승세는 그대로 이어져 그해 12월에는 신라가 새로 점령한 한강 하류지역을 연결시켜주는 전략 요충지 관산성도 차지하기에 이르렀다.

이러자 신라는 북쪽의 신주(新州 : 새로 얻은 중원의 땅이라는 뜻) 군주(軍主) 김무력(金武力 : 김유신의 조부)의 군대를 동원하고, 전국에서 군대를 징발하여 관산성 탈환을 꾀하였다.

가야가 연합군의 일원으로 참전한 이 전쟁에, 신라가 금관가야 왕자 출신으로 신라에 귀부한 김무력으로 하여금 대응케 했다는 것은 많은 의미를 내포하고 있다.

즉 그는 가야와의 연고를 바탕으로 백제 연합군 진영에 속해 있는 가야인을 통해 첩보망을 가동하기 시작했을 것이고, 그에 따라 백제의 내부동향을 어느 누구보다도 정확히 파악하고 있었을 것으로 보인다.

그러던 중 무력은 첩보망으로부터 매우 중요한 첩보를 입수하는데, 그것은 바로 백제 성왕이 부여 사비로부터 최전방인 관산성으로 극비리에 시찰을 한다는 것이었다.

성왕은 몇 달째 전선에 나가있는 태자를 격려하기 위해 호위군사 50명만을 이끌고 야음을 틈타 가기로 했다는 내용도 포함됐다. 성왕의 최측근이 아니면 알 수 없는 극비첩보였다. 백제의 압력으로 어쩔 수 없이 참전한 가야군에 의해서 성왕의 방문첩보가 신라에 유출되었을 가능성도 높은 대목이었다.

이 첩보를 입수한 무력은 옥천의 구천(拘川)에서 삼년산군(三年山郡 : 충북 보은)의 비장인 도도(都刀)로 하여금 관산성으로 들어가는 길에 은밀히 매복을 설치하고 성왕을 기다렸다. 그리고 첩보내용과 같이 한 치의 오차도 없이 나타난 성왕을 살해하는 대성공을 거두게 되었다.

연합군의 최고지휘관이었던 성왕의 죽음으로 인해 전세는 급격히 신라 쪽으로 기울었다. 신라군은 여세를 몰아 백골산성에서 백제군을 포위·공격하여 관산성을 탈환하는 한편 백제의 핵심관료 좌평 4명과 3만에 이르는 백제 군사를 궤멸시키는 대승을 거두었다.[40]

삼년산성(三年山城, 충북 보은)

『일본서기』에 의하면
이때 성왕은 싸움터에
나가 있는 왕자 여창을
위문하러 가는 길에 신
라군에게 포위되어 포
로로 잡혀서 죽임을 당
하였고, 그의 머리는 신
라 북청(北廳) 계단 밑
에 매장되었다고 한다.[41] 이와 같이 거의 120년이나 지속되던 '나
제동맹'은 깨지고, 그 뒤 백제가 멸망할 때까지 양국의 적대관계는
계속되었다

이는 개전 초기 백제군이 혁혁한 전과를 올렸음에도 불구하고
연합군으로 참전하였던 가야 첩보망의 결정적 제보 하나로 전세가
일거에 역전되는 계기를 가져다 준 전쟁이었다. 또한 적시에 적절
한 사람을 통해 얻은 인간정보(Human Inteligence, HUMINT)의
위력을 보여준 당대 최고의 사례이기도 했다.

결국 백제는 가야 지역에 대한 영향력을 상실하였고, 신라는 변
방이라는 꼬리표를 떼고 중심으로 치달아가며 가야까지 합병하기
에 이르렀다.

수나라와 전쟁을 앞둔 고구려의 첩보활동

여러 해 전에는 몰래 재물을 뿌려 소인을 움직여 사사로이 노수(弩手)를 그대 나라로 빼갔다. 이 어찌 병기를 수리하는 목적이 나쁜 생각에서 나온 까닭에 남이 알까 두려워서 (사람을) 훔쳐간 것이 아니겠는가? 또 왕은 사자를 빈 객관에 앉혀 놓고 삼엄한 경계를 펴며 눈과 귀를 막아 아무 것도 듣고 보지도 못하게 했다. 또 종종 기병을 보내 변경 사람을 살해하고 여러 차례 간계를 부려 사설(邪說)을 지어냈으니 신하로서의 마음가짐이 아니었다.(수서, 권81, 동이열전, 고려, 590년)

수(隨) 나라는 손쉽게 중국을 통일하였다.

외손자로부터 북주를 찬탈한 양견(楊堅)은 자신을 문제(文帝)라 칭하고 창업황제의 자리에 올랐다. 이어 돌궐이 동·서로 분열되자 북쪽의 강력한 근심거리를 제거한 데 이어 진(晉) 나라를 멸망시키고 400년 만에 중국을 재통일하는 대역사를 만들어낸 것이었다.

통일제국의 권위를 천하에 널리 과시하고자 했던 문제로서는 이제 남은 것이 고구려였다. 요동과 요서지방을 맞댄 고구려는 수에게 눈엣가시 같은 존재였기 때문이었다.

한편 진이 멸망했다는 첩보를 접한 고구려는 비상대책 수립에 착수했다. 군사를 점검하고 양곡을 모아 비축하며, 예비 동원령을 내려 중국 상황에 대비하고 있었다. 하지만 이러한 고구려의 대비 태세도 곧 바로 수에 포착되었다.

보고를 받은 수 문제는 590년 고구려 평원왕에게 국서를 보내 왕의 입조(入朝 : 신하로서 조정 회의에 참석)를 요구하며 노골적인 굴종을 강요했다.

요수(遼水)의 넓이가 장강(長江)과 비교해서 어떠한지, 고구려의 인구가 진나라와 견주어 많은가 적은가 왕은 말해 보라. 짐이 왕을 용서하려는 심정이 없고 왕의 과거의 잘못을 추궁하기로 한다면 한 사람의 장수로도 될 것이니 어찌 큰 힘이 필요하겠는가? 간절히 깨우쳐 주어 왕이 스스로 새롭게 바꾸도록 할 기회를 허락하노니 마땅히 짐의 뜻을 알아서 스스로 많은 복을 구하기 바라노라.

위와 같이 문제는 말로써 어르기도 하고, 위협하기도 하면서 고구려를 회유하고자 했다. 그러나 이에 만만하게 굴복할 고구려가 결코 아니었다. 계속 문제의 경고를 무시하고 도전했다.

고구려는 겉으로는 수에 사신을 보내면서도 끊임없이 전쟁준비

수나라의 초대 황제 문제

를 서둘렀다. 재물을 풀어서 몰래 쇠뇌
잘 쓰는 무기기술자들을 빼내오기도
했고, 말과 수레를 준비하고 많은 기술
자를 투입하는 등 전쟁 준비를 해오고
있었다.

수의 사신이 왔을 때는 고구려의 실
정을 알아내지 못하게 출입을 엄격히
통제하면서도, 첩자를 수에 보내 첩보
를 수집하고, 때로는 군사를 풀어서 변방지대에 들어가서 유언비
어를 퍼뜨리는 등 교란작전을 펼쳤다.

이는 더 많은 첩보를 얻은 쪽이 전쟁을 유리하게 이끌어 갈 수
있는 첩보전이란 사실을 미리부터 간파하고 있었던 결과였다. 또한
고구려는 단독으로 일을 추진한 것이 아니라 말갈·거란과 연합전
선을 형성하여 전쟁을 진행시키려 했고 돌궐까지 끌어들이려는 계
획을 세웠다.

이후 고구려와 수나라는 말갈과 거란에 대한 지배권을 놓고 계
속 작은 규모의 전투를 벌였다.

드디어 598년 고구려 영양왕은 군사 1만을 거느리고 요서지역
을 선제공격했다. 적의 강한 정도는 물론 군사적 운용능력을 사전
에 감지하기 위한 탐색전 성격이었다. 고구려로서는 중대결단을 내
려야 할 때가 온 것이라고 판단했고, 결국 전쟁을 선택하기에 이른
것이다.

이 소식을 들은 수 문제 역시 598년 7월 드디어 대군 30만을 동

원하여 고구려를 공격하는 원정길에 올랐다. 동아시아 패권을 놓고 요동 벌을 피로 물들이는 두 나라 간 70년 전쟁의 서막이 올랐다.[42]

수나라의 동아시아 전략정보 수집 배경

쇼토쿠 태자의 명으로, 오노 이모코가 제 2차 견수사로 수나라에 파견되어 이듬해인 608년 배세청(裵世淸)과 함께 귀국하였다. 귀국길에 백제에서 수양제의 답서를 잃어버리는 바람에 귀양을 가기도 했으나, 사면을 받아 대덕으로 승진했다.(일본서기, 추고천황 16년, 608년 4월)

7세기 들어 수(隨) 나라와 왜국은 자존심을 두고 외교전을 벌였다.

중국은 '백성들 중에 맨발로 다니는 사람이 많았다(庶多跣足)' 하여 왜를 무시하게 되었고, 왜국 역시 중국에 고분고분하지 않아 대등하게 맞서고자 했다.

이러한 것은 왜국이 600년 유사 이래 처음으로 오노 이모코(小野妹子)를 대표로 한 사절단을 수나라에 보낸데 이어, 607년에도 오노 등을 제2차 견수사(遺隨使)로 파견한 데서 비롯되었다.

당시 수나라로서는 1차 고구려와의 전쟁에서 패배 후, 호시탐탐 재침을 노리고 있는 과정에서 왜국의 사신을 맞게 된 것이었다.

그런데 문제가 된 것이 국서 내용이었다. 왜국 국서에 "동천황(東天皇)이 서황제(西皇帝)에게 경백(敬白)한다."는 말로 시작된 외교문서에 처음으로 '천황'이라는 단어를 사용한 것이었다.

그러나 중국기록 『수서(隨書)』에는 "해 뜨는 곳의 천자(天子)가 해 지는 곳의 천자에게 보내노라."[43]라는 말로 기록되어 있다.

수양제는 왜국이 보내온 국서에 왜왕이 자신과 동급인 천자라 칭하는 보고를 받고 마치 벌레를 씹은 것처럼 기분이 썩 좋지 않았다. 안색이 변한 그는 매우 불쾌해하며 외국사절 관련 업무 담당자에게 "왜의 국서에 무례한 부분이 있으면 다시는 올리지 말라."고 지시했다.

그 대신 배세청(裵世淸)을 답사로 삼아 귀국하는 왜국 사신과 동행하여 왜국을 돌아보게 했다. 동북아 헤게모니를 위해 대국의 황제답게 냉철한 전략적 사고방식으로 왜의 숨은 의도를 알고자 한 것이었다. 또한 그 기회에 백제도 함께 방문하여 그곳 사정을 두루 알아보도록 했다.

이러한 양제의 지시는 백제와 왜의 동정은 물론 그와 관련된 동아시아 전략정보를 함께 수집하고자 하는 의도였다. 또한 고구려 재침을 앞두고 고·왜 양국 간의 군사협력 여부에도 관심이 있었다. 따라서 사신을 두 나라에 직접 보내어 현지에서 삼국과 왜국 간에 걸친 역학관계를 파악하고자 했던 것이다.

"608년 3월, 隨 사절이 왜국으로 가면서 백제의 남쪽 길을 통과하다."[44] 라고 백제본기에는 전한다. 그런데 이 과정에서 예기치 못한 사건이 발생했다. 그것은 오노가 수 나라로부터 받은 국서를 도중에 백제에서 잃어버린 것이었다.

이는 당시 친 백제 정책을 펴왔던 왜가 수에 견수사를 파견하는 등 독자외교를 추진하자 백제의 불만이 표출된 것이었다. 또한 백제가 고구려와 대립하면서 수에게 고구려 협공을 제의하고 있었는데, 이 상황에서 수가 왜에게 보낸 국서 내용을 확인하고자 탈취라는 방법을 택했을 것으로도 보인다. 즉 외교관의 가방을 슬쩍한 절도사건 뒤에는 두 마리 토끼를 잡으려 했던 백제의 정책적인 고려가 숨어 있었던 것이다.

한편 배세청은 사행에서 귀국 후 수의 동방정벌에 관한 고구려·백제 및 왜국 등 동아시아 정세와 함께 백제의 중요한 역할을 본국에 보고하였던 것으로 보인다. 이러한 것은 이후 수나라가 한반도 변수의 한 축으로서 백제를 활용한 고구려 정벌을 깊이 있게 고민한 것에서 확인되었다. 즉 양제는 607년 백제 무왕이 좌평 왕효린(王孝隣)을 보내어 고구려를 토벌해 줄 것을 요청한데 대해 이를 승낙하고, 무왕에게 고구려의 동정을 자세히 살피도록 했다.

또한 611년에는 백제에 사신을 파견하여 수가 고구려 침공 때 백제가 남쪽에서 배후를 치는 연합작전을 상의하게 했던 것이다.

고구려·돌궐의 배후교섭 현장을 목격한 수양제

양제가 계민(啓民)의 장막을 방문하였을 때 우리 사신이 계민의 처소에 있었다. 계민이 감히 숨기지 못하여 그와 더불어 황제를 만나 보았다. 배구(裴矩)가 황제를 설득하며 말하기를, "지금 그 사신은 계민이 온 나라를 들어 모시고 따르는 것을 직접 보았습니다. 그가 두려워하는 것을 이용하여 사신을 위협해 입조하게 하십시오."라 하였다.(삼국사기, 권20, 고구려본기 제8, 영양왕 18년 조, 607년)

수나라는 돌궐과 정략적인 혼인을 맺었다. 강국 돌궐에 대한 분열 책동으로 양제(煬帝)의 여동생을 동돌궐 계민가한(啓民可汗)에게 시집보낸 것이었다. 비록 정략적이었다 하나 수양제가 황제의 신분으로 처남의 나라를 찾아간다는 것은 그리 기분 나쁘지 않은 일이었다.

607년 양제는 그 위세에 걸맞게 수십만 대군을 이끌고 수도를 출발하여 만리장성에 이르는 장거리 순행에 들어갔다.

한편 수나라 일행이 동돌궐에 도착하자 돌궐왕 계민은 양제에게 신하의 예를 정중하게 갖추었고, 양제는 이를 보고 순행의 목적을 이루었다는 점에서 크게 기뻐했음은 말할 나위가 없었다.

이런 와중에 계민은 자신을 만나기 위해 고구려에서 은밀히 파견됐던 사신을 양제에게 소개했다.

고구려 정벌을 앞두고 돌궐을 무마하러간 양제 앞에 나타난 고구려 사신의 존재는 그에게 경악할 만한 일이었고, 수나라로 볼 때 고구려와 돌궐과의 연합은 상상하기도 싫은 최악의 시나리오였다.

사실 양제는 이미 고구려와 돌궐 간 대규모 교역이 이루어지고 있다는 첩보를 보고 받고 있었다. 비록 여동생을 시집보내 돌궐과의 관계가 전보다 좋아졌다고는 하나 돌궐 진영에서 고구려 밀사를 만났다는 것 자체가 수가 내심 품고 있었던 의심이 현실로 확인되는 순간이었다.

이에 앞서 지리전문가인 황문시랑 배구(裵矩)[45]는 "고구려가 훗날 돌궐과 연합하여 수나라를 먼저 공격할 것이니 반드시 고구려를 정벌해야 한다."고 주장하기도 했다.

이에 반해 고구려로서는 비록 1차 고·수 전쟁에서 승리했지만 언제라도 복수의 칼끝을 들이댈 수 있는 수에 대해 긴장의 끈을 늦추지 않고 있었다.

고구려는 거란·말갈·왜를 비롯하여 돌궐까지 품에 넣는 공동 연합전선으로 수를 포위하는 전략을 구축하고자 한 것이었다.

이런 의미에서 수의 영향권에 있는 돌궐과의 연대는 고구려의 안위를 위해 어떻게든 이루어야 할 과제였고, 국가적 존망이 걸린 중대한 문제였다.

양제 앞에 나타난 사신은 바로 이러한 문제를 해결하기 위해 파견된 인물이었다. 기록에는 나타나지 않으나 신채호(申采浩)는『을지문덕전』에서 이때 양제와 우연히 마주친 고구려 사신이 다름 아닌 을지문덕임을 제시하고 있다.

즉 당시 고구려 사신은 밀사의 신분으로 수나라 국경의 철저한 감시망을 뚫고, 멀고 먼 유라시아 몽골고원에 있던 돌궐에 도착하여 계민의 대외정책을 고구려로 돌려놓기 위한 고난도의 임무를 수행하고 있었던 것이다.

그러나 계민은 수의 위세에 굴복하여 그간 추진해 온 고구려와의 연계 시도를 접고, 사신을 양제에게 드러내 보임으로써 의심을 해소하려고 했다. 이러자 양제는 배구의 건의를 듣고 고구려 사신에게 으름장을 놓았다.

그대는 돌아가는 날에 그대의 왕에게 마땅히 빠른 시일 내에 들어와 조회하라고 아뢰시오. 만약 조회하지 않으면 장차 계민을 거느리고 가서 그대들의 땅을 돌아볼 것이오.

이것은 당시 고구려가 밀사외교를 통하여 돌궐 등 각국과 연합전선을 구축하려 했던 것으로써, 수와의 2차 전쟁에 철저하게 대비하고 있음을 보여주고 있다.

한편 사신의 보고를 접한 고구려는 입조는커녕 다른 나라 사신의 입조도 방해했다. 확고한 군사 대비 태세는 말할 것도 없었다.

이러한 상황에서 수나라는 대군을 이끌고 고구려 원정에 나서지만, 이 전쟁의 승패는 이미 결정된 것이나 다름없었다.[46)]

고구려인 자취가 선명한 터키(돌궐) 아프라시압 벽화(KAIST 문화기술대학원에서 복원)

수나라 별동대에 대한 을지문덕의 첩보활동

왕이 대신 을지문덕을 보내 그 진영에 나아가 거짓 항복하게 하였는데, 실은 그 허실을 보려고 함이었다. 우중문이 앞서 밀지를 받았는데 "만일 왕이나 을지문덕이 오게 되면 반드시 그를 사로잡으라."고 하였다. 우중문이 그를 잡으려고 하니 상서우승 유사룡이 위무사(慰撫使)로서 굳이 그만두라고 하므로, 우중문이 마침내 그 말을 듣고 을지문덕을 돌아가게 하였다. 을지문덕은 돌아보지도 않고 압록수를 건너서 가버렸다.(삼국사기, 권20, 고구려본기 제8, 영양왕 23년 조, 612년 6월)

"요동에서 일을 벌이다 천하를 잃었다."

중국 강소성 양주시에 있는 수나라 양제(煬帝) 비문에 쓰여 있는 내용이다. 고구려와의 전쟁에서 실패한 과오를 에둘러 표현한 것이리라!

양제는 612년 정월, 113만이라는 대군을 이끌고 고구려 정벌에 나섰다.

그는 "두 번 걸음 하지 않을 것이다."라는 말로 반드시 고구려를 초토화하여 지난 1차 전쟁의 수모를 설욕하겠다는 단호한 의지를 표현했다.

그러나 정작 요하를 도하한 수군(隨軍)이 요동성 공략에 지지부진한 모습을 보이자, 수는 작전을 바꿔 별동대를 편성하여 평양성을 직접 공격함으로써 고구려를 일거에 무너뜨리고자 했다. 그 결과 우문술(宇文述)이 지휘하는 30만 5천의 병력이 고구려의 방어 요충지 오골성을 돌파하고 남진을 계속했다.

이러한 별동대 공격에 고구려는 당황했고, 고구려 내부에서는 위기 극복을 위해 수의 전력을 파악하고 허실을 찾고자 적 진영에 첩자를 파견할 필요성이 제기되었다.

이 상황에서 을지문덕(乙支文德)이 나섰다. 사실 그가 적진에 간다는 것은 어쩌면 전쟁의 승패와도 직결될 수 있는 중대한 사안이었다. 그러나 적의 허실을 파악하려면 그가 직접 움직여야 했고, 또 그 정도의 인물이어야 적으로부터 항복의사가 확실하다는 인식을 심어줄 수 있었기에 그가 나선 것이었다.

문덕은 태연히 적진에 들어가 항복의사를 전하고 고구려왕으로 하여금 입조케 한다는 거짓 약속을 하면서 적의 내부동정을 살폈다.

이때 우중문은 "을지문덕이 오게 되면 반드시 사로잡으라."는 밀지를 받은 터라 그를 억류하려고 했다. 그러나 상서우승 유사룡 (劉士龍)[47]이 사신을 잡는 것은 대국으로서의 행동이 아니며, 만일 그를 잡으려다 영양왕이 항복 의사를 번복할 수 있다는 이른바 '작은 것을 탐내려다 큰 것을 잃는다.'는 소탐대실(小貪大失)을 이유로 그를 돌려보내게 했던 것이다.

이와 같이 비록 억류될 위기도 있었지만 문덕은 기존 입수되었던 첩보를 재확인하는 한편 적의 내부 동정을 속속들이 파악하고 귀환했다. 즉 그는 적 진영에 머무는 동안 수나라 병력 규모와 사기·수군의 취약점 그리고 무엇보다도 보급품 부족으로 병사들의 굶주림 현상이 심각하다는 점을 간파했다.

당초 수군 지휘부는 보급을 해결하기 위해 군사들에게 100일치 식량을 지고 가라고 지시했다. 하지만 군사들은 각종 무기와 갑옷 등 과중한 무게를 이기지 못해 식량을 몰래 버려서 묻었고, 압록강을 건너기도 전에 굶주림으로 전의를 거의 상실한 상태였다.

이러한 점을 확인한 문덕은 귀환 후 다양한 전술을 선보였다.

적으로부터 군수물자를 완전 차단시키는 '청야전술'을 바탕으로, 하루 7회씩이나 되는 접전과 퇴각을 반복하는 게릴라전술로 적을 흔들었다. 한 편의 시로 우중문의 혼을 빼놓는가 하면 영양왕의 거짓 입조 약속으로 다시 한번 적 내부를 끝없이 혼란에 빠뜨렸다. 이른바 '종합전술세트'를 가동했던 것이다.

그리고 여름 더위와 배고픔으로 전투의욕을 완전히 상실한 적에게 최후의 승부처인 살수(薩水)에 적군의 수장고(水葬庫)를 은밀히 안배했다.

한편 철수하던 수군들은 살수의 위험을 알고 강을 건널 것을 주저하였으나 미리부터 이 점을 예상한 문덕이 가사를 입은 7명의

고구려 오골성(烏骨城, 현재 중국 봉황산성)

승려로 하여금 발을 걷고 강을 건너게 함으로써 완벽한 유인작전의 정점을 찍게 된다.

이 결과 살수에서 수군이 궤멸에 이른 것은 물론이었다. 적은 고작 2,700명만이 압록강을 건너 살아 돌아갔다고 기록은 전한다.[48]

결국 수군의 대패는 을지문덕이 스스로 사지에 들어가 적정을 탐색하고, 획득한 첩보를 바탕으로 적절한 대응책을 취한 것에서 비롯되었다고 볼 수 있다.

한편 고구려와 수가 건곤일척의 승부를 벌이고 있을 때 남쪽의 백제와 신라는 중립을 지켰다. 당초 전쟁 전에 백제 무왕과 신라 진평왕이 각각 다급한 목소리로 수나라에 구원을 요청했고, 수가 그 회답으로 611년 백제에 사신을 보내어 출병일자를 함께 논의했던 것과는 대조적이었다.

당나라의 대 고구려 군사지리정보 수집공작

황제는 우리 태자가 입조하였으므로 직방낭중 진대덕을 보내어 답례하였다. 진대덕이 국경에 들어와서 이르는 성읍마다 관리들에게 비단을 후하게 주고 말하기를 "내가 산수를 좋아해서 이곳에 경치가 뛰어난 곳이 있으면 보고 싶다."고 하였다. 관리들은 그를 인도하기를 좋아하여 여러 곳으로 놀러 돌아다니며 가지 않는 곳이 없었다. 이로 말미암아 그 지리의 세세한 곳을 다 알게 되었다. 진대덕이 사명을 받들고 온 것을 기회로 나라의 허실을 엿보았으나 우리나라 사람들은 알지 못하였다. 진대덕이 돌아가서 아뢰니 황제가 기뻐하였다.(삼국사기, 권20, 고구려본기 제8, 영류왕 24년 조, 641년)

대부분 나라의 공식 외교사절은 스파이 활동을 하고 있다.
다만 감시의 눈이 있어 드러내놓고 할 경우 외교문제로 비화될 것을 우려하여 공개적인 일부 활동에만 머물 따름이었다.

위 기사는 당나라 사신이 대놓고 노골적인 염탐행위를 하고 있음을 보여주는 것으로, 고구려의 보안의식에 큰 구멍이 뚫리고 있음을 의미했다.

집권 초부터 영류왕은 과거 수나라를 물리친 패기와는 달리, 새로 일어난 당(唐)과 평화적 외교노선을 유지하려 했다. 그 즈음 당이 돌궐 정벌과 고창국(高昌國 : 중국 신강성 지역에 있던 국가)을 멸망시킨 영향도 있었지만 가급적 충돌을 피하고자 했다.

624년 조공에 이어 631년에는 수나라에 승리 후 건설한 전승기념비인 경관(京觀)이 헐렸다. 아무런 실익도 없이 양보한 영류왕의 대표적인 외교적 실패 사례였다.

또 640년에는 당이 태자의 입조를 요구해오자, 태자 환권(桓權)을 보내 국학에 입학시키기도 했다. 그를 통해 당의 허실을 엿보려는 의도도 없지 않았겠으나 신분이 공개된 태자의 첩보활동에는 한계가 있어 득보다 실이 많은 조치였다.

이는 오랜 전란에 피로감을 느낀 주화파(主和派) 귀족들의 주장이 그 배경이었다. 모든 것이 달라진 굴욕적인 외교로 자존심이 상한 연개소문 등 무사들의 불만이 높아지고 있었다.

이러한 상황에서 당나라가 태자의 입조에 대한 답방 명목으로 나라 안팎의 지도를 작성하는 자리인 직방낭중(職方郎中) 진대덕(陳大德)을 사신으로 보냈다.

영류왕은 당을 경계하지 않았기에 진대덕이 고구려 산천을 유람하게 해달라고 요청해오자 그를 허락하며 진대덕의 첩보행각을 방관하였는데, 이는 당시 그가 얼마나 국가기밀에 무지했는가를 보여주는 대목이다.

진대덕과 그 부하들은 요하를 건너 고구려의 영토로 넘어오기가 무섭게 지나는 고을마다 지형지세와 고구려군의 방어태세를 유심히 살피면서 노골적인 정탐행위를 자행했다. 나라의 도로와 지형지세, 군비 상황의 파악은 필수적이었다.

더욱이 평양성으로 가는 길목의 요충지는 며칠간 머물면서 그 지역에 대한 그림을 그려 후일 귀국 결과보고 및 전쟁의 중요 정보로 활용했다.[49]

이를 위해 진대덕은 자신의 안내와 접대를 맡은 고구려 관리들에게 비단을 아낌없이 주면서 공공연히 원하는 지역의 안내를 요구했다. 즉 뇌물을 탐한 고구려 관리들이 자원하여 적국 첩보원의 수행원 노릇을 한 격이었다.

이처럼 영류왕을 비롯해 고구려 관리들의 국가 기강은 무너질 대로 무너져 있었다.

이와 같은 진대덕의 첩보활동 배경에는 당 태종이 있었다. 태종은 수나라의 고구려 정벌 실패를 거울삼아 고구려를 정복하기 위해서는 종래의 단편적인 첩보보다는 고구려에 관한 상세한 지리정보가 필요하다는 것을 깨달았다. 그래서 이러한 점을 보강하기 위해 지리 전문가인 진대덕을 파견해 유람이란 구실을 대며 고구려를 정탐하게 했던 것이었다.

이 결과 그는 약 8개월 동안 성공적인 첩자 임무를 마치고 귀국한 후 태종에게 그 결과를 보고했다. 그리고 고구려 군사지리정보를 기록한 『고려기(高麗記)』[50]를 남겼다. 그의 보고가 얼마나 마음

에 들었는지 태종은 크게 기뻐하고 그 자리에서 전략을 수립할 정
도였다고 한다.

　이후에도 당은 장검(張儉) 등을 요수 주변까지 재차 파견하여
지리정보를 수집하게 한 것으로 알려지고 있다.

　이것은 고구려 침공전략을 수립하려는 당 태종의 끈질긴 첩보수
집 의지를 보여주는 것으로서, 당시 영류왕의 안일한 안보의식과
좋은 대비를 이루고 있다 하겠다.

고구려 백암성(현재 중국 연주산성)

삼국통일의 도화선이 된 대야성 공작

이 달에 백제의 장군 윤충이 군사를 이끌고 대야성을 공격하여 함락시켰는데, 도독 김품석과 사지 죽죽·용석 등이 죽었다. 이보다 앞서 품석이 막객인 검일의 아내가 예뻐서 그녀를 빼앗았다. 검일은 그것을 한스러워 하였다.(삼국사기, 권5, 신라본기 제5, 삼국사기 권47, 열전 제7 선덕왕 11년 조, 642년 8월)

이날 모척을 붙잡아서 목을 베었다. 모척은 본래 신라 사람으로서, 백제로 도망한 자인데, 대야성의 검일과 함께 도모하여 성이 함락되도록 하였기 때문에 목을 벤 것이다. 또 검일을 잡아서 (죄목을) 세면서 말하기를, '네가 대야성에서 모척과 모의하여 백제의 군사를 끌어들이고 창고에 불을 질러서 없앴기 때문에 온 성안에 식량을 모자라게 하여 싸움에 지도록 하였으니 그 죄가 하나이고, 품석 부부를 윽박질러서 죽였으니 그 죄가 둘이고, 백제와 더불어서 본국을 공격하였으니 그것이 세 번째

죄이다.'라고 하였다. 이에 사지를 찢어서 그 시체를 강물에 던졌다.(삼국사기, 권5, 신라본기 제5, 무열왕 7년 조, 660년 8월 2일)

중국 병법서 『육도』에는 장수 선발에 있어 속내를 판별하는 여덟 가지 방법이 있는데 그 중의 하나가 '아름다운 미녀를 안겨 주어 얼마나 올곧은 지를 살펴보는 것'이라고 되어있다. 화랑의 후예이자 김춘추의 사위로, 신라의 미래를 짊어진 대야성(大耶城) 성주 김품석(金品釋)[51]에 미리 시험했어야 할 내용이었다.

위 기사는 백제의 대야성 공작 발단과 그리고 하단 기사는 신라가 후일 백제를 멸한 후 그 공작에 가담했던 주모자들을 단죄하는 내용이다.

642년 백제 의자왕은 신라와의 전면전에 나선 후, 장군 윤충(允忠)으로 하여금 국경을 넘어 품석이 맡고 있는 군사 전략거점 대야성을 공격하게 했다. 그러나 백제군의 공격에 맞선 대야성의 저항은 무기력하기만 했다.

죽죽(竹竹) 등이 성문을 닫아걸고 항전하였지만 별다른 어려움없이 성은 함락되었고, 성주는 자신의 처자를 죽이고 자신도 자결하고 만다. 신라 대야성이 이렇게 쉽게 백제에게 함락된 까닭은 어디에 있었을까? 거기에는 성주 품석과 그의 막하 장교 검일(黔日)의 치정관계를 노린 백제 윤충의 치밀한 배후 공작이 똬리를 틀고 있었다.

대야성 함락에서 결정적인 역할을 했던 검일에 대하여, '백제군의 침공에 앞서 김품석은 검일의 아내가 미색인 것에 흑심을 품었다. 그리고는 그 아내를 빼앗아 자신의 욕심을 채웠다.'라고 기록은 전한다. 당연히 검일은 상관이었던 품석에게 원한을 품게 되었고, 그 기회를 엿보고 있었다고 보아야 할 것이다.

그즈음 모척(毛尺)이라는 인물이 백제 진영에 나타났다. 그가 어떤 이유로 신라를 배반하였는지에 대한 기록은 없으나 백제 최고의 정보통인 성충(成忠), 그의 동생 윤충과 선이 닿았던 것으로 보인다. 그가 대야성의 내부사정을 속속들이 제공하면서 검일의 이런 보복 의지를 전한 것은 물론이었다.

이에 윤충은 그를 역이용하기로 하고, 그로 하여금 평소 복수의 한을 품고 있던 검일에게 보내 백제군이 공격할 때 성 안에서 내응토록 하는 임무를 부여했다.

그 후 윤충은 대야성을 공격하면서 이들의 도움을 얻어 백제의 일부 군사를 성안에 은밀히 투입시키는데 성공했고, 군량미와 군수품이 저장되어 있는 창고를 불태우기에 이르렀다.

한편 성 중 깊숙한 곳 창고에 불이 나자 신라군 내부와 민심은 크게 흔들렸다. 이미 포위된 상황에서 적의 첩자나 병력이 성안에 침투해 있다고 생각되었고, 식량마저 불타 사실상 성의 함락이 시간문제인 것처럼 보였다. 그러자 공포에 휩싸인 성주 품석이 전의를 상실하고 보좌관 서천(西川)으로 하여금 항복 의사를 전하게 한 것이었다.

즉 신라군이 맥없이 무너진 이유는 창고의 화재가 결정적인 것으로 작용했다. 한때 난공불락의 요새라고 칭했던 대야성의 명성을 감안하면 싱거운 승리를 거둔 것이다.

이 결과 신라와 김춘추는 절대 절명의 위기에 몰렸다. 신라는 대야성을 포함하여 40여 개의 성이 함락되었고, 품석 부부를 비롯하여 수많은 장수를 잃었다.[52] 이 소식이 서라벌에 전해지자 "춘추는 기둥에 기대어 서서 하루 종일 눈도 깜박이지 않았고, 사람이나 물건이 그 앞을 지나가도 알아보지 못하였다."고 한다.

이로부터 김춘추는 원수를 갚고자 고구려와 왜국에 도움을 요청하는 외교로 동분서주하게 되며, 결국 삼국통일의 밑거름이 된 대당외교를 이끌어 내는 터닝 포인트가 된다.

연호사(烟湖寺, 합천 소재), 대야성에서 죽은 신라군사
2천여 명의 원혼을 달래기 위해 643년 와우선사가 창건

삼국 정보 수장들의 막후 대결

겨울에 왕이 장차 백제를 쳐서 대야성에서의 싸움을 보복하려고 이찬 (伊飡) 김춘추를 고구려에 보내서 군사를 청하였다. 고구려의 왕인 고장 (高臧 : 보장왕)은 (춘추의 군사 요청에 대해) "죽령(竹嶺)은 본래 우리의 땅이니, 그대가 만약 죽령 서북의 땅을 돌려준다면 군사를 보낼 수 있다."라고 하였다.(삼국사기, 권5, 신라본기 제5, 선덕왕 11년 조, 642년)

김춘추가 극비리에 평양성을 방문했다. 사위 품석의 패배로 최대의 정치적 위기를 맞은데 대한 반전의 카드였다. 고구려와의 군사 협력을 통해 불구대천의 원수인 백제를 협공하고자 한 것이었다.

위 기사에는 그의 고구려 행을 놓고 고구려 국가기밀부서 중리부(中裏部) 가문의 연개소문(淵蓋蘇文)과 신라 첩보계의 귀재 김유신(金庾信), 그리고 삼국 최고의 전략가로 꼽히는 백제의 성충이 최대의 막후 첩보전을 펼쳤다.

자국 첩보망을 총동원한 물고 물리는 삼국시대 첩보전의 백미를 이루는 부분이다.

춘추가 훈신 사간과 함께 고구려를 방문하고자 행렬이 대매현에 이르니 그 고을 사람 두사지 사간이 청포(靑布 ; 명주) 3백 보(步)를 주었다. 이윽고 저들의 경내에 들어서자 고구려왕이 태대대로 개금(盖金 : 연개소문)을 보내 객사에서 잔치를 베풀고 우대해 주었다.[53)

춘추가 고구려로 가는 길에 대매현(代買縣)이란 곳에 들려 당시로서는 구하기 어려운 비단을 그것도 3백 보(약 220필)라는 어마어마한 물량을 건네받는다.

이 청포는 왕으로부터 하사받은 기록도 없고, 일개 지방민이 준 것으로 보아 김유신과 연결된 인물이 고구려의 누군가에게 줄 공작물자, 즉 뇌물을 사전에 준비해 놓고 전달한 것으로 보아야 할 것이다.

그리고 고구려 경내에 들어서는 연개소문으로부터 환대를 받았다는 것을 볼 수 있다. 그런데 다음의 기사를 보자.

혹자가 고구려왕에게 "신라 사신은 보통 사람이 아닙니다. 지금 온 것은 아마 우리의 형세를 관찰하고자 함일 것입니다. 왕께서는 그 계책을 세우시어 후환이 없도록 하소서"라고 고하였다. 왕이 곤란한 질문으로 대답하기 어렵게 하여 그를 욕보이고자 "마목현(麻木峴)과 죽령(竹嶺)

은 본래 우리나라의 땅이다. 만약 우리에게 돌려주지 않는다면 돌아가지 못할 것이다"라고 하였다. (춘추가 거부하자) 왕은 노하여 그를 가두고 죽이고자 하였으나 미처 실행하지는 못하였다.[54]

춘추가 고구려에 도착해 보장왕의 지시로 처음에는 환대를 받았는데, 혹자의 건의가 있고는 완전히 분위기가 바뀐 것을 알 수 있다. 그렇다면 그 와중에 어떤 일이 일어났던 것일까?

그가 감금을 당하게 된 배후에는 백제 성충이 있었다. 성충은 이미 그의 고구려 행 첩보를 입수하고, 백제의 사신 신분으로 당시 고구려를 방문 중이었다. 그리고는 연개소문을 설득하여 '여제동맹(麗濟同盟)'을 맺기 전이었다.

그런데 백제 첩자로부터 춘추가 고구려에 와서 양국관계를 훼방 놓고 '여라동맹(麗羅同盟)'을 맺으려 한다는 보고를 받은 것이었다. 이러자 성충은 연개소문에 다음과 같은 글을 보냈다.

중국의 여러 나라가 고구려와 싸울 때 가장 곤란하고 불편했던 점은 군량의 운반이다. 수나라가 바로 그 증거다. 만약 백제가 당나라와 연합하면 당은 육로로는 북쪽의 요동에서 고구려를 공격하고, 서해 바다로 군사를 옮겨 백제로 들어온 후, 백제의 쌀을 먹으면서 남쪽에서 고구려를 칠 것이다. 이렇게 되면 고구려는 남쪽과 북쪽 양쪽에서 협공을 받게 되는데, 그 위험이야 말할 필요가 있겠는가? 그러나 동해안에 자리 잡고 있는 신라는 당나라가 군사와 군량미를 운반할 때의 편리함이 백제만 못하다. 또한 신라는 믿을 수 없는 나라다. 일찍이 신라가 백제와 약속을 맺고 고구려를 공격하다가, 다시 백제를 속이고 죽령 밖 고현 안쪽의 10개 군을 차지한 사실을 잘 알고 있지 않은가? 신라가 오늘 고구려와 동맹을 맺지만, 다음날에는 당나라와 연합해 고구려의 영토를 공격하지 않는다는 보장이 어디에 있는가?[55]

즉 연개소문은 이 성충의 글을 읽고, 보장왕을 시켜 춘추를 가두고 죽령 땅을 돌려달라고 위협했던 것이다. 이러자 위기에 몰린 춘추의 반격이 시작됐다.

고구려에서 활동 중인 신라 첩자를 통해 구원을 요청하는 급보를 신라에 알림과 동시에 보장왕의 측근이자 신라의 협조자로 심어놓았던 선도해(先道解)와의 만남을 주선해 준비한 뇌물을 제공하고, 해결책을 논의한 것이다.

춘추가 청포 3백 보를 (고구려) 왕이 총애하는 신하 선도해에게 몰래 주었다. 선도해가 음식을 차려와 함께 술을 마시다가 무르익자 농담하듯 말 하면서 거북이와 토끼 이야기를 들려주었다. 춘추는 그 말을 듣고서 그 뜻을 깨달아 왕에게 글을 보내 "두 영(嶺)은 본래 대국의 땅이니, 신이 귀국하여 저희 왕께 그것을 돌려주라고 청하겠습니다. 저를 믿지 못한다고 하시면 밝은 해를 두고 맹세하겠습니다."라고 하자, 왕이 이에 기뻐하였다.[56]

즉 춘추는 선도해로부터 지금의 위기를 벗어나기 위해서는 별주부전에 나오는 '토끼의 간' 처럼 거짓말을 해서라도 빠져 나가라는 탈출 방법을 조언 받 은 것이었다.

사실 춘추가 그에게 줄 뇌물을 준비했던 것은 고구려 권력층 내부의 갈등관계를 이미 파악하고 있었기 때문이다. 즉 641년 고구려 영류왕이 연개소문에 의해 시해당한 후 그의 지지로 왕위에 오른 보장왕과 연개소문사이의 권력투쟁을 사전에 입수하고, 고구려 행을 결정했던 것이다.

또한 선도해의 도움을 받아 동맹을 추진하였으나 백제 성충의 계략으로 계획이 좌절되고 오히려 감금까지 당하게 되자 불가피하게 탈출을 꾀했던 것이다.

한편 춘추가 고구려에 들어가 60일이 지나도록 돌아오지 않으니 김유신은 국내의 날랜 병사 3천 명을 뽑아 왕에게 청해 출병할 기일을 정하였다. 그때 신라에 파견되었던 고구려 첩자인 승려 덕창이 사람을 시켜 (김유신의 출병 준비 소식을) (고구려) 왕에게 고하였다. 왕은 앞서 춘추가 맹세하는 말을 들었고 또 첩자의 이야기를 듣고서 감히 다시 불잡아 둘 수가 없어 후하게 예우하여 돌려보냈다.[57]

한편 춘추가 보낸 첩자로부터 급보를 받은 신라가 구원군 파견을 준비하는 사이, 신라에 장기 매복하여 활동하던 고구려 첩자 덕창(德昌) 역시 위 김유신 군대의 출병 첩보를 입수하고, 이를 고구려에 긴급히 전하게 했다.

김유신이 의도적으로 이 첩보를 노출하여 고구려 첩자로 하여금 보고하게 했을 가능성이 높은 대목이다. 그리고 이 결과는 결국 춘추의 무사 귀환으로 이어지게 되었다.

사실 당시 연개소문은 국제관행을 위반하면서까지 사신인 춘추를 감금하였고 또 그를 제거하고자 했다.

하지만 당(唐)이 고구려를 호시탐탐 노리고 있는 시기에, 출병한 김유신 군대와의 전투는 당과 신라에 대한 2개의 전선을 각오해야 하는 상황이었다. 즉 고구려는 신라와 잠정적으로 화평관계를 유지하는 것이 보다 유리하다고 판단하고, 어쩔 수 없이 춘추를 돌려보내 주었던 것이다.

이 과정에서 삼국 정보수장들은 당나라를 포함한 4개국 간에 얽힌 군사·외교적 이해관계 속에서 상대국에 침투시켰던 첩자, 그리고 가용한 공작자원을 총동원하여 치열한 막후 첩보전을 전개하면서 자국의 주도권 확보에 총력을 기울였음을 볼 수 있다.

김춘추의 대일 비밀외교

신라가 김춘추 등으로 하여금 박사 다카무코노 구로마로(高向玄理) 등을 보내오고, 공작 한 쌍, 앵무새 한 쌍을 바쳤다. 김춘추는 용모가 아름답고 이야기를 잘 하였다.(일본서기, 권25, 대화 3년, 647년)

'섶에 누워 자고, 쓴 쓸개를 맛본다.' 복수를 위한 끈질긴 집념에 관한 고사로, 중국 드라마의 소재로 자주 등장하는 와신상담(臥薪嘗膽)에 관한 이야기다.

김춘추 역시 품석 내외의 원수를 갚으려고 고구려를 찾아갔지만 군사협력은커녕 감금을 당한 끝에 겨우 목숨만을 부지한 채 돌아왔다. 그렇다고 해서 삼국통일과 복수 의지가 꺾인 것은 결코 아니었다. 한동안 인내하던 그에게 기회가 찾아왔다. 당과 왜와의 협력을 모색하던 그에게 국제정세가 유리한 방향으로 흐르기 시작했던 것이다.

즉 641년 백제 의자왕에 의해 추방된 교기(翹岐)란 인물이 왜로 망명하면서 백제와 왜의 사이가 벌어진 데 이어, 645년 당나라와 고구려가 맞붙은 전쟁에서 당의 우세가 점쳐지자 당과 비교적 거리를 두었던 일본 야마토 정권의 위기의식이 본격적으로 고조되기에 이르렀다.

이때 당과 신라유학생들을 중심으로 한 반소아씨(反蘇我氏) 세력은 왜의 안전을 위해 백제·고구려보다는 당·신라와 손을 잡는 것이 유리하다는 주장을 펼치기 시작했다. 그 결과 645년 효덕(孝德) 천황을 받드는 대화개신(大化改新) 정권을 출범시키기에 이른 것이다.

그리고 이 대화개신의 핵심인물이 바로 다카무코노 구로마로(高向玄理)[58]였던 것이다. 이러한 왜국 내의 움직임 역시 신라 첩보망에 의해 포착되었음은 물론이다.

다카무코노는 과거 640년에도 당에서 귀국할 때 신라를 방문했던 인물로, 신라가 배편을 제공해주어 왜에 귀환시켜 준 적이 있었다. 그가 이런 배려를 받은 배경에는 그와 중국에서 함께 유학했던 자장법사의 막후지원도 한 몫 했을 가능성이 높았다. 그런 그가 이번에는 왜국 대화개신을 대표하는 인물로 646년 다시 신라에 사절로 파견되어 김춘추를 면담하게 된 것이었다.

춘추는 그와 더불어 양국 간의 군사협력 문제를 협의한 데 이어, 왜국 수뇌부의 신라지원 약속을 구체적으로 얻어내기 위해 다카무코노와 함께 다음해 대한해협을 건넜다.

당시 약소국이었던 신라가 왜에 내놓을 외교 카드는 그리 많지 않은 것이 사실이었다. 그가 가진 것은 오로지 꽃미남 외모와 화술, 그리고 와신상담 의지가 전부였다. 그러나 결과는 성공적이었다. 그는 이 방문에서 왜의 지원을 이끌어냈고, 이와 함께 632년 이후 당과 왜 사이의 불편했던 외교관계를 해소하기 위한 밀사의 역할도 부여받았다.

왜국이 그에게 당나라에 전달할 외교문서를 건네준 후 양국 외교관계의 해결을 부탁한 것이었다. 이 결과는 다음해 648년 김춘추의 당나라 방문으로 그 사실이 확인되었다.

"648년 신라 사신에게 부탁해서 보낸 표(表)에 의해서 양국관계가 다시 좋게 되었다."[59]

그의 대일 막후외교로 신라는 삼국연합의 기초를 마련하게 되었던 것이다. 왜국 역시 그동안 멀어졌던 당과의 관계가 회복되어 653년 240명의 유학생을 비롯한 대규모 사절단을 파견한데 이어, 다음해에도 견당사(遣唐使)를 파견하여 당나라와의 외교를 강화하려고 했다. 그러나 이 연합은 그리 오래가지 못했다.

삼국 연합을 주도하던 효덕천황이 죽고, 655년 제명(齊明) 천황이 즉위함으로써 친 백제 정책으로 다시 회귀한 것이다. 이 결과는 같은 해 신라와 당이 각각 왜의 군사파병을 요청한 데 대해 그를 거부하고 출병하지 않은 데서도 잘 나타나고 있다.

이러자 신라는 대일사절의 파견을 중지했다. 또 왜가 견당사를 신라사절에 딸려 보내려던 요청마저 거절했다. 당나라 역시 659년 귀국하려던 왜의 4차 견당사를 유폐시키는 등 적대적인 조치를 취하였다.

『일본서기』에는 이렇게 기록되어 있다.

(황제가) 伊吉連博德書에 이르기를, "국가에는 내년에 반드시 해동을 정벌하는 일이 있다. 그래서 너희 왜인들은 동으로 돌아갈 수 없다."라고 하고는 마침내 서경의 별처에 유폐하여 막아 돌아다니지 못하게 하니 고달프고 괴롭게 해를 보냈다.[60]

그러자 왜국 역시 백제와 고구려를 지지하는 쪽으로 점차 기울어져 갈 수밖에 없었다. 다자외교를 추진한 왜국과 왜왕의 현실적인 실리외교 결과였다.

즉 당초 백제와 왜는 지속해서 우호관계를 유지했었으나 백제 망명자에 의해 틈이 벌어진 양국 사이를 김춘추가 교묘히 파고들어 왜를 신라 쪽으로 끌어들이는 외교공작을 전개했던 것이다.

비록 삼국연합은 계속 이어지지 않았으나 이는 김춘추가 고구려와 왜, 나아가 당나라를 포함한 삼국을 시야에 넣고 동아시아의 각국 간 이해관계를 저울질하며 막후 비밀외교를 주도한 사례라 하겠다.[61]

고구려의 김춘추 제거공작

김춘추와 그의 아들 문왕을 당나라에 사신으로 보냈더니 태종이 광록경 유형을 교외에 까지 보내 그를 영접했다. 춘추가 돌아오다가 바다 위에서 고구려의 순라병을 만났다. 춘추의 수행원인 온군해가 높직한 갓과 큰 옷차림으로 배 위에 앉아 있었더니 순라병이 보고 춘추인 줄 알고 잡아 죽였다. 춘추는 작은 배를 타고 본국에 이르니 왕이 이 말을 듣고 비통히 여겨 온군해에게 대아찬을 추증하고 그의 자손들에게 융숭하게 상을 내렸다.(삼국사기, 신라본기, 진덕 2년 조, 648년)

'외교의 달인 김춘추!'

외교 분야에 있어 동물적 본능과 승부사적 기질로 약소국 신라를 단숨에 한반도 주역으로 올려놓고, 통일의 토대를 닦은 그를 칭하는 말이다. 당시 그는 왜와의 외교성과로 탄력을 받은 후, 가장 중요한 대당외교(對唐外交)만을 남겨두고 있던 상황이었다.

그런데 이에 화답이라도 하듯이 그즈음 당에서도 645년에 있었던 고구려 침공이 실패로 돌아가자 신라와의 협력 필요성이 서서히 수면으로 떠오르고 있었다. 과거 고구려와 왜를 상대로 줄타기 외교를 펼친 그에게 동북아의 패권국 당을 상대로 통 큰 외교전을 펼칠 기회가 찾아온 것이었다.

결국 그는 서해를 건넜고, 당나라를 방문하여 당과 왜 사이의 외교적 마찰을 처리해주는 수완을 발휘하며 당으로부터 호의적인 군사지원 계획을 이끌어냈다.

또한 적극적인 친당정책의 일환으로 아들을 당에 인질로 두는 이른바 '숙위외교(宿衛外交)'[62]로 '나당연합'의 밑그림을 그리는데도 성공했다. 이 숙위외교는 조공과 인질이 복합된 형태로서 양국 동맹관계의 확고한 상징이기도 했다.

이러한 노력으로 이른바 신라·당·왜 삼국연합의 구상이 가시권에 들어오게 되었다. 생사를 넘나든 가운데 이룬 값진 외교적 성과였고, 장밋빛 미래에 부푼 발걸음은 그 어느 때 보다 더 가볍기만 했다.

하지만 좋은 일에는 탈도 많은 법이라 했던가! 고구려 수군이 연안에 순라선을 배치하고 춘추가 당에서 돌아오는 해상 길목을 지키고 있었다. 고구려 첩자가 그의 동향을 면밀히 관찰하고 그의 종적을 끈질기게 추적한 결과였다. 즉 고구려는 당을 끌어들여 계속 자국을 협공하려는 그를 계속 감시하면서 제거하려는 공작을 전개했던 것이다.

비록 지난 날 당과 신라에 대한 2개의 전선을 우려해 부득이 놓

대련시 여순(요동반도, 서해와 발해의 교착점)

아 보내준 적이 있었으나 이미 당나라를 격퇴한 상황에서 이제 더 이상 그를 살려둘 필요가 없었던 것이다. 춘추를 실은 배가 산동을 떠나 요동반도 연안에 이를 즈음 대기하고 있던 고구려 순라선이 다가섰다. 이 위기의 순간 수행원 온군해(溫君解)가 그를 살리기 위해 자신의 목숨을 바치기로 했다. 순간적인 기지를 발휘하여 춘추의 갓과 옷을 빌려 입고 그로 위장을 했던 것이다.

이것을 눈치 채지 못한 고구려 순라병들이 온군해를 춘추로 착각하여 그를 살해하는 동안, 춘추는 다른 배를 타고 비상 탈출함으로써 김춘추 제거공작은 또 다시 실패하고 말았다.

비록 공작은 실패로 돌아갔으나 이 내용은 고구려가 대당 관계에서 상대국 권력 핵심 깊숙이 첩자를 운영했음을 암시하는 사례로서, 당시 고구려의 첩보 수준과 수군의 활동범위를 짐작케 하는 기록이다. 또 김춘추는 고구려와의 협력에는 실패했으나 왜는 물론 당과의 여건이 성숙할 때까지 인내를 갖고 끈질기게 삼국 간 군사협력을 추진했음을 보여주고 있다.

이러한 김춘추의 탄력적인 외교는 오늘날 미·중·일·러 등 주변국의 관계를 능동적으로 설정해야 하는 우리에게도 많은 것을 시사해주고 있다 하겠다.

역정보를 흘린 김유신

물새가 동쪽으로 날아와 유신의 군막을 지나갔다. 유신이 군사들에게 말하기를, "오늘은 반드시 백제 사람이 와서 정탐을 할 것이다. 너희들은 모르는 체하고 함부로 누구냐고 묻지도 말라"고 했다. 그리고는 사람을 시켜 진중을 돌아다니면서 "꼼짝 말고 굳게만 지켜라 내일 구원병이 올 것이니 기다렸다가 결전을 할 것이다"라고 말하도록 했다. 정탐꾼이 이 말을 듣고 돌아가 은상에게 그대로 보고했더니 은상 등은 증원병이 있다 하여 의심을 품고 겁을 내지 않을 수 없었다.(권 42 열전 제2, 649년 8월)

조선상고사를 지은 신채호는 김유신에 대한 평가에서 '음험하기가 사나운 독수리 같았던 정치가이며, 그 평생의 큰 공이 전장에 있지 않고 음모로 이웃나라를 어지럽힌 자.'라고 평가절하하고 있다.

이 말은 그가 첩보를 다루는 측면에서는 매우 뛰어났던 인물이었음을 반증하는 말이기도 하다. 또한 다른 나라와의 부단한 전쟁 속에서 신라의 생존을 위한 몸부림의 표현이기도 했다.

649년 백제의 은상(殷相)이 군사들을 동원하여 신라 석토성(石吐城) 등 7개성을 공격하여 함락시킨 사건이 일어났다.

이 급보를 받고 김유신이 이끈 신라군이 전선에 새로 도착하였지만 이미 성들은 적의 손에 넘어간 뒤였고, 백제군의 기세 또한 만만치 않았다.

열흘간 계속된 이때의 전황에 대해 "시체가 들에 가득차고 흘린 피가 넘쳤다."며 참혹하고 치열했던 전쟁을 촌철살인의 한 문장으로 표현하고 있다.

이러던 중 유신은 군대를 전진 배치하여 도살성(道薩城 : 천안) 아래로 진영을 옮겼다. 그러던 중 새 한 마리가 지나간 것을 보고 병사들은 이를 흉조로 여기며 수군덕거리기 시작했다.

중요한 일전을 앞두고 엄중해야 할 군기가 흐트러질 조짐이 엿보이고 있었다. 이에 유신은 군사들에게 백제로 부터의 정탐이 있을 것임을 예고하면서, 측근들에게는 신라의 원군이 올 것이라는 허위 정보를 흘리도록 했다.

아니나 다를까! 그의 예상대로 백제군은 신라에 첩자를 보내왔다. 신라의 전진배치 의도와 함께 김유신 군대의 허실을 탐지하려는 의도였다.

한편 신라 진중에는 이미 원군이 올 것이라는 유신의 역정보(逆情報)가 측근을 통해 병사들에게 널리 유포된 상태였다. 비록 반갑지 않은 첩보였으나 이를 입수한 백제 첩자가 신라군 동향과 그 사실을 보고하였음은 물론이었다.

사실 지난 열흘간의 교전으로 전선이 교착되자 유신은 초조해 있었고, 이를 타개할 묘수를 찾고 있었다. 특히 물새가 날아간 흉조의 조짐은 분위기 반전이 절대적으로 필요한 시점이었다.

그에게는 이미 647년 '비담(毗曇)과 염종(廉宗)의 난'이 일어났을 때 이와 유사한 대처로 병사들의 사기를 올리고 반란군을 제압했던 값진 경험이 있었다.[63]

한편 첩자로부터 신라의 증원군 소식과 함께 총공세가 임박했다는 보고를 접한 백제군 수뇌부는 당황했다. 신라의 증원군 파견은 지난 열흘간의 대등했던 전세가 일거에 무너질 수 있다는 것을 의미했기 때문이었다.

유신이 역정보를 적에게 흘린 까닭은 여기에 있었다. 지난 교전을 통해 객관적인 전력으로는 백제를 격파할 수 없다는 사실이 분명해지자 적을 흔들어 놓을 계략을 사용하기로 한 것이다. 그리고 이를 백제 첩보망으로 하여금 사실인 양 믿게 하여 백제군의 불안 심리를 자극한 것이었다.

실제로 신라가 총공격에 나서자, 백제군은 원병이 이른 것으로 판단하고 제대로 싸워보지도 못하고 무너졌다.

이 전투에서 신라는 백제 총사령관인 좌평 은상을 비롯하여 장수 100여 명과 병사 9,000여 명을 살상하거나 포획하고, 군마 1만 필을 얻는 등 막대한 전과를 거둘 수 있었다.

이것은 김유신이 미리 백제군에 심어놓은 첩자를 통해 백제군의 정탐첩보를 입수하고, 이를 역이용하는 고도의 심리전을 전개함으로써 백제군을 위축시켜 일거에 승리를 취하는 첩보전의 대가다운 역량을 보여준 것이라 하겠다.[64]

천룡검(김유신이 궁악 석굴에서 수련하던 검)

김유신의 대 백제 역용공작

조미압이 부산현령이 되었다가 백제에 포로로 잡혀가 좌평 임자의 집 종이 되어 일을 부지런히 하고 성실하게 하여 일찍이 조금도 게을리 하지 않았다. 임자가 불쌍히 여기고 의심치 않아 출입을 마음대로 하게 하였다. 이에 도망쳐 돌아와 백제의 사정을 유신에게 고하니 유신은 조미압이 충직하여 쓸 수 있음을 알고 말하였다. "내가 들으니 임자는 백제의 일을 오로지 하고 있어 그와 함께 도모하고자 하였는데 길이 없었다. 자네가 나를 위하여 다시 돌아가 말해다오."(삼국사기, 권42, 열전 제2, 655년)

백성은 바람이 부는 대로 눕는다!

우리나라 역사상 백제의 마지막 왕이었던 의자왕만큼 혹평을 받는 인물도 드물다. 하지만 망국의 한을 안고 당에 끌려가 북망산의 고혼이 된 그가 온갖 배신의 응어리를 짊어지고 간 것은 널리 알려지지 않은 사실이다.

집권 초기 의자왕은 왕권강화를 위한 정치개혁을 단행하고, 신라를 공격해 대야성을 비롯해 수많은 성을 함락시키는 등 대백제의 꿈을 완성하는 듯했다. 그러나 의자왕 말기인 656년부터 상황은 서서히 바뀌기 시작했다. 민심이반과 실정으로 내부로부터 균열이 꿈틀대기 시작했던 것이다.

655년 2월 기사에 '태자의 궁을 수리하는데 대단히 사치스럽고 화려하게 했으며, 왕궁 남쪽에 망해정(望海亭)을 건축했다.'고 되어 있다. 또한 왕권을 강화한다는 명분으로 41명의 서자(庶子)를 좌평으로 새로 임명하고, 그들에게 각각 식읍을 주자 귀족들이 강력히 반발하기 시작했다. 그 중 한 명이 상좌평 임자(任子)[65]였다.

이보다 앞서 김유신은 신라의 부산현령(夫山縣令)으로 있다 백제의 포로가 되어 좌평 임자 집에서 종노릇을 하던 조미압(租未押)의 예기치 않은 방문을 받았다. 그와의 연결은 백제 공략의 틈을 찾고 있던 유신에게 더 없이 좋은 소식이었다. 유신은 그를 첩자로 역이용하여 그의 주인 임자를 포섭하기로 계획했다.

그러나 유신은 임자란 대어(大漁)를 포섭함에 있어 결코 서두르지 않았다. 임자의 반응을 보아가며 결정적인 기회를 노리면서 천천히 그의 약점을 찾았던 것이다.

그러던 중 백제의 전통호족들이 의자왕에게 강력히 반발하고 있다는 첩보를 그로부터 제보 받은 후 다시 지시를 내려 임자에게 전달하도록 했다.

유신이 저를 타일러 님(임자)께 가서 아뢰도록 하기를 "나라의 흥망은 미리 알 수 없는 법이니 만약 그대의 나라가 망하면 그대는 우리나라에 의지하고, 우리나라가 망하면 나는 그대의 나라에 의지하겠다고 합니다."임자가 듣고는 묵묵히 아무 말을 하지 않았다.[66]

교묘한 늑대의 유혹으로 망설이던 임자 마음에 한 줄기 바람이 스쳐 지나갔다. 결국 임자는 긍정적인 반응을 보여 왔고, 조미압을 활용한 역용공작(逆用工作)[67]은 성공하여 드디어 백제 최고위층의 한 명인 임자를 포섭하게 된 것이었다. 이렇게 임자를 포섭한 유신은 그 후 적극적인 백제 와해공작을 추진했다.

포섭된 임자로 하여금 의자왕이 국정을 어지럽히도록 유도하였고, 성충(成忠)과 흥수(興首) 같은 백제 충신들의 목소리는 임자에 의해서 철저히 차단되었음은 물론이었다. 그 와중에 의자왕이 고령으로 실제 정무를 볼 수 없는 지경이 되자 백제의 태자들과 귀족 간에는 더욱 알력이 커져갔다.

한편 조미압은 임자로부터 얻은 백제 군사정보를 비롯하여 권력 핵심부 및 민심동향 등 각종 기밀을 유신에게 보고한 것으로 나타났다.

또 유신은 이러한 기밀을 바탕으로 백제 침략계획을 수립해서 왕에게 보고했고, 그 결과로서 나타난 것이 655년 9월에 백제 도비천성(刀比川城) 함락이었다.[68]

중국 진나라 때 두예(杜五)는 "마음과 행동을 잘 변동하고, 간사하여 항상 두 가지 마음을 갖고 있는 자가 적의 관리가운데 매수될 가능성이 높은 자"로 제시하고 있는데 김유신은 이를 정확히 꿰뚫고 그를 포섭한 것이었다.

이처럼 신라에 포섭된 임자로 인해 백제는 내부에서부터 서서히 붕괴되고 있었다. "의자왕 19년 봄 2월에 여러 마리의 여우가 궁궐 안으로 들어왔는데 흰 여우 한 마리가 상좌평(上佐平)의 책상 위에 앉았다."[69]라고 기사는 전할 정도였다.

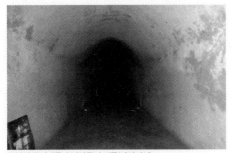
북망산 묘지박물관 지하무덤 입구(낙양산성)

3차 고·당 전쟁 때 양국의 첩보전

이적이 별장 풍사본을 보내 식량과 무기를 싣고 가서 공급하게 하였으나 사본의 배가 부서져서 시기를 놓쳐 대봉의 군대가 굶주림으로 고생하였다. 글을 지어 이적에게 주려고 하였으나, 다른 사람에게 빼앗겨 그 허실을 알게 될 것을 두려워하여, 이합시를 지어 이적에게 주었다. 이적이 화가 나서 말하기를 "군사가 매우 급한데 어떻게 시로써 하는가? 반드시 목을 베겠다."고 하였다. 행군관기통사사인 원만경이 그 뜻을 해석하니 이적이 이에 다시 식량과 무기를 보내 주었다.(삼국사기, 권22, 고구려본기 제10, 보장왕 26년 조, 667년 9월)

고구려 역사의 마지막 페이지를 장식했던 연개소문! 그가 대막리지로 권력을 잡은 집권 후반기는 당과의 끊임없는 전쟁이었다. 비록 대부분의 전쟁을 승리로 방어해냈으나 그가 사망하자 상황은 요동치기 시작했다.

당은 667년 제3차 고·당 전쟁을 일으키면서 요동과 서해 수륙양면으로 고구려를 공격한다는 전략을 수립했다. 이에 따라 총사령관 이적(李勣)은 요동으로, 수군 곽대봉(郭待封)에게는 함대를 이끌고 고구려의 서안을 통해 평양을 직접 공격하라는 명령을 내렸다. 그리고 풍사본(馮師本)에게는 군량미 수송의 임무가 각각 주어졌다. 이러한 당 수군의 공격에 맞서 고구려는 당의 식량보급을 차단하고 내지 상륙을 적극 저지하는데 작전의 중심이 맞춰졌다.

고구려가 이렇게 완강하게 저항하자 당 수군은 상륙도 하지 못한 채 발이 묶였다. 그러던 중 당의 양곡을 실은 배가 파선되어 군량미 조달이 어려워져 곽대봉의 병사들과 병마들은 극심한 굶주림에 시달리게 되었다.

이에 그는 총사령관 이적에게 지원을 요청하는 편지를 보내려다 만일의 경우 적에게 넘어갈 경우를 대비하여 암호문 성격의 이합시(離合詩)를 지어 보내기로 했다. 여기서 이합시란 잡체시의 하나로 글자 하나하나를 떼거나 붙여 글을 이루게 하는 시작법(詩作法)의 일종이다.

한편 이적은 곽대봉이 보낸 시의 뜻을 이해하지 못하고, 전쟁 중에 한가롭게 시 타령이나 한다며 군기를 바로 잡기 위해 그를 처형하라는 명을 내렸다. 그러나 당시 진중에서 서기로 일하며 각종 보고나 서신을 맡아보던 원만경(元萬頃)이 시문을 살펴보던 중 그의 암호를 해독하고 군량과 병기를 보내주게 되었다.

암호문 해독으로 탄력을 받은 원만경은 이번에는 격문을 써서 고구려 정벌을 앞둔 당군의 사기를 북돋우고자 했다. 이 격문에서 그는 "압록강은 요충지인데 고구려는 이를 지킬 줄 모르는가?"라고 비웃었다.

조롱을 한다고 한 것이 실제로는 고구려에게 핵심 공격목표를 친절하게 가르쳐 준 꼴이었다. 그러자 이 내용은 고구려 첩자들에 의해 곧 바로 입수되어 군 지휘부에 보고되었다. 당초 압록강을 지킬 생각을 하지 못하던 고구려가 남건(男建)으로 하여금 즉시 군사를 이동시켜 압록강 나루에 진을 쳤음은 물론이었다.

이곳은 지난 661년 2차 고·당 전쟁 때도 이곳의 전략적 중요성을 인식한 연개소문이 남생(男生)에게 정예병을 주어 방어하던 곳이었다. 이 결과 당군은 압록강을 도하하지 못하고 전선은 교착상태에 빠지게 되었다. 후일 이 소식을 들은 당 고종은 격문으로 압록강 도하작전에 차질을 빚게 한 원만경을 이적행위 죄로 영남(嶺南)에 유배 보냈다.

이로써 고구려는 비록 요하와 천리장성 방어선은 무너졌으나 압록강 방어선 구축으로 적의 진격을 저지할 수 있었다. 또한 고구려는 당군 보급부대의 이동시기와 경로를 파악하여 종종 후미를 쳐서 당군의 물자보급에 큰 차질을 주기도 했다.

이로 인해 안시성 점령 후 평양성은 물론 압록강 상륙작전이 연달아 실패하자 이적은 크게 당황해하며 갈수록 점점 군의 운용이 어려워졌다고 고심을 토로한 것이 『구당서(舊唐書)』에도 보인다.

위 이합시에서 보듯이 당은 고구려 첩보활동에 상당한 주의를 기울이고 있었고, 이에 반해 고구려는 당의 격문을 수집하여 그에 대한 대비책을 세운다든지, 군수물자 차단을 위해 활발한 첩보활

시수대첩(662년 당군 10만을 궤멸시킨 전투)

동을 벌이고 있었다는 점을 엿볼 수 있다.

 이보다 앞서 645년 8월에도 당나라가 '막리지(莫離支 : 연개소문)의 첩자 고죽리(高竹離)를 체포했다.'는 『자치통감(資治通鑑)』의 기록으로 보아 당시에도 양국이 치열한 첩보전을 전개하였음을 반증하는 사례라 하겠다.

당나라의 대 고구려 와해공작

남건이 군사에 관한 일을 승려 신성에게 맡겼는데, 신성이 소장 오사와 요묘 등과 더불어 비밀리에 이적에게 사람을 보내 내응하기를 청하였다. 5일이 지난 후 신성이 성문을 여니 이적이 병력을 놓아 성에 오르고, 북을 치고 소리를 지르며 성에 불을 질렀다. 남건은 스스로 자살하려 하였으나 죽지 않았다. 왕과 남건 등을 붙잡았다.(삼국사기, 권22, 고구려 본기 제10, 보장왕 27년 조, 668년 9월)

백제의 멸망으로 고구려는 바다 가운데 홀로 뜬 외로운 섬의 신세가 되었다. 주위는 모두 적으로 둘러싸였고, 폭풍전야의 위기감은 마치 금방이라도 터질 듯한 기세였다. 더구나 연개소문이 급서하자 고구려는 극심한 내분에 휩싸였다.

내분의 원흉은 그의 아들들이었지만 배후에는 연개소문 부자의 장기집권에 반대하고, 오랫동안 이어진 전쟁의 종식을 바라는 주화파 귀족들도 한몫을 했다. 당나라는 이러한 틈을 교묘히 파고들었다.

위 기사는 668년 당과 내통하여 평양성을 열어 고구려 패망의 종지부를 찍게 했던 승려 신성(信誠)에 관한 내용이다. 총사령관 남건(男建)으로부터 절대적인 신임을 받았던 그가 당나라와 사전 연계 내지는 당으로부터 포섭된 인물이었음을 강하게 암시하는 부분이다.

기록에 의하면 연개소문은 죽기 전 아들들에게 "너희는 고기와 물같이 화합해 벼슬 다투는 짓을 하지 말라."고 당부했다. 즉 이는 남생(男生) 형제간에 이미 불화가 시작되었다는 것을 반증한 표현이었다.

이런 사실은 당으로서는 고구려를 와해시키기 위해 더없이 좋은 호재였을 것이다. 이를 위해 당이 추진한 첫 번째 공작은 권력욕에 사로잡힌 승려 신성의 포섭이었다. 당시 고구려 보장왕을 비롯해 연개소문 등 집권층이 도교를 신봉하고 있었던 데 반해 실권자가 된 남생이 독실한 불교신자였기 때문이었다.

왕이 드디어 표를 보내 (도교를) 청하니, 당나라에서는 도사 숙달 등 8명의 사람을 보냈고, 이와 함께 도덕경을 주었다. 이에 불교의 사찰을 가져다 그들의 숙소로 삼았다.[70]

즉 신성에게는 고구려의 국교로 자리 잡아 왔던 불교가 천시되고, 불사(佛寺)는 도사들의 숙소가 됐을 정도이니 그에 대한 반감은 적지 않았다고 보아야 할 것이다.

또한 당시 '호국 불교'로 상당한 영향력을 확보한 신성이 독실한 불교신자 남생의 신임을 얻는 일 역시 그다지 어려운 일이 아니었을 것이다. 이렇게 당에 포섭된 신성이 귀족들이나 자신의 수하를 통해 남생 형제 사이를 이간질하며 골육상쟁을 야기하였을 개연성은 충분했다.

연개소문이 죽고 장자인 남생이 대신 막리지가 되었다. 처음 국정을 맡고 여러 성에 나아가 순행하면서, 그의 동생 남건과 남산(男産)에게 남아서 뒷일을 맡게 하였다. 어떤 사람이 두 동생에게 말하기를 "남생이 두 아우가 핍박하는 것을 싫어하여 제거하려고 하니 먼저 계책을 세우는 것만 못하다."고 하였다. 두 동생은 처음에 이를 믿지 않았다. 또 어떤 사람이 남생에게 알리기를 "두 동생은 형이 돌아와 그 권력을 빼앗을까 두려워하여 형을 막고 들이지 않으려 합니다."고 하였다. 남생이 몰래 친한 사람을 보내 평양에 가서 그들을 살피게 하였는데 두 아우가 그를 붙잡았다. 이에 왕명으로 남생을 불렀으나 남생은 감히 돌아오지 못하였다.[71]

두 번째 공작은 665년 당 고종이 주관한 태산(泰山) 제사에 고구려 태자를 참석시킨 것이었다. 태산제사란 천하가 평정되었을 때 하늘에 알리는 의식을 거행하는 것을 말하는 것으로서, 바로 당이 온 천하의 주인이라는 것을 대내외에 과시하는 것이었다.

영류왕 시절 태자 환권(桓權)의 입조가 연개소문의 정변을 가져온 점을 감안했을 때, 666년 보장왕 태자 복남(福男)의 태산제사 참가로 남생 형제는 물론 주전파와 주화파 간의 극한대립은 더욱 악화되었을 것이다.

세 번째는, 당에 투항한 남생으로부터 그가 중리부(中裏部) 정보 수장으로 있으면서 알게 된 모든 국가기밀을 파악하고 그와 연결된 군 수뇌부의 투항을 조종토록 하는 것이었다.

당 고종의 시어사(侍御史) 가언충(賈言忠)이 668년 2월 귀국하여 황제에게 "속담에 군대에 길잡이가 없으면 중도에 돌아온다고 하였습니다."라고 말한 것은 바로 당의 첩자가 된 남생과 신성 등을 통해 고구려를 뿌리 채 흔들 수 있다고 판단했기 때문이었다.[72]

이로 인해 667년 고구려 서변의 요새인 신성과 부여성 등 압록강 이북의 여러 성들이 차례로 항복하거나 저항을 포기하는 초유의 사태가 벌어졌다.

고구려의 약점을 누구보다도 잘 알고 있던 남생이 지리적 요소와 군사전략을 모두 당에 제공한 결과였다. 국운은 급격히 기울고 있었고, 한 번 무너진 둑은 걷잡을 수 없이 무너져 내리고 있었다.

마지막으로, 포섭된 신성을 활용하여 남건이 끝까지 버티고 있던 평양성의 투항을 도모한 것이었다.

당초 남건은 왕명을 빌미로 남생을 축출하고 정권을 잡았지만 그 지지기반은 허약했다. 따라서 신성 등 불교세력에 의지할 수밖에 없는 상황이었다. 또 신성에게는 군사에 관한 전권을 맡길 정도로 신임이 두터웠다.

이런 가운데 신성은 은밀히 사람을 보내 당과 내응하기로 하고

중국의 만리장성

무자비(無字碑, 중국 태산), 중국을 통일한 진시황이
태산보다 높은 자신의 치적을 글로 다 쓸 수 없다며
세운 아예 글자가 없는 비

성문을 여니, 철옹성과도 같은 성이 내부 첩자에 의해 손 하나 대
지 않고 당에 넘어간 것이었다.[73]

　오랫동안 첩보강국으로 군림하며 대제국과 패권을 겨루었던 고
구려가 오히려 적의 집요한 공작에 와해되는 역사의 아이러니를
맞고 있었다.[74]

　또 이것은 요동에 대한 지배권을 잃었다는 점에서 우리 민족사
의 커다란 아픔이자 아쉬움이었다. 그러나 그렇다고 해서 그림자
의 뿌리마저 잘린 것은 아니었다. 그들은 다시 강인한 잡초 같은
생명력을 은밀히 준비하고 있었다.

CHAPTER 02

그림자가
머문 자리

ESPIONAGE

국난을 면하게 한 의상의 첩보보고

본국의 승상 김흠순 혹은 인문이라고도 하는데 그와 양도 등이 당나라에 가서 구금되었고, 고종이 군사를 크게 일으켜 신라를 치려고 하였다. 흠순 등이 비밀리에 의상에게 일러 앞질러 (신라로) 가게 하였다.(삼국유사, 권4, 의해 제5, 의상전교, 670년)

촌각을 다투는 화급한 상황이 동북아시아에서 일어났다. 고구려를 멸망시킨 당나라가 안동도호부를 설치하고 그 땅을 식민지화하자 고구려 유민들의 저항이 거세지면서 소용돌이가 일기 시작했다. 그리고 이들의 배후에 신라가 있음을 알게 된 당나라는 설방(薛邦)을 장수로 삼아 군사 50만으로 하여금 대대적인 신라 침공을 계획한 것이었다.

신라로서는 당에 대해 내심 품고 있던 의혹이 현실로 확인되는 순간이었고, '여우를 피하려다 호랑이를 불러들인 격'이었다. 다행히도 당시 당나라 장안에서 당과 신라 사이의 분쟁을 조정하고 있던 신라 왕족 김인문(金仁問)[75]이 이 극비기밀을 입수했다.

그리고 670년 3월 그는 마침 당에 유학 왔던 의상법사에게 신라의 존망이 걸린 이 첩보를 조정에 긴급 전달해 줄 것을 부탁했다.

당초 의상(義湘)은 백제가 멸망하는 시기인 660년, 서방 불교의 교화를 보고자 원효(元曉)와 함께 요동으로 갔다가, 고구려 변방에서 순라꾼에게 첩자로 오인 받아 수십 일 동안 갇혔다 간신히 면하여 돌아온 적이 있었다.

이 과정에서 원효는 깨달음을 얻어 신라로 돌아간 반면 의상은 그즈음 당나라 사신의 배가 돌아가는 기회를 편승하여 당으로 들어가 10년간 유학생활을 했던 것이다.

당시 교통과 통신이 원시적이었던 때에 김인문이 최고 통치자인 왕에게 신속하게 첩보를 전달하려면 믿을만한 왕실 인물로 하여금 직접 전하게 하는 것이 보안에 훨씬 유리했다고 판단했던 것으로 보인다.

이 화급하고도 은밀한 사명을 받은 의상이 첩보를 경주에 전하기 위해 서둘러 배를 구하고, 천리 먼 길을 한 달음에 돌아왔음은 물론이었다.

한편 당나라가 대군을 거느리고 신라를 쳐들어올 것이라는 의상의 급보를 받은 신라 조정은 당황했다. 문무왕은 곧 어전회의를 소집하여 그 대책을 논의했다.

그 첫 번째 대책이 고구려 유민을 이용하는 것이었다. 황해도 일대와 요동지역, 그리고 김제 땅에 집단 거주하고 있는 고구려 유민

비석의 거북받침(경주 사천왕사 절터 인근)

들의 힘이 절실했다. 더구나 백제 땅을 식민통치하고 있던 당나라 주둔군과 그 원정군에 맞서려면 한강과 금강유역을 방어하는 것은 필수적이었다. 절박한 위기상황에 몰린 신라가 국운을 걸고 당과

일전을 치르기로 결정한 것이다.

과거 나당연합군이 백제 공격 때 김유신이 소정방에게 도끼를 집어든 것에 이어 이번에는 왕이 직접 나서 서해의 늪으로 황제를 초대한 것이었다.

문무왕은 670년 4월 신라에 망명 중이던 고구려 장군 고연무(高延武)의 부대 1만 명과 설오유(薛烏儒) 병력 1만으로 하여금 압록강을 건너 당나라 이근행(李謹行)의 군대를 공략했다.

또 같은 해 6월에는 고구려 부흥운동에 박차를 가하고 있던 안승(安勝)을 보덕왕으로 삼아 웅진도독부의 당나라 세력을 제압함으로써 백제 땅의 주요 거점을 장악했다.

결국 신라는 676년 백제를 멸망시킬 때 당나라가 상륙했던 금강 하구와 한강 유역 전투에서 승리하고 당군을 완전히 몰아내는데 성공했다.[76) 이 승리를 신라는 명랑법사(明朗法師)가 사천왕사를 세우고, '신인(神印)비법'[77)이란 토템 신앙으로 적을 물리친 것으로 기록하고 있다.

그때에 당 나라와 신라의 군사가 싸우기도 전에 풍랑이 크게 일어 당 나라의 배가 모두 물에 침몰하였다. 그 후 671년에도 당 나라가 조헌을 장수로 삼아 보내고 또한 군사 5만 명으로써 쳐들어왔는데, 그 법(신인비법)을 썼더니 배들이 전과 같이 침몰하였다. 이때 한림랑 박문준이 인문을 따라 옥중에 있었는데, 당 고종이 문준을 불러 묻기를 "너희 나라에는 무슨 비법이 있기에 대군을 두 번이나 발했는데도 살아서 돌아온 사람이 없느냐?"라고 하였다.[78]

이와 같이 기록은 신인비법의 효과인 것으로 전하고 있으나 이는 신라가 해상 요충지인 기벌포(伎伐浦)와 당은포(唐恩浦 : 남양 근처)의 해로와 물길을 이용하여 당 수군을 섬멸했음을 의미하는 것으로도 해석되는 부분이다. 과거 백제의 성충이 나당연합군의 공격을 앞두고 기벌포를 막으면 승산이 있다고 말한 그 전략적 판단을 벤치마킹한 것이다.

결국 신라의 승리에는 김인문의 첩보를 받은 의상의 보고가 결정적으로 작용하였다. 당시 당나라가 역정보나 허위정보를 자주 흘렸음에 비추어 적의 기만에 말려들지 않고 적시성(Timing)과 정확성(Accuracy)있는 보고로 그 효과를 발휘했던 것이다.

그 결과 신라는 적절한 대비책을 취함으로써 삼국통일의 최종 관문을 넘어서게 되었다.

당나라의 이이제이 전략

무예가 그의 부하들을 불러다 모의하기를 "흑수가 처음에 우리에게 길을 빌어서 당과 통하게 되었고, 지난번 돌궐에게 토둔의 직을 청할 적에도 모두 우리에게 먼저 알려왔다. 이제 당에게 벼슬을 청하면서 우리에게 알리지 않으니 이것은 반드시 당과 더불어서 앞뒤로 우리를 치려는 것이다." 문예는 일찍이 볼모로 경사(京師)에 와 있으므로 이해를 아는 자라, 무예에게 "흑수가 벼슬을 청하였다 하여 우리가 그를 친다면 이것은 당을 저버리는 것입니다. 당은 사람의 많음과 군사의 강함이 우리의 1만 배나 되는데 그들과 원한을 맺는다면 우리는 곧 망합니다."(신당서, 권 219, 북추발해)

망국의 한으로 꺼질 것 같았던 고구려의 혼이 다시 불타올랐다. 대조영이 고구려 유민들을 규합하여 떠오르는 아침의 나라, 발해(渤海)를 세운 것이었다.

발해는 건국 후 돌궐과 외교관계를 맺은데 이어 당나라의 사신을 접수하고 그 답례로 차남 대문예(大文藝)를 숙위로 파견하여 국제무대에서 점차 그 존재를 각인시켜 가고 있었다.

또한 719년 대조영이 사망하자 그 뒤를 이은 대무예(大武藝 : 무왕)는 동북방의 여러 부족을 복속하고 북만주 일대를 장악하는 등 눈부신 세력 확장을 가져오기에 이르렀다.

그러나 이러한 발해의 성장은 당을 긴장시키기에 충분했고, 당은 주변국이었던 흑수말갈(黑水靺鞨)[79]을 이용하여 발해를 견제하고자 했다. 당과 흑수말갈 두 나라 간의 이해관계가 맞아 떨어진 결과였으나 이는 발해를 크게 자극하고 있었다.

이런 가운데 728년 무예의 흑수말갈 공격 방침에 동생 무예가 반대하다가 처벌될 것을 우려해 당에 망명한 사건이 발생했다. 고구려 남생(男生) 형제 사건의 재판이었고, 그 배후에는 당나라의 은밀한 내분공작이 추진된 결과였다.

사실 문예는 705년부터 당에 숙위로 파견되어 오랫동안 머물렀기 때문에 친당성향을 가지고 있었으며, 이때에 당과 연결고리가 맺어졌던 것으로 보인다.

특히 726년에 당에 사신으로 갔던 발해세자 대도리행(大都利行)이 그곳에서 객사하자, 당은 문예를 부추겨 장차 왕권 계승에 나설 수 있는 환경이 조성되었다.

이런 상황에서 무예가 장기간 당에 체류하다 돌아온 문예로 하여금 흑수말갈과의 전쟁에 지휘관으로 임명하자, 그는 당과의 관계 악화를 핑계로 친당세력과 공모하여 참전을 거부하고 망명을 선택했던 것이다.

한편 당은 망명한 문예에게 종3품 좌효위장군(左驍衛將軍)이란 벼슬을 제수하며, 형제간의 갈등을 최대한 자극했다. 이 소식을 들은 무예가 사신을 보내 문예의 죄상을 알리고 죽여줄 것을 요구한 것은 당연한 일이었다.

이에 대해 당 현종은 문예를 몰래 안서로 보낸 후 발해에게는 "문예가 멀리서 귀순하여 왔기에 의리상 죽일 수가 없어 이미 영남으로 유배시켰다."고 거짓 전하게 했다. 하지만 발해는 당이 문예를 빼돌린 첩보를 입수하고 다시 사신을 보내 이를 항의하는 한편 재차 문예의 처벌을 요구했다.

결국 당은 발해의 거듭된 요구에 문예를 영남으로 유배시킨데 이어, 발해에 갔던 당나라 사신 이도수(李道邃)와 원복(源復)을 기밀누설죄로 좌천시키는 선에서 마무리했다.

벼슬로 회유하고 그것도 모자라 거짓말이 들통 난 황제의 체면이 말이 아니었다. 하지만 문예에게 내려졌던 유배 조치는 곧 바로 해제되었고 얼마 뒤 그는 다시 복귀했다.

이런 당의 흉계를 파악한 무예는 732년 거란과 돌궐의 측면 지원을 받아 장문휴(張文休)로 하여금 당의 등주성(登州城)을 기습 공략하도록 했다.

이에 당 현종은 문예와 신라 김유신의 손자인 김윤중(金允中)을 직접 지목하여 발해의 공격에 대응하도록 했다. 비록 반세기가 넘었으나 고구려를 이은 발해와 나당연합군 간 리턴매치가 성사된 격이었다.

하지만 문예가 거느린 당군은 물론 신라군도 발해국경에 닿기도 전에 한파와 폭설로 반 이상이 동사하는 피해만 입고 퇴각하고 말았다.

비록 이 전쟁은 확전되지는 않았으나 이전부터 당은 문예를 활용하여 발해에 친당정부를 수립하려 했고, 그것이 안 될 때는 내분을 조장하면서 형제간의 골육상쟁을 유도하려 했던 공작의 단면을 보여준다.

또한 당은 이 전쟁을 통해 발해는 물론 과거 반도에서 신라로부터 축출당한 것에 대한 불편했던 감정을 일거에 해소하고자 했다. 이른바 이이제이(以夷制夷) 전략으로 발해와 신라의 대립을 뒤에서 조종하고, 양국 간 처절한 전쟁을 통해 실리를 챙기고자 했던 것이다.[80]

중국 등주에 세워진 수성(水城)

신라협공을 위한 일본과 발해의 막후 협상

일본국 사신이 이르렀는데 오만하고 예의가 없었다. 그러므로 왕이 그들을 접견하지 않자 마침내 돌아갔다.(삼국사기, 권9, 신라본기 제9, 경덕왕 12년 조, 753년 8월)

멀고도 가까운 나라, 일본!

그들에게 침략전쟁은 오랜 전통의 하나였다. 『한민족전쟁사총론』에 따르면 일본의 대한반도 침략은 삼국시대부터 사료에 기록된 것만 해도 714회에 이른다. 오죽했으면 문무왕이 "바다의 용이 되어 동해로 침입하는 왜구를 막겠다."고 유언을 남겼겠는가?

남북국 초기, 신라는 일본[81]과 외교적 마찰을 빚기 시작했다. 더구나 753년 신라를 방문한 일본사신 오노 다모리(小野田守)가 무례한 모습을 보이자, 경덕왕이 사신 접견 자체를 거부함으로써 일본과의 관계가 더욱 악화되게 되었다.

이에 일본은 758년 순인(淳仁) 천황이 즉위하자마자 '신라정토계획(新羅征討計劃)'을 세우고, 협공을 논의하기 위해 오노를 비롯한 68명의 대규모 사절단을 발해에 파견했다.

발해에 도착한 일본 사신은 신라정토계획을 설명하고, 발해의 의사와 그 협조 여부를 타진했다. 처음에는 발해도 관심을 표명하여 답례 형식으로 오노가 귀국하는 편에 보국대장군 양승경(楊承慶)을 보내 일본과 그 계획을 논의토록 했다.

귀국한 오노는 당시 대륙정세 등 발해에서 수집한 일급기밀들을 상세히 보고했다. 그의 보고에는 755년 발생한 '안록산(安祿山)의 난' 경과 과정, 당 조정의 대응과 각군 절도사 동향 그리고 당으로부터 파병을 요청받은 발해의 대처동향까지 망라되었음이 『속일본기(續日本記)』에 나타나고 있다. 즉 발해가 챙겨준 선물이 쏠쏠히 들어있던 보따리 덕으로 그는 2계급 특진이라는 행운을 거머쥔다.

한편 일본은 외교를 담당하는 대재부(大宰府)에 칙령을 내려 안록산 반란군의 일본 침략에 대비한 방비와 그에 대한 책략을 검토해 보고할 것을 지시했다. 안록산이 중원에서 형세가 불리해지면 방향을 바꿔 일본을 공격할 것을 우려한 조치였다. 그러면서도 일본은 다음해인 759년과 761년에도 발해에 사신을 파견하여 협상을 진전시키려했다.

『속일본기』에는 신라정토계획이 761년 말까지 군함 394척, 군사 4만 명이 준비됐던 것으로 나타난다.[82] 하지만 양국의 협상은 당시 발해와 일본의 국내외 사정으로 진전되지 못했다. 그것은 '안사의 난(安史의 亂)' 발발 지점이 발해와 가까운 지역이었고, 반란이

763년에서야 진압되었기 때문에 발해로서도 긴장하지 않을 수 없었던 것이다.

또한 당은 발해가 반란세력과 연계되는 것을 막기 위해 문왕을 발해국왕에 책봉하는 선심을 쓰기도 했다. 일본 역시 대륙의 불안한 정세로 인한 파장이 일본에 미칠 것을 고려하여 그에 대비해야 했고, 내부적으로도 순인천황이 실각하고, 효겸(孝謙) 천황이 다시 왕위에 오름으로써 그 계획이 전면 백지화되고 말았다. 신라정토계획은 당시 실권자였던 후지와라 나카마로(藤原仲麻呂)가 자신의 전제 독재에 대한 반발을 무마하기 위해 해외로 눈을 돌리게 한 결과의 하나였던 것이다.

이러한 것은 당시 일본이 '안사의 난'발생과 관련 극히 제한적인 첩보에만 의존하는 등 국제정세에 대한 정확한 정보수집과 분석이 이루어지지 못했다는 점을 보여 준다. 또 발해와 일본의 협공이란 단순한 구상에만 머물렀지 당·신라·위구르·흑수말갈 등 중국대륙을 아우르는 종합적인 정세판단은 간과했던 것이다.

그러나 8세기 중엽 발해와 일본 간 빈번했던 사절교류는 신라의 첩보망에도 포착되어 신라를 자극하기에 충분하였고, 그것은 신라가 남으로는 모벌성, 서북쪽으로는 서흥·봉산 등 변경지대에 6성을 축조하는 배경으로 작용하게 되었다.

통일신라 시기 중국대륙의 정보자산

가을 7월에 당의 운주절도사 이사도가 반란을 일으켰다. 헌종이 토벌
평정하고자 조서를 내려 양주절도사 조공을 보내 우리(신라) 병마를 징
발하니, 왕이 칙명을 받들어 순천군 장군 김웅원에게 병사 3만을 이끌
고 이를 돕도록 하였다.(삼국사기, 권5, 제 10, 헌덕왕 11년, 819년 7월)

또 하나의 꺼지지 않은 불씨가 중국에서 피어올랐다. 밝혔던 고
구려의 혼이 다시 생명력을 키워 불꽃을 만든 것이었다.

고구려 멸망 후 약 20만 명에 달하는 유민들의 일부는 발해로
흡수된 반면, 대부분은 중국 본토로 끌려가 내륙 곳곳에 분산 배
치되거나 당나라 군대에 편입되어 뿔뿔이 흩어졌다.[83]

그로부터 약 100년 후 '안록산의 난'을 계기로 고구려유민 이정
기(李正己)가 산동반도 전역을 지배하게 되면서 그와 유민들이 뭉
쳐 765년 이씨왕국을 건설했다. 중국 속의 또 다른 고구려를 만든

셈이었다.

이씨왕국은 청주(靑州)를 거점으로 15개 주를 관할함으로써 국
토는 통일신라보다 넓은 면적이었고, 인구도 540만 명에 달했다.

당은 이정기 세력이 무시할 수 없을 정도로 커지자 그에게 '해운
압발해신라양번사(海運押渤海新羅兩蕃使)'라는 관직을 제수했다.
이 직(職)은 발해·신라와의 외교와 무역을 그에게 맡겼다는 의미
로, 이로써 이정기는 산동반도 등주를 중심으로 세력을 크게 확장
시키는 전기를 마련하게 된다.

이후 이씨왕국은 중국 대륙에 머무르지 않고 발해와 신라, 심지
어 일본에까지 이르며 8세기 후반 동아시아 국제무역의 중심 역할
을 했다.[84] 이로 인해 일반인들의 왕래도 크게 늘어 등주 주변 각
도시에는 신라인들의 집단촌이 생겨날 정도였다.

782년에는 이정기의 아들 이납(李納)이 국호를 제(齊)라 칭하고
왕의 자리에 올랐으며, 819년 이납의 아들 이사도(李師道)가 당·
신라·무령군(武寧軍)을 비롯한 각 번진(藩鎭)의 연합군에 무너지
기까지 강력한 해상왕국을 영위했다.[85]

한편 당은 뜨거운 감자였던 이씨왕국을 제압하기 위해 위 기사
와 같이 신라군을 참전시켜 또 하나의 이이제이 전략을 쓰고 있었
다. 이로인해 이씨왕국은 사라졌지만 그 숨이 멎은 것은 아니었다.
중국 산동 일대의 한반도 출신 유민들이 장보고의 이름 아래 다시
뭉치기 시작하여 동아시아 해상무역의 핵심조직을 만들어 낸 것이
었다.

819년 당시 장보고는 무령군 소장(小將)으로 당나라 연합군에

소속되어 이씨왕국의 평로군을 토벌한 적이 있었다. 이 공로로 그는 820년 문등현 초대 대사로 취임하면서 적산법화원을 건립하는가 하면 신라방과 신라소를 관장하는 등 재당 신라인을 규합했다.

즉 장보고가 신라로 귀국하여 불과 10년 만에 청해진을 중심으로 해상왕이 된 것도 이러한 이씨왕국의 외교·정치기반과 유민들의 네트워크 등 강력한 지원이 있기에 가능했던 것이다.

일본의 승려 엔닌(圓仁)이 838년부터 9년간 당나라를 여행하면서 기록한『입당구법순례행기(入唐求法巡禮行記)』에는 그가 목격한 신라인 사회가 잘 묘사되어 있다.[86) 그에 의하면 신라인들은 당나라 내에 거점과 인맥을 잘 만들어두었고, 각종 소식을 전달할 수 있는 이른바 전신인(傳信人)의 역할이 멀리 장안에 까지 미칠 정도였다고 한다.

한편 이 세력 외에도 상당수의 유학생·승려 등이 당에 체류하고 있었다. 기록에는 821년을 시작으로 907년 당이 멸망할 때까지 최치원 등 빈공과 합격생이 무려 58명에 이르렀으며, 837년 3월에만 해도 신라 유학생 216명과 혜초 등 승려 80여 명이 유학 중이었다고 전한다.

즉 이들은 학문과 정보의 허브(Hub)인 당나라에서 그들의 정치·군사·외교·문화 등 각종 국익을 위한 첩보나 자료를 전해주는 신라의 중요한 정보자산(情報資産)이었던 것이다.

이를 뒷받침하는 사례로 2백여 년이 지난 1072년 송나라에 건너간 일본의 성심(成尋)이 쓴『순례기(巡禮記)』에도 산동에 많은 신라인들이 운송업 등에 종사하면서 그대로 살고 있었으며, 계속 본국과도 교류했던 것을 전하고 있다.

이와 같이 삼국의 유민들은 당의 심장부에 독립왕국을 세울 정도로 그 응집력과 정보력은 막강했으며, 이런 유산은 장보고의 해상왕국으로 이어졌고, 고려에도 계승되어 대중국 정보자산으로 활용되었던 것이다.

즉 이는 정보자산을 어떻게 사용하느냐에 따라 국력과 정보력이 결정됨을 보여주는 좋은 예로서, 오늘날 해외교포 7백만 명 시대에 있는 우리에게 많은 점을 시사해주고 있다 하겠다.

적산선원(赤山禪院, 산둥성 스다오시).
일본 엔닌의 '입당구법순례행기'를 토대로 중국이 복원(1990. 5 개관)

후백제와 거란의 막후 비밀외교

거란의 사신 사고(娑姑), 마돌(麻咄) 등 35명이 예물을 갖고 왔다. 견훤이 장군 최견을 시켜 마돌 등을 호송하도록 하였다. 항해하여 북쪽으로 가다가 바람을 만나 당나라 등주에 도착하여 모두 형벌을 입어 죽음을 당했다.(삼국사기, 권50, 열전 제10, 견훤 조. 927년)

칠흑 같은 어둠을 헤치고 한 척의 배가 고려 영해를 통과하고 있었다.

926년 발해를 멸망시킨 거란이 후삼국의 패권 다툼 과정에 있던 후백제와 비밀리에 막후 외교교섭을 벌이고 있던 현장이었다.

당시 양국의 사신 파견은 매우 극비리에 이루어지고 있었다. 즉 거란 사절이 후백제에서 돌아가는 도중에 풍랑으로 후당(後唐)의 등주(登州)에 이르지 않았다면 양국이 외교사절을 교환했던 사실은 역사에 묻힐 뻔 했던 사건이었다.

후당이 거란 사신의 이름과 규모 그리고 그들을 단죄하였다는 내용을 고려에 통보함으로써 비로소 알려지게 된 것이었다.

사실 후백제와 거란이 비밀접촉을 하는 데에는 많은 문제가 있었다. 양국이 고려의 감시망을 피해 위험한 뱃길을 이용할 수밖에 없었고, 또한 후당이 양국의 교섭을 경계하고 있었기 때문이었다.

그럼에도 후백제는 양국의 경계망을 비웃기라도 하듯 그 영해에 간첩선을 자유자재로 띄우고 있었던 것이다.

당시 대륙정세는 발해가 거란에 의해 멸망된 후, 고려·후당과 후백제·거란이 서로 연합하는 형세가 되어 원교근공(遠交近攻) 정책을 벌이던 시기였다.

거란은 발해 멸망 후 그 유민들의 고려 유입에 대한 불안으로 후백제와 밀착하게 되었고, 후백제 역시 고려와 신라를 배후에서 견제하기 위해서는 거란을 이용할 필요가 있었다.

이런 가운데 후백제는 922년 일본에 이어, 925년에는 후당에 사신을 보내 책봉을 얻어낸 바 있고, 926년에는 오월(鳴越)과도 통교하는 등 동아시아 정세에 발 빠르게 대응하면서 주변국과의 외교에 치중하고 있었다.

그런데 백제 장군 최견(崔堅)이 호송임무를 맡은 것으로 보아, 거란은 전용선을 타고 오지 않았던 것으로 보인다. 이는 백제가 먼저 거란에 사신을 보냈고, 그 답방 형식으로 거란 사신을 태우고 백제에 온 것으로 보아야 할 것이다.

그리고 그 이후에도 양국 간 이런 비밀접촉은 계속되었을 것으로 보인다. 이로 미루어 볼 때 최견은 거란을 비롯해 후당과 오월에 사신을 보낼 때에도 고려의 감시망을 따돌리는 비밀임무를 수행했을 것으로 추정된다.

이는 당시 후백제가 국제외교의 중요성을 인식하고 다양한 비밀루트를 개척하여 각국과 적극적인 통교를 추진하려 했던 단면을 보여주는 것이라 하겠다.

하지만 936년 후백제가 고려에 의해 병합되자 거란은 다음 해인 937년부터 고려에 직접 사신을 파견하기 시작했다. 이는 고려와 발해유민간의 결속을 차단하기 위한 조치였으며, 고려가 당시 강성했던 후진(後晉) 등과 밀착되는 것을 견제하고자 한 것이었다.

그러나 고려는 후삼국 통일과정에서 거란이 후백제와 내통했던 것을 잊지 않고 있었다. 또 후진과의 관계로 거란에 대응할 수 있는 힘이 있었다.

결국 고려는 보복 차원에서 942년 거란이 보내온 낙타 50필을 만부교 아래에서 굶겨 죽인다. 북진정책을 추진했던 고려와 거란과의 전쟁은 이미 예정되어 있었던 것이다.[87]

거란 사신도

CHAPTER 03

그림자,
도약을 준비하다

ESPIONAGE

고려의 첩보업무

고려가 국초부터 북방정책을 천명함에 따라 대중관계는 오대 송·요·금·원·명으로 이어지는 국가의 생성과 소멸 속에 동북아 정세가 출렁거렸고, 그에 따라 고려 역시 부침을 거듭했다.

고려는 우호적이었던 송나라를 제외한 나머지 국가와는 전쟁내지는 갈등 관계를 지속했고, 고려 말 14세기부터는 일본과 홍건적의 본격적인 침입도 시작되었다. 이에 따라 고려는 중국을 비롯해 여진과 거란 등 당시 동아시아 민족들과의 복잡한 외교관계 속에서 다양한 첩보활동을 수행하였다.

다만 과거 삼국 간에 치열했던 첩보전이 종결되었고, 또 중국과의 관계에서도 종전의 대립·갈등 구조에서 벗어나 사대를 표방함으로써, 복합적이고 입체적이었던 첩보활동은 비교적 북방으로 한정되기에 이르렀다. 또 장기간에 걸친 평화로 다소 긴장감이 이완되는 양상을 보이기도 했다.

당시 대외관계 첩보 출처로는 중국에 파견되는 사신·유학생·승려·상인들을 기본으로 국경지역 정탐활동에 따른 군사첩보, 그리고 외국에 체류·왕래하는 고려인으로부터의 첩보가 주류를 이루었다.

그 밖에 핵심출처로는 외국의 관리로 임용된 고려인, 외국인 망명자가 있었으나 원나라 이후에는 황실의 내시나 공녀 등도 활용했다. 하지만 첩보전의 양상이 점차 다변화되는 추세에도 불구하고, 첩보 출처가 한정되어 있어 적시성 있는 첩보의 수집이 어려웠고, 또한 입수한 첩보가 있더라도 이를 분석해내고 처리하는 능력이 미흡했기 때문에 긴급한 상황이 발생할 때 효과적인 대처가 어려웠다.

이런 문제는 초기 거란의 침입에서부터 서서히 나타나기 시작하여, 중·후반기에는 몽골·왜구·홍건적 등에 대한 적절한 대처가 이루어지지 않음으로써 결국 정권 쇠퇴의 원인을 제공하게 되었다.

그러나 고려 말에 목면·화포기술 등 당시로서는 획기적인 산업정보가 입수되어 고려의 경제나 국방에 큰 영향을 미치게 된 것은 주목할 만한 일이었다. 이 같은 대외상황과 달리 내부적으로는 새로운 문제에 직면하게 되었다.

호족세력과의 연합 또는 제휴로 만들어진 정권 특성상 중앙집권체제 확립을 가로 막는 호족이나 왕권을 위협하는 세력들을 지속 감시하고 관리해야 할 필요성이 제기되었다. 이러한 가운데 외국과의 관계 및 내란 음모를 색출하기 위한 첩보업무는 초기에는 내군·순군부·병부·의형대 등이 담당했으나 중앙집권체제가 어느 정도 자리 잡힌 성종 이후로는 도병마사·중추원이 주관하게 되었다.

중추원(中樞院)은 991년에 송(宋)의 추밀원을 참조하여 설치되었으며, 왕명 출납·숙위·군국기무를 비롯한 국정의 중요한 정무를 관장했다. 2품 이상의 고위관리인 추밀이 군사기밀을 담당하였다.

고려의 국가기밀부서였던 도병마사(都兵馬使)는 989년 최고위급 관료가 합의체를 구성하여 국방문제를 협의 후, 문종 때 이것을 확대 개편하여 만들어졌으며 점차 국방과 대외관계를 담당하는 최고의 의결기구로 부상했다.

도병마사는 1170년 정중부의 무신란 이후에는 기능이 마비되었다가, 고종 이후 몽골과의 투쟁이 치열해짐에 따라 기능이 재개되었는데, 기능면에서도 많은 변질을 가져와 국방문제뿐 아니라 국가의 모든 중대사에 관여하게 되었다.

1279년 원(元)의 압력으로 관제가 개편됨에 따라 도병마사는 도평의사사(都評議使司)로 개편되어 첩보활동을 포함하여 모든 국사를 합의·시행하는 최고 정무기관으로 상설되어 조선 개국 초까지 존속하였다.

고려연방제를 주장하는 북한의 위장 작전회의.
좌측엔 북한 미사일의 '미본토 타격계획'이, 우측엔 북한군 주요 전력 현황이 기재

경호정보책임자 복지겸

태조는 환선길을 마군장군으로 임명해 자신의 심복으로 삼은 다음 항상 정예군을 거느리고 숙위하게 하였다. 그러나 그 처가 "당신은 재주와 용력이 남보다 뛰어나 사졸들이 복종할 뿐 아니라 큰 공도 세웠지만, 권력은 다른 사람이 잡았으니 어찌 분하지 않습니까."라고 불평했다. 환선길도 그렇다고 여긴 나머지 몰래 병사들을 집결해 두었다가 틈을 엿보아 변란을 일으키려 하였다. 복지겸이 이를 알고 태조에게 몰래 보고했으나 태조는 증거가 없다는 이유로 받아들이지 않았다.(고려사, 권 127, 열전40, 반역1, 환선길 조, 태조 원년, 918년 6월 경신일)

수의형대령 염장이 이흔암을 은밀히 감시하게 할 것을 건의하자 태조가 내인을 염장의 집으로 보내어 장막 속에서 몰래 엿보게 하였다. 이흔암의 처 환씨(桓氏)가 변소에 와 사람이 없는 줄 알고 소변을 마친 뒤 "만약 내 남편의 일이 제대로 잘 되지 않으면 나도 화를 입겠구나."라고 길게 탄식한 후 들어갔다. 내인의 보고를 들은 후 이흔암을 하옥시키고 자백을 받아냈다.(고려사, 권127, 열전40, 반역1, 이흔암 조, 태조 원년, 918년 6월 기사일)

순군리(徇軍吏) 임춘길이란 자는 청주 사람으로, 배총규, 강길·아차, 경 종과 함께 반란을 모의하고 청주로 도망치려 했다. 복지겸이 이 사실을 보고하자, 태조가 그들을 체포해 국문케 하였다. 그들이 다 자복하므로 모두 수감했으나 배총규만이 음모가 누설되었음을 알고 도주하였다.(고 려사, 권127, 열전40, 반역1, 환선길 조, 태조 원년, 918년 9월 을유일)

경호원(Bodyguard)은 목숨을 바쳐 의뢰자를 구하는 것이 그 임무의 하나이다. 하지만 미리 첩보를 입수하여 그 위해요인을 분석하고 대처방안을 마련해 두는 것이 위기 때 생명을 바치는 것 이상으로 중요한 것은 말할 나위가 없다.

위 기사는 왕건이 고려를 개국한 이후 그의 즉위와 관련하여 논공에 불만이 있거나, 궁예를 추종하는 세력들이 연속해서 벌인 세 건의 반란 기록이다. 이 중 왕건의 신변경호를 책임졌던 숙위장(宿衛將) 환선길(桓宣吉)의 반란은 왕건에게 최대의 위기를 가져다 준 사건이었다.

홍유·배현경·신숭겸 등 1등공신과의 파워게임에서 밀린 환선길이 벌인 쿠데타였으나 복지겸(卜智謙)에 의해 그 모의가 드러났다.

이 사건 후 발생한 이흔암(伊昕巖) 사건은 그의 처가 환씨(桓氏)로, 환선길 반란과 밀접한 관련이 있던 것으로 보인다. 따라서 환선길 사건이 일어나자 그 화가 자신에게까지 미칠 것을 우려한 이흔암이 모반을 일으켰으나 복지겸의 측근 염장(閻萇)의 제보로 실패하였다.

세 번째 사건은 청주 출신들에 의한 것이었다. 청주는 궁예가 905년 도읍을 옮길 때 패서세력(浿西勢力 : 황주·동주·서경 등)에 대항키 위해 1천 호의 민가를 이주시켰던 곳이었다.

임춘길(林春吉) 등은 패서세력인 왕건이 궁예를 몰아내고 정권을 장악하자 위기를 느끼고 반란 계획을 세웠으나 이 역시 복지겸의 사전 정보망에 걸려 역모 혐의가 발각됐다.

이는 복지겸이 위험요소를 사전에 예측하고 수집활동을 지휘하였다는 방증이며, 또 반란첩보를 입수 보고한 뒤에도 왕건이 이를 받아들이지 않자 그 증거 채집을 통해 역모 혐의를 왕에게 입증시켰다는 점에서 크게 평가되는 내용이다.

높고 넓은 그의 안테나에 시정의 잡다한 소식들이 빠짐없이 포착되고 있었던 증거였다.

원래 경호를 포함한 제반 정보는 궁예 시절 내군장군 은부(猿鈇)가 맡았던 역할이었다. 그러나 복지겸이 친위군을 장악한 후 개국 초의 반란사건을 사전에 모두 파악한 것으로 볼 때, 그가 이러한 역할을 승계했던 것으로 추정된다.[88]

그가 이런 음모를 사전에 포착할 수 있었던 것은 친위군을 비롯하여 감찰업무를 담당했던 순군부·의형대의 역할이 컸던 것으로 보인다. 복지겸이 2건을 적발하였고, 이흔암 사건의 제보자 염장 역시 의형대 소속 관리였음이 이를 말해주고 있다.

그가 경호정보책임자 역할을 했을 것으로 보는 또 다른 견해는 다른 개국공신들과 같이 전투에 직접 참가하거나 공을 세웠다는 기록이 보이지 않는 것도 이를 뒷받침한다. 또 왕건이 지겸(智謙 : 꾀가 많고 겸손함)이란 이름을 직접 하사한 것을 볼 때 그 의미를 추측해 볼 수 있는 단서라 하겠다.

　이와 같이 복지겸은 궁예로부터의 정권이양 과정에서 일어났던 개국 초기 반란들을 효과적으로 사전 제압함으로써 훗날 왕건이 후삼국 통일을 위한 기반을 확고히 구축하는데 큰 기여를 하게 된다.

왕건에 귀순한 매곡성주의 첩보

후백제의 장군인 공직이 투항해 왔다. 7월 신묘일. 왕이 일모산성을 친히 정벌하고 정윤(正胤 : 태자) 왕무(王武 : 혜종)를 보내 북쪽 변경을 순시하게 했다.(고려사, 태조 15년, 932년 6월 병인일)

"믿는 도끼에 발등 찍힌다."라는 속담이 있다.

철통같이 믿고 있었던 사람이 배반했을 때 쓰는 말이지만, 모략이 판치던 후삼국 당시 이런 사건은 흔히 일어나고 있었다.

특히 당시는 '호족의 시대'라고 일컬을 만큼 지방의 일정한 기반을 바탕으로 정치·군사적인 비중을 가지고 있던 이들이 역사의 전면에서 크게 활약하던 때였다.

매곡성주 공직(龔直) 역시 한 때는 견훤의 심복이 되어 연산군의 수비장(守備將) 직을 맡고 있다가 고려 왕건에게 투항한 호족의 대표적인 인물이었다.

당시 충청도를 중심으로 한 중부지역은 고려와 후백제의 접경지라는 특성으로 인해 호족의 지배권이 강하게 잔존하고 있었고, 특히 공직의 근거지인 매곡현은 양국의 각축장으로 그의 향배가 주도권 확보에 절대적인 비중을 차지하고 있었다.

하지만 공직은 918년 고려에서 발생한 임춘길 반란사건에 자신의 처남 경종(景琮)이 연루되어 처형을 당했기 때문에 불가피하게 견훤에 경사될 수밖에 없는 처지였다. 그 결과 공직은 견훤에게 장남 직달(直達)을 비롯해 자식 셋을 볼모로 보내며 백제에 조공을 바치게 되었다.

그러나 그가 후백제에 입조하고 난 후 펼쳐진 상황은 이전에 가졌던 생각과는 전혀 다른 것이었다. 즉 견훤의 방탕함과 부도함은 물론이거니와 왕권을 둘러싼 아들 간의 내분이 치열하게 전개되는 것을 보고 실망이 쌓여갔다. 그리고 전세 역시 고려 쪽으로 기울어지자 점점 마음이 변하기 시작했다. 그리고는 후백제를 배반하고 매곡성을 들어 고려에 귀순하게 된 것이었다.

이러한 공직의 귀순으로 왕건은 자연스럽게 매곡을 확보하게 되었고, 또 후백제 내부의 고급기밀들을 생생하게 접할 수 있었다. 특히 매곡 인근에 있는 일모성(一牟城)의 취약점 등 함락에 필요한 결정적인 첩보도 제공받았다.

매곡성주 공직이 그의 아들과 함께 조정에 와 왕을 뵙고서 "후백제의 일모산군(一牟山郡 ; 청원군 문의면)은 우리 고을과 접한 곳으로, 바라건대 신이 그 곳을 공략하여 귀부한 뜻을 더욱 굳게 하고자 하옵니다."라고 건의하니, 태조가 이를 허락하였다.

따라서 고려가 공직의 첩보를 바탕으로 932년 7월 일모성을 공격하여 격파하였음은 물론이었다.

이는 비록 개인적으로 호족인 공직이 자신의 지배 영역을 보존하기 위한 불가피한 선택이었다 하더라도 고려가 얻은 결과는 지대했다. 즉 고려는 공직이 가져온 첩보로 적을 역공함으로써 전략요충지 확보는 물론 적국 내부의 민심이반을 가져오게 하는 등 후백제에게 결정적인 타격을 입혔다.

또한 고려는 금강유역의 곡창지대이자 교통의 요충지를 확보함으로써 이 지역의 주도권을 완전히 장악하게 되어 견훤의 전주(全州)를 위협하게 되었다. 귀순자 첩보의 효과와 그 중요성을 다시 한번 일깨워준 사건이라 하겠다.

독수리바위(일모산, 현재의 양성산, 청원군 문의면)

거란의 침략첩보를 최초 제공한 최광윤

최광윤은 거란의 사신으로 귀성(龜城 : 평북 구성)으로 갔다가 거란이 고려를 침략하려는 것을 알고, 글을 써서 번인(蕃人 : 여진족)의 편에 부탁하여 알려왔다. 이에 왕은 해당 관청에 명하여 군사 30만 명을 선발하게 하고 이를 광군이라 했다.(고려사, 권92, 열전5, 최광윤 조, 정종 2년, 947년)

최치원·최승우·최언위(崔彦僞)를 가리켜 이른바 '신라 3최(新羅三崔)'라 부른다. 이들은 모두 당나라 유학파들로서 각각 후삼국을 대표하는 책사가 되었으나 그 결과에서는 희비가 엇갈렸다.

어느덧 세월은 흘러 최언위의 아들 최광윤(崔光胤)이 비밀리에 고려 국경을 넘은 사건이 발생했다. 그가 국경을 넘은 것은 고려와 우호관계를 유지했던 후진(後晉)에 유학하여 빈공진사과(賓貢進士科)[89]에 응시하기 위한 것이었다.

그러나 최광윤이 당시 후진을 가기 위해서는 요동을 장악하고 있던 거란(遼)을 통과하거나 해로를 이용하는 방법 밖에 없었다. 그는 위험하지만 육로를 이용하기로 하고, 거지 복장으로 변복을 하여 압록강을 넘어 후진에 들어가려다 그만 거란에게 발각되고 만다. 그의 서투른 변장이 순라꾼에게 탄로 났던 것이다.

　　유학은커녕 생명조차도 담보할 수 없었던 이 상황에서 거란은 그의 재주를 알아보고, 오히려 벼슬을 주어 조정이나 지방의 일을 돌아보는 직책을 맡게 했다고 기록은 전한다. 인재가 없어 고심하던 거란이 저절로 찾아온 고려의 천재를 스카우트한 격이었다.

　　그런 와중에 그가 공무로 국경지역을 방문하던 중 거란이 고려를 침략할 것이라는 첩보를 입수하고, 여진인을 시켜 이를 고려에 급하게 전한 것이었다.

　　당시 중국 대륙에서는 당이 무너지고, 오대 십국(伍代十國) 간에 생성과 소멸을 반복하는 과도기를 맞고 있었다. 한반도 역시 후삼국 시대를 마감하고, 신흥국 고려가 탄생한 시점이었다.

　　이런 어수선한 시점이었지만 고려는 신라에 이어 중국에 유학생을 보내 빈공진사과에 응시토록 하고 있었다. 이 결과 빈공과에 합격한 이들은 중국 조정의 벼슬을 받아 직무를 수행하면서 긴급사태가 발생하면 그 내용을 즉각 조정에 보고하기도 했다.

　　또 벼슬을 받지 못한 유학생이라 할지라도 장기 체류하면서 중국의 선진 문물제도를 도입하고, 중국과 주변국의 첩보를 입수하여 조정에 보고하는 일을 했다. 즉 당시 유학생에게 부여된 첩보수집 임무는 어찌 보면 당연한 것이었다.

최광윤의 제보는 그의 직무
가 거란의 정세를 직접 파악할
수 있는 위치에 있어 비교적
정확한 것이었고, 연락방법 역
시 보안성 면에서 유리한 여진
인을 통해 알려온 것으로 보아
비밀 유지에 상당히 고심했던
것으로 보인다. 또한 거란의 침
략첩보를 신속히 입수하여 보
고한 것에서 보듯이 본래 고려
가 의도한 국가 첩보입수 전략

최초의 조기유학생 최치원(崔致遠).
12세 나이로 고려에서 장원 급제 후
당에 유학하여 18세에 빈공과 장원 급제

을 충실히 이행하였다고 볼 수 있다.

보고를 받은 고려조정은 발칵 뒤집어지고 만다. 즉시 대신들이
모여 대책을 논의한 끝에 947년 고려 최초의 특수군단인 광군사
(光軍司)를 설치하였다. 광군은 30만 명의 장정과 농민으로 구성
된 예비군 형태로서, 중앙과 지방호족이 공동으로 지배하는 형태
를 가진 군대였다.

하지만 당시 거란의 고려 침략은 연기되었다. 중원을 둘러싼 5대
십국 간 치열한 전쟁과 그리고 고려 침략 때, 그 배후를 위협당할
우려가 있던 거란이 발을 뺄 수 없던 상황이었다. 또 거란 세종 야
율완(耶律阮)이 즉위하여 여진 공략도 추진해야 했던 시점이었다.
그러나 거란의 침략은 시기만 다소 늦춰졌을 뿐이었다.

거란의 침략첩보를 좌시한 고려

서북계의 여진(女眞)에서, 거란이 군사를 동원해 침략해 오려 한다고 알려 왔으나 조정에서는 여진의 속임수로 보고 제대로 방비태세를 갖추지 않았다. 이 달에 여진이 거란의 내침을 다시 알려오자, 비로소 사태의 위급함을 알아차리고 각 도에 병마제정사를 파견했다.(고려사, 성종 12년, 993년 5월, 8월)

앞서 최광윤의 침략첩보가 현실화되지 않았음일까? 고려의 위기 불감증과 이해할 수 없는 자신감은 계속되었다.

그러나 동아시아 최초의 정복왕조 거란(遼)의 총사령관 소손녕은 993년 5월 원정군을 이끌고 동경 요양부(東京 遼陽府)에서 모든 침략 준비를 마친 후 공격 명령만을 기다리고 있던 상태였다.

당초 고려는 여진이 "요군(遼軍)이 요양에 원정군을 집결시키고 있다."라는 첩보를 제공해오자 이를 대수롭지 않게 생각했다. 그저

'여진인들이 혼란을 조성하려는 술책'이거나 혹은 '거란이 여진에 출병하려는 것을 오인한 것'으로 단정하여 이렇다 할 대책을 강구하지 않았다. 그러다가 같은 해 8월에 여진이 또 다시 "요군이 요양을 출발했다."는 사실을 알려오자 비로소 첩보가 사실임을 깨닫고 부랴부랴 대책마련에 들어갔던 것이다.

이 과정에서 적국이나 국경지역에서 고려의 첩보망은 전혀 가동되지 않았으며, 고려 조정은 여진이 제공해 준 제보도 무시하고, 적군이 코앞에 올 때까지 무방비 상태로 있었던 것이다. 더구나 고려 조정은 호족들이 갖고 있던 사병 해체를 염두에 두고 987년 모든 고을의 병기를 농기구로 제작하라는 교서를 내린 상태였다. '빈대를 잡으려다 초가삼간을 태운 격'이었고, 적진 앞에서 스스로 무장을 해제한 것이었다.

한편 거란의 전쟁준비는 그 보다 훨씬 전부터 이루어지고 있었다. 이미 침공 8년 전에 거란 성종은 각 도에 조서를 내려 전쟁준비를 지시했다가 중지한 적이 있었으며, 이번 고려와의 전쟁을 최종적으로 확정하고 준비를 개시한 지도 8개월이나 지난 후였다.[90]

이는 거란이 986년 송(宋) 나라와의 전쟁에서 승리한데 이어, 991년에는 여진을 공략함으로써 고려 침략을 위한 교두보를 마련하고 모든 준비를 마친 상태였음을 의미했다.

한동안 전쟁 없이 안락한 생활을 누리던 고려 귀족들의 무사안일한 태도와 치명적인 국방정책 실수가 여실히 드러나는 순간이었고, 허겁지겁 농민들로 구성된 광군(光軍)만 찾기 바쁠 뿐이었다.

"천하가 안전하다 하여 전쟁을 잊으면 필히 위험에 빠지게 된다."

는 중국 사마양저의 말은 바로 이를 두고 한 말이었다. 그나마 고려가 과거 최광윤의 제보로 광군을 구성해 놓은 것만 해도 다행이었다.

　고려 조정은 예비군인 광군을 방어군의 주축으로 우선 편성하고, 각도에 군마제정사(軍馬齊整使 : 징병관)를 파견하여 지방 병력을 동원하는데 분주해지기 시작했다.

개심사지 5층석탑(경북 예천).
탑 조성 시 광군 동원 사실이 탑 기단부에 기록

서희의 첩보분석 능력

소손녕은 '80만 군사가 당도했으니, 만약 항복하지 않는다면 모조리 섬멸할 것'이라는 글을 보내왔다. 성종이 여러 신하들을 모아 앞일을 의논하였다. 어떤 사람은 왕이 수도로 돌아가 중신들에게 명하여 군사를 이끌고 항복을 빌게하자고 했다. 또 어떤 사람은 서경 이북의 땅을 분할해 그들에게 주고 황주로부터 절령까지를 국경선으로 정하자고도 하였다. 성종이 뒤의 의견을 좇으려는데 서희가 반대했다.(고려사, 권94, 열전7, 서희 조, 성종 12년 993년 10월)

'서희의 외교담판'은 우리에게 너무 잘 알려진 이야기다.

국가 위기의 순간에서 뛰어난 화술로 거란을 물리친 스타였기 때문이다. 그러나 고려와 거란이 고구려의 적자 자리를 놓고 자웅을 겨룬 이 협상에서 그가 첩보분석의 대가라는 사실을 아는 사람은 그리 많지 않다.

위 기사는 거란이 침입해오자 한반도 할지론(割地論)을 주장한 고려 조정의 대응과, 그를 일축하고 서희가 거란을 설득하여 천혜의 요새 '강동 6주'를 차지하게 되는 계기를 다룬 내용이다.

당시 거란의 소손녕(蕭遜寧)은 초전의 승리에도 불구하고, 80만 대군을 들먹이며 속히 항복하라는 협박만을 계속하고 있었다. 결코 정상적이지 않은 이러한 거란의 상황을 서희는 일찍부터 간파하고 있었고, 그 속에서 한 가닥의 틈을 찾아낼 수 있었다. 사실 서희 담판이 성공할 수 있었던 요인은 이미 오래전부터 준비되고 있었다.

서희는 거란과 패권을 다투던 송(宋) 나라에 972년 사신으로 파견되었다. 당시 고려는 신생제국 송과 통교가 없던 때라 그에 대한 정보도 많지 않았던 시기였다. 하지만 진주는 어디에 있더라도 빛이 된다고 했던가? 서희의 능력을 알아본 송은 그에게 국방장관에 해당하는 검교 병부상서(檢校 兵部尙書)란 직책을 하사했다.

이 계기를 통해 그는 송에서 신흥국 거란에 대한 첩보를 수집하는 한편 국제정세를 파악할 수 있는 기회를 가지게 되었다. 또한 송과 공식 통교함으로써 거란이 쉽게 고려를 넘보지 못하는 외교적 발판도 마련하게 되었다.

한편 거란의 총사령관 소손녕과 협상을 하러간 서희는 초기 주도권을 둘러싼 심리전 싸움에서도 승리했다. 자신에게 절을 하라는 그의 강압적인 요구를 거부하고 숙소에 돌아가 버틴 것이었다. 이러자 그로부터 서로 대등하게 만나자는 수락을 얻어냈다. 그가 협상을 바라고 있다는 서희의 분석이 맞아 떨어진 결과였다.

거란의 고려 침입

당시 서희는 고려를 둘러싼 동아시아 역학관계, 거란 원정군 규모, 원정군 총수로서의 소손녕 위치 그리고 거란이 1차 전투 후 진격하지 않고 협박만을 계속하는 이유 등 다양한 첩보를 바탕으로 상대방에 대한 정확한 분석을 마친 상태였다.

먼저 거란의 침략은 고구려 영토 회복을 명분으로 하고 있었지만 실제로는 고려를 거란에 붙잡아 두려는 의도였다. 즉 대륙에서 패권을 놓고 거란이 송과 전면전을 벌일 때, 고려가 송을 지원하는 것은 막아야 한다는 것이 가장 큰 목적이었다.

또한 당시 거란 황제가 직접 친정(親征)하는 경우 약 40만의 병력이 동원되었고, 소손녕과 같은 지방관이 원정할 경우 약 6만 정도가 편성되는 것을 감안할 때, 그가 들먹이는 80만 대군의 허실도 이미 파악했던 것이다.

그리고 그의 계속된 협박은 결코 거란의 목적이 확전에 있지 않고 협상에 있다는 것을 분명히 보여준 것이라고 판단한 것이었다.

이는 국가적 위기의 순간에서 국제 이해관계와 적정을 꿰뚫어보는 탁월한 분석력, 그리고 명분보다는 실리에 입각한 협상력이 총체적으로 결집된 결과로 볼 수 있다.[91] 이 담판의 성공으로 고려는 압록강 안쪽에 강동 6주를 얻었다.

이후 고려는 이곳에 강력한 요새를 건설하여, 거란이 다시 쳐들어 왔을 때도 고려군은 적을 전멸시키는 빛나는 승리를 거둔다. 협상을 통해 얻은 땅을 전쟁을 통해 지켜낸 것이었다.

거란을 기만한 하공진

좌사낭중 하공진은 통화 28년(1010)에 거란군이 침입하자 죽음을 무릅쓰고 적의 군영으로 가 세 치의 혀를 휘둘러 대군을 물리쳤으니 공신각에 초상을 모셔야 할 것이다.(고려사, 권94, 열전7, 하공진 조, 문종 6년, 1052년)

　서희의 개인기에 당해 금싸라기 같은 땅을 내 준 거란이 고려에 속았음을 눈치 챈 것은 그리 오래 걸리지 않았다. 그리고 다시 고려의 '세치의 혀'로 통하는 하공진(河拱辰)의 기만에 걸려든다.

　거란은 1차 침입 이후에도 고려가 송과 비공식적인 교류를 유지하자, '강조(康兆)의 정변'을 구실삼아 40만 대군을 이끌고 다시 쳐들어왔다. 여기에는 지난번에 내 준 전략 요충지 '강동 6주'의 반환도 겨냥한 것이었다.

　1010년 2차전을 시작한 거란이 개경까지 함락하자 현종은 나주로 피난할 수밖에 없었고, 이런 황망한 때에 하공진이 왕을 찾아왔다.

하공진은 과거 거란의 1차 침입 후 고려가 설치한 초대 구당사(勾當使)를 지냈으며 또한 왕실 경호를 역임했던 인물이었다.

구당사란 압록강나루 업무를 담당한 외관직으로서, 겉으로는 사신을 접대하고 길의 편의를 제공한다는 명분을 내세웠으나, 실제로는 거란과 그 사신의 동향을 파악하고 감시하던 직책이었다. 또한 투항자를 가장한 첩자를 파견하여 거란의 침략계획을 살피고 각종 군사기밀을 수집하는 일을 관장하고 있었다. 즉 첩보활동에 관한 한 누구 못지않게 화려한 경력을 자랑하고 있었다.

그는 현종에게 "요(遼)가 본시 역적을 정벌한다는 구실로 출병하였는데, 이제 이미 강조를 잡았으니 이때에 사신을 보내어 강화를 제의하면 그들은 틀림없이 철퇴할 것입니다."라고 건의했다.

이에 왕도 그 말이 옳다고 판단하고, 그와 고영기(高英起)를 사신으로 삼아 거란에게 화의를 요청하는 공문을 주어 보냈다.

한편 하공진이 적 진영에 가서 왕의 위치를 거짓 진술하며 일단 철병할 것을 요청하니, 거란 성종은 이를 마지못해 허락하는 대신 그를 포로로 끌고 갔다.

이 같은 조치는 거란으로서도 북부 성들을 함락하지 못한 채 개경으로 곧장 진격한 까닭에 자칫 잘못하면 병참선이 차단될 것을 우려한 까닭이었다. 그러므로 불가피하게 그의 정전 제의를 받아들여 고려왕이 입조한다는 조건을 붙여 철수했던 것이다. 즉 하공진은 이미 이러한 거란의 작전상 어려움을 간파하고, 스스로 포로

압록강 나루

가 되는 길을 감수한 것이었다.

한편 하공진은 거란에 억류된 후 겉으로는 거짓 충성을 바치니 성종의 신임이 두터웠다. 성종은 그를 연경에, 고영기를 중경에 거주하게 하고, 두 사람에게 모두 배필을 정해주는 등 각별한 배려를 했다. 그들을 거란에 귀순시켜 고려왕의 입조를 설득하는 한편 앞으로의 대 고려정책에 활용하기 위한 것이었다.

하지만 하공진은 준마를 구입하여 호시탐탐 탈출 기회를 엿보면서 고려로 통하는 길목 곳곳에 말을 준비시켜 두었다. 비록 이 사실이 거란 첩자에게 발각되어 성종으로부터 혹독한 고문을 받았지만 끝내 귀순을 거부하고 죽음을 받았다.

이러한 하공진의 활동 이면에는 그가 구당사와 경호업무를 수행하면서 거란을 꿰뚫어 보는 안목과 왕에 대한 충성심이 있기에 가능했다. 또 적에게 허위 정보를 제공하고, 거란의 신임을 획득하면서 뒤로는 부단히 탈출계획을 세우는 등 기만활동이 뛰어났음을 보여주고 있다. 결국 하공진의 죽음을 담보로 한 첩자활동은 훗날 강감찬의 귀주대첩으로 이어져 거란이 다시는 고려 땅을 넘보지 못하게 하는 계기가 된다.

고려의 공개정보 수집 실태

이자의 등이 송나라에서 귀국해 "송나라 황제가 우리나라 서적 가운데 선본(善本)이 많다는 말을 듣더니 관반을 시켜 필요로 하는 서적 목록을 주면서 비록 완질이 아니더라도 필히 베껴서 부쳐 달라고 당부했습니다."(고려사, 선종 원년, 1091년 6월)

고려가 상당한 수준의 도서를 보유하고 있다는 소문이 중국에까지 퍼졌다. 과거 삼국시대부터 각종 루트를 통해 알게 모르게 모은 중국 따라잡기의 결과였다. 그러자 송은 사신을 통해 그들이 갖고 있지 않은 희귀본 서적을 대거 요청해왔다.

당시 철종황제가 부탁한 서적은 중국 최고의 의서로 손꼽히는 『심사방황제침경(沈師方黃帝鍼經)』 9권을 비롯해 역사·지리·문화·의학 등 중요 서적 129종, 5천 권에 달하는 방대한 규모였다.

이 요청을 거절할 수 없었던 고려는 1092년 병부상서 황종각(黃

宗愨)을 사신으로 보내 황제가 부탁한『황제침경』부본 등을 바치면서, 대신 4대 백과사서의 하나인『책부원구(冊府元龜)』[92] 등 송이 반출을 엄격히 통제하고 있는 다수의 책자를 요청했다.『책부원구』는 송이 그동안 쌓아올린 지식의 바벨탑과 같은 것으로서, 이를 일종의 교환조건으로 내걸었던 셈이었다.

이러자 예부상서 소식(蘇軾 : 소동파)이 황제에게 강력히 반대의견을 제시했다. "맥적(貊狄 : 고려)이 들어와 조공하는 것이 터럭만큼도 이익은 없고, 다섯 가지 손해만 있습니다. 지금 요청한 서책과 수매해 가는 금박(金箔) 등은 모두 허락하지 말아야 합니다." 하고 아뢰니, 조칙을 내려 금박만을 수매하여 가도록 하였다. 그러나 고려는 원하던『책부원구』를 끝내 구입하여 귀국했다.[93]

한편 소식이 말하는 5가지 폐단이라는 것은,

① 고려가 귀중한 서적을 마음대로 가져간다.

② 고려 사신과 상인들은 가는 곳마다 지도를 작성하므로 국가기밀이 누설된다.

③ 송의 물건이 고려인의 손을 거쳐 적국인 거란으로 유입될 우려가 있다.

④ 고려 사신 접대에 너무 많은 국가재정이 소요된다.

⑤ 송 사신이 고려에 갈 때에도 마찬가지라는 것이다.

이보다 앞서 1085년 왕자 의천(義天) 역시 불법을 구하러 가는 과정에서 요나라와의 외교마찰을 피하기 위해 송에 밀항한 적이 있었다.

그는 14개월 간 송에 머무르다 귀국할 때에는 속장경 등 3천여

속장경(續藏經).1096년 대각국사 의천 편찬

권의 장서를 가져와 단일 규모로는 역대 최고의 컬렉션(Collection)을 기록하게 되었으며, 후일 천태종을 창시하는 밑거름이 되기도 했다.

또한 1101년에는 고려사신 오연총(嗚延寵) 등이 백과전서 『태평어람(太平御覽)』 1,000권을 가져오기도 했다. 치국의 요체가 문화에 있음을 일찍부터 간파한 고려인들의 사전 포석이었던 것이다.

이처럼 고려 사신들을 비롯해 유학승, 유학생, 상인 등은 중국의 반발에도 불구하고 심혈을 기울여 책자를 수집했으며, 그 결과 그 것을 만들었던 중국이 오히려 부탁할 정도로 수량과 종류, 내용 면에서 뛰어났음을 보여 준다.

그리고 이 서적들은 도입되어 고려의 내치안정과 문화발달에 크게 기여하였음은 물론이다. 즉 고려는 일찍부터 중요서적, 지도 등 이른바 공개출처정보(Open Source Inteligence, OSINT)의 중요성을 깨닫고 이를 실천해 왔음을 보여주고 있다.

이는 당시 고려가 거란의 영향력이 커지는 상황에서, 비록 송과 단교는 하였지만 그 이면에는 실익을 위해 송과 막후 교류하면서 다양한 정보활동을 전개했음을 보여주는 것이라 하겠다.

요나라 사신의 문서를 빼낸 최사추

요나라 사신 왕정이 사신으로 왔다. 최사추가 관반으로 있으면서 왕정이 밤마다 혼자서 문서를 작성한다는 말을 듣고 계략을 써서 그 글을 가져다 왕에게 보고했다. 그 글은 왕정이 요나라 임금에게 간하는 상소문으로, "요나라가 태평한 날이 오래 계속 되어 군사적인 대비가 갖추어지지 않았다."고 극언하면서, 또 송나라가 남하(南夏)를 정벌하는 상황에 대해 진술하고 있었다.(국역고려사, 권96, 열전9, 최사추)

귀주대첩 후 고려의 위세는 하늘을 찌를 듯했다. 송의 심장부 개봉에서 승전 축하 연회를 여는가 하면 요나라는 매년 고려왕의 생일에 축하 사신을 보낼 정도였다.

1092년 9월 관례대로 요가 고려 선종의 생일을 축하하기 위해 사신 왕정(王鼎)을 파견[94]하자, 왕은 당시 서경부유수로 있던 최사추(崔思諏)에게 사신의 안내를 담당하도록 했다.

한편 최사추가 명을 받아 임무를 수행하던 중 하루는 수하로부터 특이한 보고를 받았다. 요나라 사신이 도착 후 계속 무엇인가를 밤새 작성한다는 것이었다.

순간 그의 머릿속에는 강한 호기심이 일었다. 그는 왕정이 작성하는 문서 내용이 궁금해졌고, 그것을 어떻게든 알아내기로 작정했다. 일찍부터 이 방면에 재능이 있던 그는 이미 발칙한 발상을 떠올리기 시작했다. 기사에는 그가 "계략을 내어 문서를 빼내 왕에게 바쳤다."고 한다.

그렇다면 그 계략이란 무엇이었을까? 문서를 통째로 훔쳐낼 생각도 했었고, 미혼제를 먹이는 방법도 구상했을 것이다. 하지만 그는 사신이 전혀 알아채지 못할, 그리고 나중에라도 고려에 아무런 문제를 제기하지 못할 방법, 즉 미인계를 쓰기로 했다.

그가 꾸민 방법은 사신을 접대하는 평양 기생을 이용하여 기생이 그와 동침을 하고 난 후 그가 잠든 사이 문서를 필사하게 한 것이었다. 깊어가는 가을 그윽한 밤에 아름다운 고려 여인의 치마 벗는 소리를 왕정이 차마 뿌리치지 못한 결과였다.

그 결과 기생이 가져온 것은 사신 왕정이 요왕에게 바치는 상소문이었다.

당시 요나라의 군사 및 송과의 대외관계가 포함된 일급비밀이었다. 여기서 그는 상소문만 필사하게 하지는 않았을 것이다. 당시 외교사절이 귀국 후 보고하기 위해 작성한 각종 메모라든지, 주요인사와의 면담기록 등도 포함되었다고 보아야 할 것이다.

따라서 선종이 그에게 조서를 내려 표창을 했던 것은 접반사로

녹파잡기(綠波雜記), 韓在洛 著, 19세기 전반
평양기생 67명의 풍류와 사랑을 그린 산문

서의 역할보다는 요 사신의 문서를 필사함으로써 당시 요의 내부동향을 상세히 파악할 수 있게 된 점을 평가한 것이었다. 왕으로서는 그 필사본을 송에 제공할 경우 고려의 변함없는 대송외교정책을 입증할 수 있는 중요 자료로 활용할 수 있었기 때문이었다.

고려가 필사본을 송에게 제공했는지 여부는 기록에 나타나지 않으나 이는 당시 송·요 간에 등거리정책을 유지하던 고려가 상대의 의중을 파악하기 위해 상시적인 염탐활동을 하고 있음을 보여준 사례이다.

특히 사안을 예의 관찰하면서 적절한 대상자 선정과 효과적인 수집방법으로 외교마찰 없이 임무를 수행한 최사추의 첩보감각이 눈에 띄는 대목이라 하겠다.

정보부재로 실패한 고려의 여진 정벌

본국의 의원으로 완안부에 가 살면서 병을 잘 고치는 자가 있었다. 의원이 돌아와 왕에게 말하기를 "여진족으로 흑수(黑水)에 사는 부족은 날로 강성하며 군사가 더욱 정예화되고 있습니다." 하니 왕이 비로소 사신을 통하였는데, 이때부터 왕래가 막히지 않았다.(국역 동국통감, 숙종 8년, 1103년 7월 갑진일)

수비의 달인, 고려가 역사적인 공격을 단행했다. 여진 정벌은 고려시대에 이루어진 최초이자 마지막 대외 출정으로서, 한국사에서 유례를 찾아보기 힘든 대규모 군사작전이었다.

한편 고려의 정벌대상이었던 여진은 1115년 금(金)을 건국한데 이어, 1125년 요(遼)를 멸망시켰으며, 1127년 북송시대를 마감시키면서 대제국 금 천하를 연 주역이었다.

이는 고려가 여진 정벌을 단행할 무렵 이미 완옌부(完顏部) 여진이 고려의 예상을 뛰어넘어 급속도로 성장해 있던 상태였음을 의미하는 것이었다.

그러나 고려는 1101년이 되서야 어렴풋이 완옌부 여진의 동향에 대해서 듣고 있었다. 그러던 중 1103년 위와 같이 고려를 자못 긴장시키는 첩보가 입수된 것이었다.

즉 완옌부에 거주하다 여진의 부족장 영가(盈歌) 친척의 병을 고쳐준 공로로 귀국한 고려 의원이 여진의 군사력 증강 징후에 대한 뜻밖의 첩보를 알려온 것이었다.

이러한 첩보를 입수한 고려는 이후 정주성(定州城 : 함남 정평)으로 남하했던 여진 추장 허정(許貞) 등을 유인하여 조사한 결과, 의원의 제보와 같이 여진이 고려를 도모하려 한다는 사실을 확인하기에 이르렀다.

이에 당황한 고려는 보다 정확한 첩보를 입수하기 위해 여진에 사신을 파견했다. 그러나 이때는 이미 늦은 감이 있었다. 그즈음 고려와 맞닿은 국경 정주성에 진출한 여진이 물러날 기미를 보이지 않는 것이었다. 고려는 이를 무력도발 행위로 간주했고, 이 지역을 기반으로 세력을 확대해 나가려는 완옌부 여진과의 충돌이 불가피해 졌던 것이다.

이 결과 고려는 1104년 임간(林幹)에게 명하여 1차 정벌을 단행하였지만 충분한 정보 없이 출정했다가 어이없는 참패를 당했다. 임간에 이어 급파된 윤관(尹瓘)의 부대까지 패했다는 것은 여진에 대한 첩보활동이 거의 이루어지지 않았음을 말해주고 있다. 하루가 달리 변모한 여진을 성장이 멈춘 미숙아 취급을 함으로써 화를 불러온 것이었다.

당시 고려의 작전목표는 여진인들이 남북으로 오가는 통로인 병목(瓶項) 지역을 확보·차단하는 것이었다. 고려는 이 좁은 길만 끊어낸다면 오랑캐의 통로를 막을 수 있다고 생각했다. 그러나 실제 이곳은 험준한 곳이 아니라 오히려 사통팔달한 곳이었다.

"병목은 수륙으로 도로가 통하지 않은 곳이 없어 앞서 들은 내용과 매우 달랐다."고 기록은 전한다.

한편 1차 정벌 실패 후 고려는 약점이었던 기마병을 보강하기 위해 신기군을 비롯한 별무반을 창설했다. 또 2차 정벌을 위해 동북면의 지형을 정찰하는가 하면 여러 성들의 전투준비 상황을 지속 점검했다.

그러던 중 1107년 국경에서 여진의 동태에 관한 첩보가 입수되었다. 보고내용은 "여진이 강해져서 우리 변경에 있는 성들을 침입하여 그 추장이 바가지 한 개를 갈까마귀 꼬리에 달아 각 부족으로 돌면서 큰일을 의논하고 있다."는 것이었다. 여진에서 군사행동 및 결속의 의미가 포착된다는 이 보고는 고려로 하여금 17만의 대군으로 2차 정벌을 촉발하는 계기가 되었다.

1107년 단행된 이 정벌로 윤관은 여진에게 치명타를 가하고 동여진 지역에 9성을 축조하는 성과를 거두기도 했다. 그러나 점령한 9성은 지나치게 넓고, 거리가 멀 뿐만 아니라 수목이 우거진 깊은 골짜기로 여진인이 매복하면서 고려군을 공격하기에 용이한 지역이었다. 사실상 수성(守城)이 힘든 곳으로 여진이 협공할 때 퇴각로가 없는 지점이기도 했다.

척경입비도(拓境立碑圖, 고려대 박물관)
윤관이 여진족 정벌 직후 국경비를 세우는 그림

이는 고려가 사전에 치밀한 정탐활동이나 첩보수집 없이 외형적인 정탐에 힘입어 적진 깊숙이 들어감으로써 자초한 위기였다. 이후 고려는 여진의 끈질긴 반격과 화의 요청으로 승리를 끝까지 견인하지 못한 채 9성을 반환하고 말았다.

그리고 그 책임으로 정벌군 사령관 윤관과 부원수 오연총(嗚延寵)이 관직을 박탈당하고 낙향하는 신세가 되고 만다.

이 전쟁의 실패로 고려는 국제적인 위신 추락과 함께 북방정책에 막대한 타격을 입었다. 인명피해는 물론 고려에 예속된 여진지역조차 빼앗기는 엄청난 손실이었다. 모름지기 정보부재와 국제정세 파악의 중요성을 일깨워준 뼈아픈 교훈이었다.[95]

서긍의 첩보보고서 고려도경

신은 고려에 머문 기간이 기껏 한 달 남짓이었고, (고려의) 객관에서는 위병이 지키는 데다 (객관을) 나선 게 대여섯 번이었다. 고려의 건국, 정치제도와 풍속 및 사물 중 그럴듯한 것에 대해 빠뜨림 없이 그림을 그리고 배열하였다. 고려의 실정을 수집하여 사신의 임무에 만 분의 일이라도 보답하고자 한다.(고려도경, 서문, 인종 2년, 1124년 8월 6일)

사면초가(四面楚歌)! 초나라 군사들이 한나라 유방의 군사들에게 겹겹이 포위되자 애처로움으로 사방에서 고향노래를 불렀다는 것에서 유래된 말이다.

고려의 동맹국이었던 송나라 역시 북쪽으로는 요와 금의 압박을 받고 있었고, 서남쪽에는 서하(西夏)가 버티고 있어, 사실상 중원에서 그 지배력을 상실하고 있었다. 역대 중국역사에 있어 가장 약했다는 평가를 받는 송에 어느덧 황혼이 기울고 있었던 것이다.

따라서 송은 유일한 희망인 고려와의 연합전선을 위해 막대한 비용을 들여 사신을 보내는 한편 고려 사신에 대해서는 특별 우대하는 등 많은 경제적 이익을 안겨주고 있었다. 그러면서도 고려의 대외정책 변화를 예의 주시하며 송의 영향권 안에 두려했다.

이에 대해 고려는 대륙의 주인이 분명하지 않은 상황에서 송·요·금과 적절한 등거리 외교를 펼치고 있었다. 이런 가운데 송 휘종은 1123년 예종의 조의를 표한다는 명분으로 노윤적(路允迪)을 대표로 서긍(徐兢) 등 200여 명의 대규모 사절단을 고려에 파견했다.

당초 사절단에 끼지 못했던 서긍이 포함된 것은 서화(書畵)에 대한 그의 재능을 높이 평가한 노윤적 나름대로의 사전 계산이 깔린 조치였다. 근세 전까지 그림에 소질이 있는 화가들이 지도 제작 등 첩보활동에 자주 동원되었다는 사실은 왜 서긍이 발탁되었는지를 짐작케 하는 단서이다.

고려에 도착한 서긍은 개경에 1개월 남짓 머무르면서 고려의 많은 인물들과 접촉하는 한편 여러 장소를 방문하면서 군사·지리·정치·인물 등 다양한 첩보를 수집하고 그것을 기록으로 남겼다. 1개월이라는 짧은 체류기간 동안 공식적인 행사에 몰리고 행동에 제약을 받는 가운데서도 주도면밀하게 첩보와 자료를 수집했다.

그는 궁성을 중심으로 개경의 경비를 담당하는 근위부대의 규모와 무기 및 거마에 이르는 제반사항을 비교적 상세히 기술했다. 또 당시 도성을 수비하는 근위부대의 병력이 상시 3만을 유지했다고도 기록하고 있다.

그가 이렇게 짧은 기간 동안 군사기밀 등 상세한 첩보를 얻을 수 있었던 것은 당시 고려관리들의 협조 없이는 불가능한 것들이었다. 사신이라는 공인된 신분을 최대한 활용하여 뇌물을 주면서 고려인들의 의식·무의식적인 협조를 얻어내며 은밀한 첩보행각을 벌였던 것이다.

그는 이렇게 수집한 방대한 첩보들을 40권, 3백여 항목, 29개의 주제로 분류하고, 문장으로 설명하여 형상을 그릴 수 있는 것은 그림을 덧붙였다. 이것은 그가 첩보와 자료를 일기의 형태로 소묘(素描)와 비망기를 적어 두었으리라 추정되는 부분이다.

귀국한 그는 1년여 후인 1124년 8월 고려의 견문첩보를 종합 정리한『고려도경(高麗圖經)』을 작성하여 황제에게 바쳤다.[96] 과거 당나라가 고구려를 침공하기 위해 진대덕을 파견하여 군사지리정보 보고서『고려기』를 작성한 것보다 훨씬 차원이 높은 첩보활동을 수행했던 것이다. 기록에 의하면 그것을 열람한 송 휘종이 매우 기뻐했으며, 서긍을 지대종정승사로 발탁하고 장서학(掌書學)까지 겸임토록 했다고 한다.

송은 이러한 자신들의 외교사절을 통한 염탐행위에도 불구하고, 오히려 고려의 첩보활동에 대해서는 긴장을 늦추지 않고 있었다. 1126년 송 흠종이 즉위한데 대해 고려가 축하 사절을 파견하자 어사 호순척(胡舜陟)은 흠종에게 건의하였다.

고려가 과거에 거란을 섬겼으므로 지금은 반드시 금을 섬길 터인데, 그들이 우리의 허실을 정탐하여 (금에) 보고하지 않는다는 것을 어떻게

알겠습니까? (고려의 사행을) 중지시켜 오지 말도록 하는 것이 마땅합니다.[97]

　그는 이어, 고려가 금과 내통할 것을 우려하여 1127년부터 계속하여 사절을 보내 고려를 정탐하도록 했다.

　결과적으로 서긍의 이러한 첩보보고는 당시 대륙에서 금과 요 사이에 혼란을 거듭하던 송에 고려에 관한 확실한 정보를 제공해주었고, 또 북방을 유효적절하게 관리할 수 있는 전략적 판단을 제공해주었다고 평가할 수 있다.

　또한 고려를 비롯한 북방 3국은 외교사절을 내세워 상대를 끊임없이 정탐하면서 자신들의 방첩활동은 오히려 강화하는 스탠스를 취했음을 보여주고 있다.

송나라의 밀사 파견과 공작활동

이심과 지지용이 송나라 사람 장철(張喆)과 공모해, 이심이 동방흔(東方昕)으로 이름을 바꾸고 송나라 태사 진회에게 보내는 편지를 썼는데 그 내용은 "만약에 금나라를 정벌하겠다는 명분을 내세워 고려에 길을 빌리고 우리가 내응한다면 고려를 쉽게 점령할 수 있을 것이라."는 것이었다. 지지용이 그 편지와 유공식 집에 있던 고려지도를 송나라 상인 팽인 편에 진회에게 부치려 했다. 이때에 송나라의 도강인 임대유가 편지와 지도를 손에 넣어 우리에게 알려왔으므로 장철·이심·지지용을 옥에 가두고 국문하니 모두 자백하였다.(고려사, 의종 2년 1148년 10월 정묘일)

서긍이 고려를 다녀간 직후인 1125년 금은 요나라를 멸망시켰다. 그리고 그 여세를 몰아 송(宋 : 북송)을 침략하여 수도 개봉을 함락시킨데 이어 송의 선황제 휘종과 흠종을 납치하여 갔다.

이에 어쩔 수 없이 남경으로 천도한 송은 고종이 즉위하여 남송

시대를 열고, 황제 구출과 본토 회복을 본격적으로 꾀하였다.

이러한 과정에서 송은 고려의 지원이 절대적인 것으로 보고, 그 지원을 이끌어 내기 위해 다양한 밀사외교와 더불어 모종의 음모를 꾸미기 시작했다.

그리고 그 활동은 1126년부터 시작되었다. 그해 8월에 온 사신이 금나라 토벌에 고려의 원병을 요청해오자, 고려는 군사물자가 부족함을 들어 추후 송이 진격할 때 공조하기로 하고 이를 정중히 거절한 적이 있었다. 1127년에도 송은 사신 양응성(楊應誠)을 보내어 금에 억류된 두 황제에게 문안을 드린다는 핑계를 대고 고려의 국경을 넘어 가게 해달라고 요구했다.

이에 앞서 양응성은 사신으로 오기 전 송 고종에게 "고려를 거쳐 여진을 들어가는 것이 가장 지름길이므로 제가 고려에 들어가서 동맹을 맺고 두 황제를 맞아오고자 합니다."라며 고려와의 협공을 추진하되, 그것이 어려울 경우 사신 길을 빌림으로써 금과의 전쟁에 고려를 어쩔 수 없이 휘말리게 하는 노림수를 썼다.

고려 조정은 이러한 송의 의도를 간파하고 "금이 항상 간첩을 두고 흔단이 생기기를 기다리고 있다."면서 금과의 문제야기를 들어 거절했다. 혼돈의 와중에서 군사적 열세가 분명한 송을 지원함으로써 불필요한 어려움을 당하지 않으려는 실리적 외교노선이었다.

이후에도 송은 상인 진서(陳舒)를 보내 고려의 길을 빌려 금나라를 치겠다는 내용의 밀서를 전해온 데 이어 1135년에는 사신 오돈례(嗚敦禮)를 보내 "서경에서 난동(묘청의 난 지칭)을 일으키고 있다 하니 혹시 잡기가 어렵다면 송이 10만 병력을 내어 돕고자

송 휘종

한다."며 고려를 도와준다는 핑계로 군대를 파견하여 금나라를 배후에서 치는 속셈을 드러내기도 했다.

이러한 일련의 밀사활동을 통한 회유와 계략에도 고려가 반응을 보이지 않자 송은 급기야 자국 상인들로 하여금 고려인들을 포섭하여 지도를 입수하고, 송이 고려 침략 때 내응토록 하는 음모를 꾸몄다.

그러나 이 과정에서 모의가 발각되어 그 내용이 밝혀졌다. 즉 송 상인 팽인(彭寅)이 고려인 유공식(柳公植)으로부터 입수한 지도를 송에 보냈으나 중간에서 송 상단 우두머리 격인 도강 임대유(林大有)의 밀고로 그 기도가 드러났던 것이다. 당시 개경에는 임대유 등 330여 명의 송 상인이 체류하고 있던 때였다.

한편 유공식이 송나라 재상 진회(奏檜)에게 보냈다는 고려지도는 현종 때 만든 '5도 양계도(伍道兩界圖)'를 의미하는 것으로 보인다. 이 지도는 국가기밀로 인정받을 만큼 당시로서는 매우 상세한 지도였으며, 조선 전기 지도제작에 많은 영향을 주기도 했다.

결과적으로 이 공작은 실패하였으나 송이 각종 공식·비공식 루트를 통해 고려의 지원을 요청했고, 이것이 어려워지자 상인들을 통해 국가전복을 꾀하는 등 배후공작을 추진했던 국가 변란사건이었다.

　이로써 고려와 송과의 국교는 단절되게 되었고, 1279년 송 멸망 때까지 상인 등 비공식적인 교류만을 유지하게 되었다.

심리전 활동에 능했던 김부식

정찰 기병이 서경의 첩자 전원직을 잡아오자, 김부식은 포박을 풀어주면서, "돌아가서 성 안 사람에게 말하라. 대군이 이미 출동하였으니 잘못을 뉘우치고 귀순하는 자는 목숨을 보전할 수 있을 것이나, 그렇지 않으면 곧 천벌을 받을 것이다."라고 위로하며 돌려보냈다.(고려사, 권98, 열전11, 김부식 조, 인종 13년, 1135년 1월)

김부식 하면 떠오르는 것이 『삼국사기』이다. 그러나 삼국사기는 그가 은퇴한 후 만년에 저술한 책이고, 그는 국제정세에 밝은 분석가이자 심리전에 능한 첩보 감각을 지닌 인물이었다.

12세기 초 대륙에서는 요가 멸망하고 북송이 몰락하는 가운데, 새로운 강자로 떠오른 금이 고려에 복속할 것을 요구하던 상황이었다. 이보다 앞서 김부식은 2차에 걸쳐 송나라에 사신으로 파견된 적이 있었다.[98] 사신의 신분이었지만 사실은 송과 금의 정세를 알아보기 위한 첩보수집 차원이었다.

당시 송에서도 곽경(郭京)이라는 자가 "육갑법을 쓰면 금군(金軍)을 섬멸할 수 있다."고 큰소리치다가 어이없이 패망한 적이 있었다. 이런 가운데 고려에서는 '이자겸의 난'에 이어 '서경 천도와 금국 정벌'이라는 기치를 내걸고 '묘청의 난'이 일어났다. 고려가 대군을 몰아 여진 정벌에 실패한 지 불과 30년도 안된 때였고, 그 사이 여진은 하루가 다르게 성장하여 대제국 금으로 간판을 바꿔단 시기였다.

따라서 김부식은 고려가 금을 정벌하는 것은 고사하고, 나라를 제대로 방어하는 것이 더 큰 문제라고 보았다. 그간 고구려나 고려가 방어전쟁에서 승리할 수 있었던 것은 이른바 '청야작전'에 의한 수비전술 때문이었다. 또 보병 중심인 고려군이 만주 일대의 평원에서 기마부대가 주력인 금 정벌에 나선다는 것은 그야말로 무모한 전술이라고 그는 판단하였던 것이다.

이른바 수도 이전과 금 정벌을 놓고 김부식을 비롯한 개경파와 풍수지리의 대가 묘청을 중심으로 한 서경파의 한 판 대결이 불가피한 상황으로 치달리고 있었다.

한편 묘청의 난이 일어나자, 원수로 임명된 김부식은 대규모 공격을 늦추면서 적을 타이르는 선무공작(宣撫工作)에 치중했다. 서경을 직접 공격하지 않고 작은 성들을 차례로 장악해 나가는 압박 작전을 구사했다. 반군에 대한 정탐활동을 계속 하면서 잡은 첩자를 돌려보내 성안에 유포되도록 심리전을 전개하자 성 안에서 동요가 일어나기 시작했다.

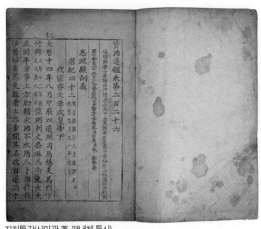

김부식은 군리(軍吏) 노인해(盧仁楷)를 보내어 서경을 초유하면서 성안의 사정을 정탐하게 했다.

이보다 앞서 녹사(綠事) 김자호(金子浩) 등을 시켜 조칙을 가지고 잠행하여 양계의

자치통감(사마광 著, 편년체 통사).
1116년 송 휘종이 김부식에게 하사한 것으로 삼국사기 집필의 계기가 됨

성과 진을 두루 다니면서 서경 사람들이 반역한 상황을 알리고 효유하도록 했다. 드디어 묘청 내부에서 자중지란이 일어나 조광(趙匡)이 묘청 등의 목을 베고 항복하기에 이르렀다.

비록 개경에 보낸 투항자 윤첨(尹瞻)이 극형에 처해짐으로써 조광 등이 다시 반란을 일으켰지만 김부식은 '싸우지 않고 이기는' 병법으로 군사를 쉬게 하고, 반군이 지치기를 기다린 끝에 결국 그들을 진압할 수 있었다. 토벌에 시간은 걸렸지만 관군은 물론 반란군의 피해를 최소화하며 진압에 성공할 수 있었던 것이다.

이와 같이 김부식은 당시 냉혹한 국제질서 속에서 수집한 첩보와 정세 분석을 통하여 논란이 되었던 금나라 정벌의 허구성을 정확히 인식하고 있었다. 이와 함께 반군에 대한 첩자 운용능력과 정탐활동 등은 그가 상당한 수준의 심리전에 능한 첩보전문가로서의 감각을 지녔음을 보여주는 것이라 하겠다.

이상적 비상통신체계 봉수제

서북면병마사 조진약이 "봉횃 방식을 정하되, 평상시는 밤에 불, 낮에 연기를 각각 한 번씩 피우고, 2급(二急)이면 두 번, 3급이면 세 번, 4급 이면 네 번으로 하며, 각 지역에 방정 2명과 백정 20명을 두어 각각 전 례에 따라 평전 1결씩을 지급하도록 하십시오."라고 건의했다.(고려사 권81, 지 35 병1, 예종 3년, 1149년)

홍어로 유명한 흑산도는 과거 뱃길로 중국을 떠나면 처음 만나는 고려의 땅이었다. 그리고 그 앞바다에 사신 배가 들어서면 봉수(烽燧)를 올리던 곳이기도 했다.

송나라의 서긍은 흑산도를 본 첫 소감을 이렇게 표현했다.

"흑산도는 가운데가 오목하게 들어가 있어 배를 감출만하다. 배가 닿으면 산마루에서 봉횃불을 밝힌다."

예로부터 봉수는 낮에는 연기로, 밤에는 횃불로서 변경의 급보를 중앙과 해당지역에 알려 적의 침략에 대비했던 비상통신제도였다.

이러한 봉수는 삼국유사에서, "김수로왕이 신하 유천간(幽天干)으로 하여금 망산도 앞바다에 나가 붉은 돛에 붉은 깃발을 단 배가 나타나면 불을 올려 통지하라."는 기록에서 그 유래를 추정할 수 있을 만큼 오래된 제도이다.

삼국사기에도 백제 온조왕 10년 조의 봉현(烽峴)을 비롯하여 봉산(烽山)·봉산성(烽山城) 등의 기록이 있는 것으로 보아 이 시기에 어떤 형태로던지 군사적인 전신(傳信)의 기능을 했던 봉수제가 있었을 것으로 보인다.

기록상 우리나라 봉수제의 확실한 출발은 1123년 서긍이 『고려도경』에서 봉수에 관한 기록을 남기고 있다. 그에 의하면 흑산도에서 왕성까지 봉수가 실시된 점과 사신의 도착도 중앙에 보고하고 있었음을 알 수 있다.

그 후 몽골의 침입과 그 지배 하에서 오랫동안 봉수제는 유명무실하다 몽골이 물러가고 서해에 왜구의 노략질이 심해지면서 차츰 재정비되기 시작했다. 1351년 8월에는 송악산에 봉획소를 정비하면서 왜구의 침략에 대비한 기록이 보인다.

한편 고려의 봉수제를 계승한 조선에 이르면 1419년 세종 때에 이르러 연대(烟臺)를 새로 축조하고 봉수선로를 일제히 획정하는가 하면 봉수제의 관계규칙을 새로 정하였다. 정보를 전달하는 방식은 고려와 같고, 다만 횃불의 숫자에 따라 5구분법으로 체계화하여 소식을 알렸는데, 해상과 육상을 구별하였다.

그러나 만약에 적이 침입했을 때 안개·구름·비바람으로 인하여 봉수가 전달되지 않을 경우에는 화포나 각성(角聲) 또는 기로써 알리거나 봉수군이 직접 달려가 알리도록 했다. 『동국여지승람』에 따르면 전국의 총 봉수대 수는 제주목의 63개를 합쳐 673개소에 이르렀다.

이러한 봉수제는 점차 시설의 미비, 요원배치의 불충분, 봉수군에 대한 보급의 부족, 그리고 근무태만과 도망으로 인해 충분한 역할을 하지 못하였다.

봉화를 구름이나 안개·나무 등이 가리기도 하고, 그 거리도 만만치 않아서 제일 긴 함경도 경흥 같은 경우 120개를 돌아야 한양에 도달할 수 있었다. 또 군사 지휘관의 해석 여하에 따라 초기 조치가 달라지기도 했다.

이러한 문제는 삼포왜란·사량진왜변·을묘왜변을 포함하여 임진왜란과 정묘호란 때도 봉화가 제대로 전달되지 않는 문제점을 노출했다.[99]

1636년 병자호란 때에는 당시 도원수 김자점(金自點)이 봉화가 도성에 이르면 민심이 교란되고 소동이 날 것을 우려해 의주로부터 오는 봉화를 자신이 있는 곳에만 도달하게 한 적도 있었다.

"작전에서 실패한 장수는 용서가 되도, 경계에 실패한 장수는 용서가 안 된다."라는 격언대로 이로 말미암아 조선이 치른 대가는 말할 수 없는 것이었다.

한편 조선은 왜란과 호란 후에도 봉수제의 재건을 위해 많은 노력을 기울였다. 이렇듯 현실적으로 보아 정상적으로 작동될 수 없었던 봉수제에 그토록 집착했던 까닭은 조선의 이상주의 때문이었다. 완벽한 제도의 정비, 성실한 봉수군들의 근무자세, 그리고 그 어떤 다른 연락수단도 따라갈 수 없는 불빛과 연기의 통신체계를 꿈꾸었기 때문이었다.

비록 근대 통신제도의 도입으로 그 운영은 멈췄으나 오늘날 전화·전신 등 통신수단에 의해 정보를 수집·전달하는 이른바 통신정보(Communication Inteligence, COMINT)의 모델로서 중요한 기능을 하였다.

흑산도 상라봉(8부 능선에 봉화대가 있다)

삼별초의 대 몽고 첩보활동

백주 소복별감 김수제, 별장 우탄이 함께 체발하고 예수데르(야속달, 也速達)의 둔소에 있으면서 고하기를 "고려는 급한 일이 있으면 반드시 제주로 옮길 것이다. 지금 구경(舊京)으로 돌아간다고 하는 것은 거짓이다."(고려사절요, 원종 원년, 1260년 2월)

'푸른 늑대의 후손' 몽골이 초원의 바람처럼 대군을 몰아쳐 왔다. 그리고 이에 맞선 삼별초 전원은 한라산 기슭 붉은오름에서 비장한 최후를 맞았다. 고려왕조에게 버림받은 그들이 항복을 하느니 죽음을 택하며 자존심을 지킨 것이었다.

위 기사는 몽골의 고려 침공 때, 고려관리 김수제(金守磾) 등이 몽골군 야속달(也速達)에게 투항하면서 고려의 내부 정보를 적장에게 제공하는 내용이다.

이는 강도(江都)의 무인정권이 상황의 추이에 따라 강화도를 포기하고 멀리 섬으로 들어간다는 이른바 해도재천(海島再遷)의 가능성이 이미 1260년에 제시되고 있었음을 의미하고 있다.

이 점을 우려한 몽골은 1269년 사신을 보내 제주도로 가는 도로를 자세히 살피게 했다. 겉으로는 남송과 일본정벌을 위한 전략거점의 확보라는 명분이었지만, 고려정부의 남천 가능성을 미리 배제시키는 효과를 함께 노렸던 것이다.

당초 몽골은 가공할 전투력은 물론 심리전과 첩보전에서 뛰어난 모습을 보였다. 그들의 전매특허인 빠른 기동력을 바탕으로 첩보를 입수한 후 이를 무기로 무자비한 공포를 자아내는 압박 심리전과 기만술을 사용했다.

칭기스칸은 심지어 "그들의 머리에 달려있는 머리카락 숫자만큼 보복하라."는 지시를 내려 그들의 후예들은 고려에 들어와서도 사상 유례 없는 대학살을 자행했다. 이에 맞선 삼별초는 강화도에서 진도로 항몽지를 옮길 때까지 특공대·친위대 등 다양한 임무를 수행하고 있었다.

고종이 몽골의 사신을 만나기 위해 강화에서 승천부(昇天府)로 갈 때 야별초 80명이 평복 속에 갑옷을 입고 호위했는가 하면, 원종이 몽골에서 돌아올 때 태손(太孫 : 후의 충렬왕)이 삼별초를 거느리고 제포에 나가 왕을 맞기도 했다.

삼별초는 강화도를 수비하는 방어 임무뿐만 아니라, 자주 섬을 나와 몽골군의 소재와 허실을 정탐하여 복병과 야간 기습공격을 벌이기도 했다.

1270년 8월 진도로 옮긴 삼별초는 삼남의 연해와 내륙을 지배

항몽순의비(제주도 소재)

하고 개경 정부를 위협하면서 일본과 협력을 타진했다. 일본에 서신을 보내 몽골사신 조량필(趙良弼) 일행의 방일 정보를 제공하고, 몽골이 일본을 치게 될 것임을 경고하면서 일본과 반몽 항전을 위한 공동전선을 희망하기도 했다.[100]

그러한 가운데 1271년 11월에는 진도 측에서 도망쳐 나온 홍찬(洪贊) 등이 몽골 장수 아해(阿海)에게 한 가지 놀라운 첩보를 제공했다. 즉 개경에서 보낸 역적추토사 김방경(金方慶) 등이 사실은 진도와 내통하고 있다는 내용이었다. 심문 결과 김방경은 무죄로 밝혀졌으나 토벌군 내부의 큰 혼란을 가져온 사건이었다.

그러나 1271년 5월 진도가 여몽 연합군에 의해 무너지면서 다시 제주로 옮겨온 삼별초는 계속하여 본토에 대한 첩보활동을 진행하는 한편 연안 일대를 감시했다.

이 과정에서 경상도 지역 진출을 위해 첩보활동을 하던 삼별초 첩자 2명이 1272년 5월 감영에 체포되는 사건이 발생했다. 하지만 이들이 체포되고 나서도 이 지역에 대한 첩보 수집은 지속되어 결국 김해와 마산에 소재한 조선소를 비롯해 몽골군 거점과 병력규모 등을 파악하기에 이르렀다.

이러한 집요한 활동은 몽골군의 조선소를 탈취하려는 의도였고,

삼별초 자체 방어는 물론 향후 일본과의 공조도 어느 정도 염두에 두었던 것으로 보인다.

또한 풍주부사 이행검(李行儉), 안남부사 공유(孔愉) 등 요인들을 제주도로 납치해 삼별초 업무를 지원하게 하는 등 강력한 해상 강국 건설의 꿈을 펼치기도 했다.

이처럼 삼별초는 여몽전쟁의 실패를 인정하지 않고 강화·진도, 그리고 제주해협의 물살 빠른 바다를 방패삼아 해전에 약한 몽골에 최후까지 항전하며 초지를 관철하려 했다. 그리고 치욕을 당하느니 반도의 끝자락을 부여잡고 고려의 혼이 되어버린 것이다.

비록 세계 대제국 몽골에 맞선 삼별초의 항몽 투쟁은 종료되었으나 '몽골에 항복하지 않은 국가는 없다.'는 이례적인 현상을 만들어냈고, 또 그 투쟁 정신은 공민왕 대에 반원자주 회복운동을 추진하는 원동력이 되게 했다.

일본의 고려대장경 입수 공작

일본국 사신 묘파(妙葩)와 관서성 탐제 미나모토료슌(源了浚)이 사람을 보내 특산물을 바치고 포로로 잡아갔던 215명을 돌려보내는 한편 대장경을 보내달라고 요청했다.(고려사, 청왕 원년, 1388년 7월)

7차례에 걸친 몽골의 침입으로 고려는 만신창이가 되고 말았다. 이에 고려는 불력의 힘을 빌려 외적을 물리치고, 민심을 수습하기 위해 장장 16년간에 걸쳐 지금의 해인사(海印寺) 팔만대장경을 완성했다.

이렇게 몽골과의 전쟁 중에 새겨진 대장경은 이후로도 많은 민족의 수난 속에서도 지금까지 꿋꿋이 전해내려 오고 있다. 고려인의 아름다운 지혜로 호국의 혼을 새기고, 해인(海印)의 위력으로 천 년을 뛰어넘은 것이다.

한편 제대로 된 목판대장경을 갖지 못했던 일본은 납치해 간 고려인을 돌려보내는 조치를 취하면서 대장경을 인쇄해 달라고 조르기 시작했다. 일본에는 막대한 경비와 경판을 새기는 이 최첨단 기술이 따라주지 않아서였다. 이러한 요구는 조선 초 태조에서 중종에 이르는 140여 년간 80여 회에 걸쳐 끊임없이 이어졌고, 그 결과 대장경 인쇄본 60여 본이 일본에 전해졌다.

일본의 이 같은 요구는 자국의 불교문화 발전을 위한다는 것이 그 목적이겠으나 한편으로는 일본 호족 중의 하나였던 대내전(大內殿)이 경도(京都)에서의 로비를 원활하기 위한 방편으로도 사용했다.[101]

또한 고려와 외교관계를 맺으면서 보내온 일본 사절이 대부분 승려였고, 이들은 자연히 이 방대하고 훌륭한 고려대장경에 매료되어 각별히 관심을 가진 이유도 있었기 때문이었다.

더구나 왕조가 바뀌어 조선에서는 유교를 숭상하는 정책을 취하고 있었고, 경판 역시 도성 밖 멀리 있었기 때문에 대장경의 낮아진 중요성이나 관리의 어려움을 들어 집요한 입수공작을 시도했던 것이다.

이러한 일본이 대장경을 얻기 위한 수법은 다양했다. 초기에는 몇 차례 피납자를 돌려주면서 요구하던 것이 점차 교묘해지면서 갖은 방법을 총동원했다. 일본 국왕이나 왕비의 이름으로, 또는 지방호족의 이름으로 각각 청구하거나 여러 번진에서 번갈아가며 요구하기도 했으며, 각종 토산물을 바치면서 조선을 회유했다.

더구나 성종 때인 1478년에는 존재하지도 않는 구변국주(久邊國主) 이획(李獲)과 이천도왕(夷千島王) 하차(遐叉)라는 나라와 왕

합천 해인사 팔만대장경

이 보낸 사신을 통해 대장경을 요구하기도 했다.

또 1485년에는 일본의 대내전이 자기들의 선조가 원래 백제인이라며 각별한 친밀관계를 강조하며 이를 요구했다.[102] 이 같은 다양한 대장경 요구는 그들이 필요한 만큼 얻어가지 못하자 존재하지도 않는 가짜 나라를 만들어 그 수요에 충족하려 했던 것으로 보인다.

급기야 일본은 인쇄본 대신 아예 대장경 경판을 가져가기 위해 모의를 꾸몄다. 1424년 일본사신 규주(圭籌) 등이 경판을 요구해온데 대해 조선이 이를 거부하자, 할복하는 것이 낫겠다며 떼를 쓰면서 단식투쟁을 벌였다. 이러한 방법이 통하지 않자 이들은 일본 조정에 알려 전함을 동원하여 탈취해 간다는 2단계 계획에 들어갔다.

"지금 조선에 와서 힘써 대장경판을 청구하였으나 얻지 못하였으니, 병선 수천 척을 보내어 약탈하여 돌아가는 것이 어떤가?"라는 외교문서를 작성하여 본국에 보내고자 한 것이었다.

그들의 음모는 이를 입수한 역관의 제보로 발각되어 관련 일본인 3명을 체포하였으나, 이 일의 주모자인 사신 규주 등은 시종으로 데리고 온 승려 가하(加賀)가 소문을 만들어 냈을 뿐 자기들은 관련이 없다고 발뺌을 했다.

고려 대장경을 짝사랑한 끝에 납치행각을 벌인 스토커 일본의 모습이었다. 비록 이 탈취계획은 실패로 돌아갔으나 당초 이들은 조선이 일본의 침략을 우려하여 그들의 요구를 들어줄 것으로 판단하였고, 이것이 여의치 않자 전함을 동원하여 약탈한다는 자국의 비밀을 고의로 흘려, 위협에 굴복한 조선으로부터 경판을 가져가려 했던 것으로 보인다.[103]

아무튼 이러한 고려대장경의 전래로 일본이 불교문화 국가로 발전하는데 큰 기여를 했고, 1934년 대정신수장경(大正新修藏經)을 만드는 데에도 표준으로 삼을 만큼 세계불교 연구에 커다란 영향을 미치게 되었다.

이공수의 비밀 첩보보고

이공수 등이 원나라에 있으면서 서찰을 만들어 대나무 지팡이 속에 넣어서 샛길로 좇아 와서 보고하기를, 덕흥군은 영평에 있고, 최유는 돌아와 권세 있는 자에게 결탁하여 대병을 일으키어 동쪽으로 가기를 꾀하며, 또 황제에게 청하기를 "만일 본국에 돌아가게 되면 정장들을 전부 징발하여 천자의 위병에 보충할 것이고, 해마다 양향을 바칠 것이며, 또 경상도와 전라도에 왜인 만호부를 두어서 왜노를 불러와 금부를 주어 상국의 후원이 되도록 하겠습니다."라고 하였습니다.(국역 동국통감, 공민왕 13년, 1364년 6월)

고려가 원(元)의 일개 제후국으로 전락된 지 어느덧 100년의 세월이 흘렀다. 이러는 동안 그들은 고려에게 공녀(貢女)와 내시라는 야만적인 요구를 해왔다. 원의 공녀 요구는 80년간 2천 명에 이르렀고, 내시 역시 2백 명에 달했다.[104]

한편 이중 공녀로 보냈던 고려인 기자오(奇子敖)의 딸이 순제(順帝)의 총애를 받아 황후(奇皇后)가 되는 놀라운 사건이 발생했다. 더욱이 기황후의 소생이 황태자에 책봉되자 그녀의 권력은 나는 새도 떨어뜨릴 정도였다. 그녀가 이처럼 원에서 득세하자 고려에 있던 오빠 기철(奇轍)을 필두로 기씨 일족의 권세 역시 그에 못지 않게 하늘을 찌를 듯 했다.

한편 공민왕은 즉위 초부터 반원 개혁정책을 실시한 이래 1356년 기철 등 기황후의 일족을 제거하고 100여 년 만에 쌍성총관부를 탈환하였다. 원이 대륙에 파급된 한족의 봉기를 수습할 능력조차 없는 만큼 요동 일대에 주력할 여유가 없을 것이라는 첩보보고에 근거한 것이었다.

이러자 당시 원에 있던 고려인 최유(崔濡)는 기황후의 원수를 갚는다는 명분으로 공민왕을 폐위하고, 대신 원에 도망친 충선왕의 3남 덕흥군(德興君)을 왕으로 세우도록 그녀를 충동질했다. 그리고 원에 머무르던 고려 관리들에게 허위 관직을 주고 덕흥군을 받들 것을 요구했다. 또 최유는 고려를 공격하게 될 경우, 공민왕의 측근인 평장사 김용(金鏞)으로 하여금 내응토록 한다는 계획을 세워놓고 있었다.

이럴 즈음 1363년 3월 원에 사신으로 파견됐던 이공수(李公遂 ; 기황후의 외종 오빠)는 기황후로부터 덕흥군의 신하가 되어 고려로 돌아갈 것을 권유받자, 병을 핑계로 이를 거부하고 원에 잔류하면서 공민왕 복원을 위해 노력하고 있었다.

이러한 가운데 최유는 1364년 1월 원제(元帝)로부터 출정허가

공민왕과 노국공주

를 받아 몽고와 한족 출신의 몽한연합군 1만 명을 거느리고 고려를 공격하여 왔으나 최영에게 격퇴 당한 후 물러갔다. 고려에서 내응하도록 되어있던 김용이 이미 계획이 폭로되어 제거된 상태여서 힘을 쓸 수 없었기 때문이었다.

그 뒤 최유는 다시 대군을 이끌고 고려를 침입하려고 원제에게 원정군을 내줄 것을 청하였다. 이때 이공수는 위와 같이 고려 반란정부 수괴의 위치와 그들의 활동계획 그리고 일본을 끌어 들여 일을 도모하려는 최유의 계략을 폭로하면서 이에 대한 대비책을 세우도록 고려 조정에 긴급 보고를 하고 있는 것이다.[105]

황제의 측근이 아니면 알 수 없는 핵심 출처로부터 흘러나온 극비 내용이었다. 그는 이 첩보보고를 작성 후 보고서를 대나무 지팡이에 넣어 하인 정양(鄭良) 등에게 남루한 옷을 입혀 거지 차림으로 만들고, 눈에 띄지 않는 샛길을 통해 고려 조정에 전달할 것을 지시했다.

이런 보안조치는 덕흥군을 따르지 않던 이공수 등에게 원 조정을 비롯해 고려 반란정부의 감시를 따돌리고, 만일의 경우를 대비하여 첩보 출처를 보호하기 위한 까닭이었다.

결국 최유의 재침계획은 원 조정의 조사로 그 음모가 밝혀져 원정군 파견이 정지되었고, 덕흥군은 유배, 최유는 고려로 압송되어 극형에 처해졌다.

이는 이공수 등이 현지에서 원을 상대로 최유의 모략을 밝히고 반란정부의 재침을 무산시키도록 모종의 비밀활동을 했을 것으로 보여 지는 대목이다.

또한 고려가 원에 파견했던 내시나 공녀 등 가용자원을 최대한 활용하여 국가 정보활동을 지원하게 한 대표적인 사례로 볼 수 있다. 그리고 그들로 부터 입수한 황실 내부첩보를 비밀연락 방법에 의해 보고함으로써 그 대책을 마련토록 했다는데 그 의의가 있다 하겠다.

중국의 산업정보를 도입한 문익점

중국의 중 홍원이 천익의 집에 이르러 목면을 보고는 너무 기뻐 울면서 말하였다. "오늘날 다시 본토의 물건을 볼 줄은 생각하지 못했습니다." 천익은 그를 머물게 하여 며칠 동안을 대접한 후에 이내 실 뽑고 베 짜는 기술을 물으니, 홍원이 그 상세한 것을 자세히 말하여 주고 또 기구까지 만들어 주었다. 10년이 되지 않아서 또 한 나라에 보급되었다.(조선왕조실록, 태조 7년, 1398년 6월 13일)

한 개의 목화씨가 싹을 틔워 나라를 일약 반석에 올려놓는 대사건이 발생했다. 1363년에 원나라 연경에 사신으로 파견되었던 문익점이 원에서 돌아오는 길에 일년생 목화씨 10여 개를 가지고 들어온 것이다.

그가 목화씨를 몰래 붓두껍에 넣어 왔다든가, 목화씨가 반출금지 품목이었다는 주장이 있으나 이것은 후대에 이르러 다소 극적인 내용이 덧붙여진 것으로 보인다.

아무튼 당시 많은 사신이나 상인들이 중국을 다녀오며 무명을 사거나 얻어왔지만 목화씨를 가져 오려는 생각은 하지 않았다.

이는 그가 원에 사신으로 파견되면서 많은 이들과 정보교류를 가지며 연경지방에 일찍부터 목면이 재배되고 있음을 입수하고, 귀국할 때 가져온 것으로 해석되는 부분이다.

또 어려서부터 농사경험이 있던 그가 목면에 대해 기술한『농상집요(農桑輯要)』나『왕씨농서(王氏農書)』등을 읽은 후 원에 머물면서 목화와 관련된 첩보를 계속 수집했을 것으로도 보이는 대목이다.[106]

그는 귀국하여 고향인 산청으로 돌아와 장인 정천익(鄭天益)과 5개 씩 나누어 심어 가꾸었는데, 유독 한 알만이 싹을 틔우게 된다. 두 사람은 이를 정성껏 가꾸어 씨를 받고, 다시 반복하여 재배하기를 3년 쯤 지나 여러 농가에 나누어주어 재배할 수 있는 경지에까지 이르렀다.

또한 솜은 얻었으나 실을 짜는 기계는 만들 줄 몰라 애태우던 중, 어느 날 원나라 승려 홍원(弘願)으로부터 '목화를 실로 꼬고 베를 짜는 기계' 만드는 법을 배우게 되었다.

"홍원이 먼저 씨를 잇는 씨아(한자로는 去核機 또는 取子車라고 부른다.)를 만들고 솜을 타는 활을 만들었으며, 이어 실을 뽑는 물레를 만들고 베틀로 베를 짜는 방법을 가르쳐 주었다."고 기록은 전한다.

이 결과 베 짜는 기술을 비롯해 솜옷이 질기고 따뜻하다는 사실이 차츰 알려지면서 목화 재배는 빠르게 전파되어 1401년에는 전국에 걸쳐 재배되었다. 조정에서도 무명의 효용성을 알고 1391년 혼수용으로 값비싼 비단 대신 무명을 쓰라고 장려하여 일반 백성들까지 무명옷을 입게 되었다.

무명은 농가의 경제를 끌어올렸고. 재정을 절약할 수 있었을 뿐만 아니라 비단의 수입량도 줄일 수 있었다. 무명은 또한 관복과 군복의 옷감으로도 활용되었다. 무엇보다도 쌀과 함께 세수의 원천이 늘어난 것이 절대적이었다.

국제 무역에서도 면포는 매우 중요한 품목이었다.

조선 성종 때 일본에 대한 면포 수출량은 약 50만 필에 달했다. 일본에 목면을 수출하여 은(銀)을 입수한 뒤, 은을 지불하고 중국에서 비단·도자기·서적·약재 등을 수입하기도 했다. 면포는 동북아시아 무역 질서에서 중요한 한 축을 담당했던 것이다.

이처럼 문익점은 당시 아무도 관심을 갖지 않았던 목화씨의 중요성을 간파하여 그 씨앗을 도입하였으며, 나아가 원나라 승려로부터 베 짜는 법을 전수받는 등 조선의 국가경제를 한 단계 상승시키는데 기여했고, 백성들의 의복혁명을 가져오게 하였다.[107] 즉 오늘날 포괄적 국익정보로서, 국가 산업정보 도입의 선구자 역할을 한 대사건을 만들 수 있었다.

최무선의 첨단무기 개발

최무선의 건의에 따라 처음으로 화통도감을 설치했다. 최무선이 같은 마을에 사는 원나라 염초 기술자인 이원을 잘 구슬려 그 기술을 은밀히 물은 다음 가동 몇 명으로 하여금 익혀 시험해 본 후 왕에게 건의해 설치하게 된 것이다.(고려사, 우왕 3년, 1377년 10월)

1380년 8월 진포(鎭浦)의 하늘은 온통 연기와 불꽃으로 뒤덮였다. 지축을 울리는 굉음은 온 세상을 불바다로 만들었고, 500척의 왜구 전함은 완전 궤멸되었다. 고려의 대반격은 이렇게 함포해전으로 시작됐다.

고려 말, 당시 왜구의 노략질과 만행은 극에 달하고 있었다. 공민왕과 우왕 재위 37년간 크고 작은 왜구의 침략 횟수는 무려 500회에 이를 정도였다.

이처럼 나라가 어수선해지자 고려는 화약 무기의 필요성을 절실하게 느끼고 있었고, 명에 사신을 보내 화약지원을 요청했지만 그 도입은 여의치 않았다. 최첨단 무기기술인 화약제조법과 그 기술은 명이 국가의 핵심 군사기밀로 관리하고 있었으며, 이의 유통과 대외 반출을 엄격히 금하고 있었기 때문이었다.

이런 상황에서 최무선이 개인적으로 화약 제조에 필요한 물품을 구해 자체 실험에 몰두했다. 유황과 숯은 그런대로 구할 수 있었으나 화약의 원료인 염초(焰硝)를 만드는 것은 쉽지 않았다. 그는 첫 단계부터 실패를 거듭했고, 결국 제조 방법을 중국인으로부터 알아내야겠다고 마음먹었다.

그로부터 최무선은 벽란도를 자주 찾아가 끊임없이 중국 상인을 만났고, 중국에서 배가 들어오면 화약 제조법을 아는 사람부터 찾았지만 그 기술을 알거나 알려주려는 사람은 없었다.

그러던 중 최무선은 어느 날 중국 남쪽에서 온 이원(李元)이라는 사람을 어렵게 만나 그를 마을로 데려가 융숭한 대접을 하면서 염초 제조법을 은밀히 전수받았다. 그리고는 그 제조기술을 익히기 시작했다. 마루나 온돌 밑과 같은 곳에 쌓여 있는 가는 먼지를 모아 이갠 흙에 여러 종류의 재와 오줌을 섞어서 염초를 만들고, 유황과 염초와 목탄을 비율에 따라 배합해서 실험을 거듭했다.

그는 무수한 실험과 실패 끝에 화약의 혼합 비율과 염초 제조법을 알아내었고 결국 화약 국산화에 성공하게 된 것이었다.

고려 정이오(鄭以吾)의 『화약고기(火藥庫記)』에 따르면 "최무선이 중국말을 잘했다."고 전하며, 세조실록에서는 "최무선이 원에서 화포의 법을 배워 그 기술을 전했다."고 기록되어 있다. 어떤 형태

최무선

로던 그가 중국 또는 중국인으로부터 화약 제조법을 배웠다는 것을 의미한다고 볼 수 있다.

한편 우왕은 1377년 10월 최무선의 화약을 시험해 본 후, 그 우수성을 알고, 마침내 화통도감(火筒都監) 설치를 지시하였다. 처음으로 화약을 원료로 하는 군사무기를 만드는 기구를 둔 것이다.

최무선은 대장군·이장군·삼장군이란 이름의 대포와 철탄자·화전·유화·주화 등의 불화살과 화공에 필요한 무기 20여 종을 연이어 만들어냈다.[108] 이로써 고려는 화포와 화약 중심으로 원거리에서 적을 격파시키는 새로운 개념의 전술을 구사하게 되었으며, 소규모 병력과 전함으로도 적에게 치명적인 패배를 안길 수 있는 첨단무기를 확보하게 되었다.

또한 군함에 화포를 장착하는 방법을 고안하여, 해전에서 왜구들이 주로 구사하는 이른바 보딩(Boarding : 배를 붙여 아군 전함에 승선하는 것)과 단병접전(短兵接戰) 전술을 무력화시킬 수 있게 되었다.

이 결과 진포대첩에 이어, 3년 뒤에도 남해 쪽으로 침투한 왜구 2,400여 명을 완전 섬멸하였다. 또한 1389년 박위(朴葳)는 쓰시마를 정벌하여 적선 3백 척을 격침시킴으로써 그동안 밀렸던 전세를

단번에 역전시키게 했다.[109]

이로써 고려는 최첨단 신기술에 속하는 네오 테크놀러지(Neo Technology)를 확보하게 되었으며, 그 효과적인 개발로 시급한 왜구문제를 해결하게 되었다. 이 결과 최무선의 화약무기는 이후 2백년 동안이나 평화를 가능하게 했고, 임진란에서는 이순신의 불패신화를 쌓은 원동력이 되게 했다.

즉 화약은 고려가 남긴 귀중한 유산이었고, 조선의 화약 제조기술은 종주국인 중국을 능가할 정도였다.[110]

원·명 교체기 고려의 첩보활동

금년 정조사(正朝使)는 4개월 전에 도착했는데, 그들이 어떻게 돌아갔는지는 알 수 없으나 확실히 그들도 우리나라를 정탐하였을 것이다. 이전에 어떤 배가 7일 동안 우리 용강에 정박했었는데 수차례 이씨 성을 가진 환관이 달달, 회회 등 여러 색목인 등과 함께 와서 교역을 빙자해 정탐해 갔다고 한다. 이씨 성을 가진 환관은 두어 차례 와서 달달 사람을 만나면 달달어로, 환관들을 만나면 고려어로, 중국인을 만나면 중국어로 말했다고 한다. 너희들은 이같이 염탐하고 있다.(고려사, 공민왕 22년, 1373년 7월 임자일)

지난해에 통역관 김(金)이란 자가 바다를 건너와 절강의 민간에 잠입했고, 올해는 통역관 임(任)이란 자가 우리 수도의 맹인과 밀통하고서 우리 사정을 정탐했다. 아! 이런 따위 계책이 어찌 서로 간 평안을 지키는 길이겠는가.(고려사, 우왕 13년, 1387년 2월)

고려에서는 공식적으로 문서를 보내 무역을 하려 하지 않고 몰래 사람을 태창으로 보내 우리의 군사태세와 전함 건조여부를 정탐하게 했으며 또 우리 명나라 사람으로 그곳에 가서 정보를 누설한 자에게 후한 상을 주기도 했다. 지금부터는 그런 일을 하지 않도록 조심할지며 또한 사신도 보내지 말라.(고려사, 우왕 14년, 1388년 2월 경신일)

거지 출신의 주원장(朱元璋)이 원을 축출하고 새롭게 명(明) 나라를 창업했다. 황제 자리에 오른 그는 고려가 쫓겨 간 북원(北元)과 통교하자 불안을 느껴 계속 경고의 글과 함께 고려의 첩보활동을 비난하는 공문을 보내왔다.

그러나 '짖는 개는 물지 않는다.'는 격언대로 개국 초기의 명이 북원과 나하추라는 세력을 등한시 한 채 고려를 침략하기에는 부담스런 상황이라 엄포만을 놓고 있었던 것이었다.

이러한 가운데 1383년 정월, 고려·명·북원의 삼각 구도에서 요동의 군벌세력인 나하추(納哈出)가 자신의 아들 문카라부카를 고려에 사신으로 보내 옛날과 같은 우호를 이루자고 제의한 사실이 있었다.

그러나 그의 고려 방문은 명나라 첩보망에 의해 요동도사(遼東都司)에 보고되었고, 명은 곧장 고려를 위협하는 공문을 보내왔다.

고려가 우리 명나라를 신하로서 섬기는 이상 나하추와 우호관계를 유지해서는 안 될 것입니다. 정보에 따르면 나하추가 문카라부카를 보내 우호관계를 회복할 것을 요청하자 귀측에서는 그를 후하게 예우했다고 하는데, 그러한 행위는 상국을 섬기는 뜻에 어긋납니다. 그에 대한 처벌을 받지 않으려거든 문카라부카를 체포해 우리에게로 압송해 성의를 표시해야 할 것입니다. 그렇지 않고 뒤에 가서 환란을 겪고 후회해도 소용이 없을 것입니다.

즉 고려로서는 중국 대륙의 주인이 교체되는 시기에 명과 북원 중 어느 한쪽에 치우친 외교를 펼칠 수 없는 상황이라 양국에 대해 공히 첩보활동을 전개할 수밖에 없는 처지였다.

고려는 각종 경로를 통해 명의 침략 가능성을 예의 주시하면서 북경·산동·태창·남경 등 주요 지역의 군사기밀을 정탐하는데 주력했다. 또 이를 위해 명나라 사람을 회유하여 첩보를 입수하고, 이미 파견되었던 고려 내시들을 통해서도 명 조정 내부의 기밀을 은밀히 수집하고 있었다.

이즈음 요동에 파견했던 고려 첩자가 돌아와 "명나라가 고려 처녀와 환관 1천 명, 마소 1천 필을 빼앗아 가려 한다."고 보고하였고, 명의 주원장 역시 고려에 대해 엄청난 조공을 요구해왔다.

이에 최영은 "이런 판국이라면 차라리 군사를 일으켜 치는 것이 옳다."라고 주장했다. 당시는 최무선의 화약무기 개발로 왜구의 침입이 소강상태를 유지하던 때였다.

사실 당시 명이 공물로 요구한 수량은 고려로서는 감내하기 힘든 막대한 것이었다. 그러나 군국기무를 담당하고 있던 도평의사사(都評議使司)에서는 명의 요구를 상당 부분 들어주는 것으로 결론을 내렸다. 비록 협박에 눌려 굴복하는 모습을 보였지만 고려는 다양한 첩보활동을 벌이는 한편 내부적으로 군량미를 비축하면서 유사시 상황에 대비하고 있었다.

이러자 명은 고려의 저의를 의심하고 조선 건국까지 고려와 첨예한 대치관계를 계속했다.

명나라 기병 모습(대만 국립고궁박물원 편찬)

CHAPTER 04

그림자,
새로운 세상을 꿈꾸다

ESPIONAGE

조선의 첩보업무

조선은 국초부터 명(明)과의 긴장관계로 출발하였다. 요동 정벌을 추진하던 정도전이 숙청된 후 양국의 관계는 매끄럽게 이어졌지만 첩보조직은 여전히 가동되었다.

조선은 명나라를 종주국으로 떠받들었지만 막후에서는 항상 적국으로 변할 것에 대비하여 각종 경로를 통해 첩보를 수집했다. 조선은 첩자를 통해 대륙의 천재지변이나 황실의 권력다툼, 지방 반란세력들에 대한 동향은 물론 과학기술과 산업 정보 등을 수집하여 대외 정책수립과 내치의 자료로 삼았다.

한 예로 세종 대의 과학기술프로젝트나 역법 개발이 당시 조선 자체의 수준으로는 불가능했다는 점은 되새겨볼 필요가 있다.[111]

한편 첩보전의 양상이 점차 국제화·고도화·체계화되는 추세에 맞추어 명을 비롯해 일본과 여진 등 동북아 국가들과의 복잡한 외교관계 속에서 그에 따른 첩보활동이 요구되었다. 따라서 조선은 비교적 다양한 첩보출처를 개척하여 상대국의 각종 첩보나 산업·경제·과학기술 등 국익정보 등을 입수하고자 노력하였다.

이러한 차원에서 조선은 첩보업무의 질적 향상을 꾀하기 위해 태조 때부터 역대 왕들이 『손자병법』 등 『무경칠서(武經七書)』[112] 강습을 생활화하고, 무과의 시험과목으로 채택했다. 또한 무경칠서를 다량 간행하여 널리 배포토록 했으며, 이중에서도 손자병법은 으뜸으로 간주되었다.

아울러 조선은 각종 첩보활동을 전개하고 외교활동을 뒷받침하기 위해 역관들을 집중 교육시켰다. 외국어 능력 보유자인 이들을 통해 효과적인 대외 정보활동을 전개할 수 있었기 때문이었다.

따라서 1393년에 설치된 사역원(司譯院)에서는 기존의 한어 이외에 몽골어·일본어·여진어 등도 개설되어 교육하기에 이르렀다. 이는 왜구의 출몰, 여진의 침입 등 당시의 긴박하고 복잡한 대외 상황을 고려한 것이었다.

한편 북방의 여진을 감시하기 위해 실시한 국경지역의 정탐활동은 점차 국가의 상시 활동으로 편입되는 양상을 보였다. 이와 함께 봉수제·파발제·역참제 등 교통·통신제도의 발달로 비상사태 발생에 대비한 보고체제 구축에도 힘을 기울였다.

이런 가운데 조선에서는 조총·화약·거북선·판옥선의 개발 등 획기적인 무기의 발전도 있었으나 대부분 전쟁 없이 평화적인 시기를 보내면서 대응 첩보활동이 다소 미흡한 측면도 보여주었다. 임진·병자에 걸친 전란 등 일본과 여진에 대한 적절한 대처가 이루어지지 못한 것이 그 좋은 예로 볼 수 있다.

초량왜관 서관 일대 모습(프랑스인 A. T. Piry가 1887년 12월 촬영)

한편 중국의 명나라는 첩보기관인 금의위(錦衣衛)[113]를 통해 조선의 동향을 파악하고 있었다.

금의위는 중국 국내 정치공작 뿐 아니라 외국에 대해서도 첩보활동을 전개하고 있었는데, 특히 명과 요동에 체류하던 조선인들을 통해 다각적인 첩보활동을 전개했다. 이들은 명에 사절로 오는 각종 조선사신과 상인들의 동정을 면밀히 감시하기도 했다.

또한 금의위는 초기 조선에서 보내온 내시들을 교육하여 첩자로 활용하기도 했다. 당시 조선인 내시들이 조선의 사정에 대해 해박할 뿐 아니라 명나라에 살면서 언어·풍습·의식 등을 공유하였기 때문이었다.

일본은 동래왜관의 일본인들을 비롯해 나가사키를 출입하는 중국선박과 네덜란드 선박 등을 통해 주변국의 첩보를 수집하고 있었다.[114] 특히 대조선 첩보활동에는 왜관의 관리책임자인 관수(館守)가 조선과 중국에 대한 잡다한 첩보를 모으면 쓰시마 번에서 중요첩보를 선별해 막부로 보냈다.

일본 국회에 소장되어 있는 양국왕복서등(兩國往復書謄)에 따르면 그들은 당시 조선 조정에서 나오는 공문서의 내용, 문자, 체제 등을 일일이 체크했으며, 본국의 가로·관수·재판·대관 혹은 정례

·임시 등 사신들이 조선과 주고받은 사문서의 종류까지도 철저하게 분석했다.

특히 막부 말기에 중국에서 일어난 '태평천국의 난' 첩보는 일본 첩자가 북경에 머물고 있던 조선의 동지사에게서 빼낸 것이었다.

이처럼 동아시아의 주역이었던 조·명·일 삼국의 첩보전은 치열하게 전개됐다.

조선의 첩보기구

조선 초기 첩보조직은 고려 말의 최고기관 도평의사사(都評議使司)가 조선에서도 계속하여 군국기밀 업무를 담당하였다.

이후 국경 여진족과 왜구의 침입에 효과적으로 대처하기 위해 1517년 6월 비변사(備邊司)를 설치했다. 비변사는 1555년 을묘왜변 이후에는 변방의 군무에만 그치지 않고 전국의 모든 군무를 처리하게 되었다. 이러한 현상으로 인해 국가 최고행정기관인 의정부 대신도 군사기밀과 군무를 알지 못하는 폐단이 생겨 한 때 폐지론이 대두되기도 했다.

그러나 1592년 임진왜란으로 인해 국방상 위험이 증대되자 비변사의 기능은 오히려 강화되었고, 그 후 비변사는 국방과 외교 등 국가기밀은 물론 인사·재정 등 국가 전반에 대한 모든 사항을 관리하게 되었다. 비국(備局) 또는 주사(籌司)라고도 불렀다.

관원으로는 도제조·제조·부제조 등을 두었으며, 당상들의 업무

비변사등록(서울대 규장각 한국학연구원)

를 뒷받침하기 위해 실무 책임자급인 6품직의 낭청을 두었는데, 낭청은 당상의 의견 수합, 각종 문서 작성과 보관, 타사와의 연락 등 실무를 관장했다.

정원은 12명이나 실제로는 9~12명이 운영했다. 이 낭청 중에서 비밀차지낭청(秘密次知郎廳, 일명 비변랑)이란 직책을 두어 국내외의 기밀업무를 전담하게 했다.

비변사는 후기까지 존속하다가, 1864년 대원군 때 외교·국방·치안 기능만 남겨두고 나머지 국무총괄 기능은 의정부에 이전시켰다. 다음해에 이르면 비변사는 완전 폐지되고, 삼군부가 부활되어 군무를 담당하게 했다.

그러나 이 군국기무업무는 1880년 통리기무아문(統理機務衙門) 산하의 변정사(邊政司)로 축소된 이후, 군무사(軍務司)·의정부(議政府)·내각의 군부(軍部), 또 원수부 산하 군무국(軍務局)으로 각각 그 명칭이 변경되며 기밀업무를 담당하였다.

군무국 산하 외국과(外國課)의 주요 업무로는 외국과 관계되는 사무, 유학생 관련업무, 국내외 정치·군사·지리·전쟁사 관련 책의 편찬업무 등 대외기밀을 담당하였으며, 이 군무국은 1907년 군대 해산 때까지 계속되었다.

한편 1901년 대한제국 때에는 황제 직속의 정보수사기구로 경위원(警衛院)이 설치되어 각종 정치사찰 및 정보수집, 전복음모 색출과 국법위반자에 대한 수사와 체포를 담당했다. 경위원은 정권을 보위한다는 명분으로 그 직무권한을 넘는 초법적 활동으로 군림하다가 1905년 폐지되었다.

조선의 대 명나라 첩보활동

지난번에 절동·절서의 백성 중에서 불량한 무리들이 그대를 위하여 소식을 보고하기에, 이미 수십 집을 죽였소. 이것이 흔단을 일으킨 것의 한 가지요, 사람을 보내어 요동에 이르러 포백과 금은의 종류를 가지고 거짓으로 행례함으로써 사유로 삼았으나, 마음은 우리 변장을 꾀는 데 있었으니, 이것이 흔단을 일으킨 것의 두 가지요, 요사이 몰래 사람을 보내어 여진을 꾀여 가권 5백여 명을 거느리고 압록강을 몰래 건넜으니, 죄가 이보다 큰 것이 없었소. 이것이 흔단을 일으킨 것의 세 가지요.(조선왕조실록, 태조 2년, 1393년 5월 23일)

신생제국 명나라는 조선과 심한 살바싸움을 벌였다.

1393년 명 태조 주원장(朱元璋)이 즉위하면서 양국 사이에는 팽팽한 긴장관계가 조성된다. 당시 명은 정도전이 황제에게 올린 표전(表箋)의 내용이 정중치 못하고 대국을 희롱한 문구가 있다는 것을 문제 삼아 그의 압송을 끈질기게 요구하고 있던 상황이었다.

이에 대해 정도전 역시 요동정벌이란 강수로 맞대응하고 있었는데, 명은 정도전이 요동수복을 위해 위와 같이 명나라 사람을 포섭하고 여진족을 회유하는 첩보활동을 했다고 강력 비판하면서 전쟁도 불사하겠다는 초강경 외교문서를 조선에 보내왔다.

과거에 거지와 승려의 신분을 거쳐 야전에서 갖은 모략과 권모술수를 보아오며 황제가 된 주원장의 까칠함이 엿보이는 장면이었다. 또한 1394년에는 새해 벽두부터 사신을 파견하여 조선이 보낸 첩자 최독이(崔禿伊)를 체포·심문한 결과를 아래 통보하면서 조선이 요동에 문제를 야기하고 있음을 재차 지적하였다.

1393년 11월 20일에 산동도사 영해위에서 고려의 불한당 최독이를 잡아 본부에 이르렀다. 본인의 진술에 의거한다면 1393년 7월 7일에 고려왕 이성계가 만호 김사언 등 259명을 보내어 배 7척을 거느리고 매매를 가작하여 "만약 대군이 오지 않을 때는 우리가 군사를 일으켜 요동을 공격할 것이다."라고 했으며, 뒤를 이어 재차 배 10척을 보내는 데, 각기 군기를 가지게 하니, 합계 인원이 2백 70명이 되었다.[115]

그러나 이는 조선 자체의 조사 결과, 당시 조선 왕조 개국에 반대하여 명나라에 있던 고려의 충성 세력이 벌인 공작으로 파악되었다.

한편 조선은 원·명 교체기에 중국에 첩자들을 계속 보내 현지인들을 포섭하였으며, 힘의 공백상태에 있는 요동을 취하고자 정

삼봉진법(정도전 著 삼봉집에 수록)

탐은 물론 여진족과 공동 연합전선도 모색한 것이 사실이었다.

1395년 5월에도 요동에 거주하던 승려 각오(覺惡)가 돌아와 "요동의 민 천호(閔千戶)가 각위의 군 사를 거느리고 전쟁에 나갔는데, 조선 사람이 헛점을 노릴까 하여, 나를 보내서 정탐하게 했다."라는 내용을 제보한 일이 있었다.

하지만 이를 조사한 조선은 오히려 그를 극형에 다스렸는데, 이는 행여 명나라에 침략 빌미를 줄 것을 우려한 조치였다. 그러나 당시 요동은 그의 말대로 비어있었다. 고비사막 지방에 있던 몽골의 잔재세력을 정벌하려고 요동부대가 출동한 것이었다.

비록 이 기회를 살리지 못했으나 1398년 주원장이 사망하자, 정도전은 조정에 나아가 요동정벌을 공식화하며 그 서막을 알렸다. 그는 당시 각 왕자와 공신들이 소유한 사병을 혁파하고 관군으로 군제를 단일화하기 위해 사병해산을 추진하였다. 또한 격구놀이를 빙자하여 자신이 만든 '삼봉병법' 진도(陳圖)에 따라 군사훈련을 실시했다.

그는 "요동정벌이 단순한 정벌이 아니라 고토 회복이며, 지난날 중원을 차지했던 요·금·원도 외이(外夷)고, 조선도 외이인데 조선이라고 중원 천하를 평정하지 못하라는 법은 없다."며 북벌을 정당화하였다.

하지만 이 계획은 이방원이 주도한 '왕자의 난'으로 정도전이 제 거됨으로써 좌절되고 말았다.

조선 첩보부서의 비밀연락 방법

너희 나라의 화자(火者)가 한 개의 버들가지 껍질을 말아 가지고 온 것
이 있는데 상투 속에 넣어 가지고 왔다. 열어서 그 속을 보니, 종이를 비
비꼬아서 말은 것이 있었는데, 무슨 글자인지 알지 못했고, 또 몇 개의
봉한 편지를 옷깃 속에다 꿰매 가지고 왔다. 나는 꾸짖지도 않았는데
제 스스로 우물에 빠져 죽었으니 그리 알라.(태조 4년, 1395년 7월 8일)

고개 숙인 남자! 내시의 화려한 외유가 시작됐다.

비록 신체적인 모멸감은 있었지만 이역 명나라의 궁궐 속에서
황제의 수족으로, 또는 숨은 권력자로 비상을 노릴 수 있는 꿈같
은 나들이였다.

또 이것은 조선에게는 놓칠 수 없는 절호의 기회였다. 이들을 통
해 천하 정보의 보고 자금성을 풀어 헤칠 수 있는 열쇠를 잡은 것
이나 다름없었다.

위 기사는 조선 초기 1394년 홍무제 요구에 따라 조선에서 장부개(張夫介)·신흥기(辛興寄) 등 내시 5명을 명에 보냈는데, 그 중 한 내시의 상투와 옷깃 속에 넣어간 비밀편지가 발각되어 그가 재빨리 우물로 뛰어 들어 자결했다는 내용이다.

홍무제는 이 사건을 같은 해 명나라에 간 이방원(李芳遠 : 후의 태종) 편에 통고한 적이 있는데, 이 일을 계기로 명은 본국과 내통했다는 혐의로 자국에 있던 조선 출신 내시들을 모두 돌려보내는 조치를 취하였다.

이로 미루어 고려가 원(元) 나라 말기부터 내시를 통해 황제 및 고위관료들의 동향을 집중적으로 감시해 왔으며, 이는 조선과 명나라에 들어서도 이러한 첩보활동이 지속되었음을 나타내는 부분이다. 또 명의 요구에 따라 재차 파견한 내시를 통해 이미 보냈던 내시와 자연스럽게 접선을 추진하려다 중도에 발각된 것으로 보인다.

당시는 정도전이 추진한 요동정벌을 앞두고 명의 군사 대응태세 등 내부기밀을 탐지하기 위해 어떤 형태로든 첩보활동이 필요하던 때였다.

또 종이를 비비꼬아 편지를 만들었다는 것은 조선의 비밀 연락 방법, 특히 통신 내용을 타인이 알지 못하도록 사전 약정된 암호로 표기했음을 보여주고 있다. 더욱이 발각된 내시가 자결한 것으로 보아 유사시 이런 극단적인 방법을 취하도록 국가기밀을 담당했던 도평의사사의 교육이 있었을 것으로 추정되는 대목이다.

이러한 비밀연락 방법은 고려 말 이공수(李公遂)가 대나무 지팡이에 첩보보고를 한 예에서 보듯 상황에 따라 그 방식을 다소 변형시키는 양태를 보이고 있다.

조선의 비밀 연락방법을 보여주는 또 하나의 예가 있다.

비국이 아뢰기를 "김경서는 밀(蠟)먹인 종이를 새끼에 섞어 꼬아 오랑캐
의 정세를 진달하였다가 이로 인해 죽임을 당하였습니다."[116]

이는 중국 대륙의 주도권을 놓고 명·청이 대립하는 가운데 명의
요청을 받아 1619년 조선 원정군으로 출정했던 도원수 강홍립(姜
弘立)과 부원수 김경서(金景瑞)가 여진의 포로로 있으면서 비밀리
에 보고한 내용을 다룬 기사이다.

당시 강홍립은 "금국이 조선의 변경으로 쳐들어갈지 모른다. 화
친을 맺어 병화를 늦추자."는 내용을 노끈에 꼬아 숨겨서 여러 번
보고를 해왔고, 김경서 역시 이 방법으로 여진인을 통해 청의 내
부정세와 조선의 방어대책을 담은 내용을 전달하려다 발각되어
죽임을 당한 적이 있었다.

당시 함경도병마사 박엽(朴燁)은 이들의 중간 연락책을 맡아 강
홍립과 김경서의 보고를 별도로 받아 전달하는 역할을 수행했다.

"(김경서가) 종이를 오려서 노끈으로 꼬아 말안장에 얽어 보냈
다."는 기록도 연려실기술에 보인다. 즉 이들이 보낸 장계는 납지
(蠟紙 : 밀, 백납 등을 올린 종이) 성분으로 투습도가 낮고, 글씨가
지워질 가능성이 낮으며, 비비꼬아서 전달하므로 보안에 용이해
조선의 비밀장계에 적합하였을 것으로 보여 진다.

이는 오늘날 비밀 암호통신의 모델로서, 평소 비변사(備邊司)가

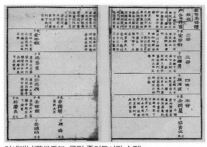

양세계보(養世系譜, 국립 중앙도서관 소장)
조선 내시 777명의 가계도 기록

북경 자금성

비상시 연락방법에 대해 철저히 사전 교육을 실시하였고, 또 임무를 부여받은 대상자들이 이를 숙지하고 실천에 옮기고 있음을 보여주는 사례라 하겠다.

또한 태종 이후부터는 내시를 다시 보내기 시작함으로써 중요한 대중국 첩보출처의 하나로 지속 활용할 수 있는 여건을 확보하게 된다.

첩보원 양성기관 역할을 한 사역원

유 제독의 군중에 화살에 바르는 독약이 있다고 하는데 이는 다른 군영에는 없는 것이다. 우리나라 사람들은 활을 잘 쏘니 만약 이 독약을 제조하는 방법을 전수해 익힌다면 적을 막는 데 큰 도움이 될 것이다. 전에 들으니, 그 재료가 모두 남원에서 생산되는데 제독이 제조하면서 비밀로 하였다고 한다. "경은 은밀히 그 일을 잘 아는 역관과 협력하여 천금을 아끼지 말고 그 방법을 전수해 익히도록 하라. 만약 전수하여 익히기만 하면 역관에게 후한 상을 내릴 것이다."(선조 31년, 1598년 7월 5일)

동아시아를 누빈 조선의 멀티 플레이어, 역관!

일찍부터 왕의 입과 귀로서, 때로는 새로운 세상을 두드리는 뉴프런티어로서, 또 나라가 위기일 때는 천의 얼굴을 가진 첩보원으로서 활동한 존재들이었다.

우리나라 외국어 교육은 621년 신라의 왜전(倭典)을 설치한 것이 그 효시로서, 통일신라시대에는 한문을 전담하는 관직인 상문사(詳文師)를 설치한 것이 기록에 남아있다. 이후 후삼국 시대인 904년 태봉국에도 사대(史臺)가 있었다는 기록을 볼 때 삼국시대부터 외국어 교육에 대한 중요성을 인식하고 나름대로의 경험과 자료를 축적했다고 볼 수 있다.

1276년 몽골과의 강화로 사신 내왕이 빈번해지자 통역 사무를 전담하는 통문관(通文館)을 설치하여 몽골어를 배우게 함으로써 통역사무의 질적 향상을 꾀하게 하였다. 얼마 후에 그 명칭이 사역원(司譯院)으로 바뀌어 조선에까지 이어졌다.

사역원에서 배출한 역관들은 첩보원의 임무는 물론 외교관·무역상 등 다양한 역할을 했다. 특히 대중관계에 있어 조선은 역관의 수집 역량을 총동원해 중국의 정세를 비롯해 화약무기·산업기술 등을 중점 수집했다.

역관의 책임자, 수역(首譯)에게는 "상대국 정세를 자세히 탐지하라."는 왕명이 항상 주어졌다. 또 역관들은 단순한 통역뿐만 아니라 사신 일행의 첩보활동을 감시하고, 상대국으로부터는 비밀을 보호하는 임무를 부여받았다.

즉 당시 조선의 역관들은 사행에서 필수적으로 첩보활동을 해야 하는 사명을 띠고 있었다. 이러한 예로, 태종은 금·은광 개발을 독려했지만 기술 부족으로 경제성을 살리지 못하자, 역관 장유신(張有信)을 명나라에 보내 채금법을 익히게 한 뒤 채방사로 임명했다.

당시의 중국어 학습 교재 노걸대언해

임진왜란 때에는 많은 역관이 중국과 일본 진영에 파견되어 효율적인 전투상황을 파악하는데 총력을 기울였다. 그 중에서도 박의검(朴義儉)은 각종 상황과 첩보를 조선에 전달하는 등 가장 활발한 활동을 한 인물이었다.

선조는 전쟁이 막바지로 치닫던 1598년 7월 역관들에게 천금을 아끼지 말고 명군에서 사용하는 독약제조법을 입수하라고 위와 같이 독려하기도 했다.

조선조 역관 임무 중에서도 가장 중요한 수집분야 중 하나는 화약제조와 병선 건조 등 각종 군사관련 첩보였다.

화약개발과 관련하여 장현(張炫)은 염초·유황·화포 등 군사무기를 도입하였고, 김지남(金指南)은 중국인 기술자를 통해 은밀히 최신식 자초법(煮硝法)을 개발하였으며, 표헌(表憲)과 최진남(崔振南) 역시 중국으로부터 염초도입과 그 제조법 도입을 추진하였다.

대일관계에 있어서는 1607년 일본과 수교를 재개한 후 두모포에 왜관을 설치하고, 방첩차원에서 한양의 동평관을 폐지했다. 과거 일본 사신들의 상경로가 임진왜란 당시 침입 경로로 이용되었고, 동행했던 쓰시마 인들이 길잡이 노릇을 한 데 대한 문책성 조치였다.

한편 일본이 왜관의 최고 책임자 관수(館守)를 통해 조선과 중국 방면의 첩보를 수집하고 있음을 간파하고, 조선 역시 역관을 통해 그곳에서 일본군의 동향을 수집했다.

조선말기 역관들의 활동도 눈에 띤다. 이상적(李尚迪), 오경석(嗚
慶錫) 등은 개방과 개화사상을 강조하고 다양한 신서를 도입하였
다. 특히 오경석은 당시 중국에서도 일급비밀로 취급되던 '프랑스
동양함대의 동향'등을 입수하여 조선으로 하여금 적절한 대응조
치가 가능하게 했다.[117]

조선의 대 여진 정탐활동

(범찰이) 호문이 앓는다는 소문을 들으면 눈물까지 흘리면서 문병하였고, 범찰이 조회하러 서울에 와서는 호문의 안부를 묻고, 또 보고자 하면서 "박공(朴公)이 나를 형이라 불렀다." 하였으니, 그 사귐이 이와 같이 도타웠다. 범찰이 호문에게 말하기를 "그대가 이곳에 있으면 나도 여기에 있겠지마는 그대가 가면 나도 도망가겠다." 하며, 마음속 계획을 하나도 숨기는 것이 없었다.(세종 22년, 1440년 7월 13일)

정탐은 적진 깊숙이 몰래 침투하여 적의 군사동향을 살피는 것이 그 기본이다. 하지만 이러한 임무 외에도 허위정보나 악소문을 내어 적을 교란시키며, 적 지휘부를 이간시키기도 한다.

위 기사는 조선 첩보원 박호문(朴好問)이 건주여진 지도부를 반목시키기 위해 두만강 유역을 지배했던 범찰(凡察)을 회유 포섭한 결과, 그가 호문을 따르며 그에 대한 신임이 두터웠음을 보여주는 내용이다.

조선 초기의 주요 관심사는 여진정벌이었다. 이 중 압록강을 넘나들며 조선의 변방을 노략질하는 파저강 유역의 건주여진 이만주(李滿住) 세력은 조선으로서는 하루 빨리 처리해야 할 문제였다. 이만주는 조선과 명에 수시로 입조하면서도 다른 한편으로는 기습과 약탈로 변방을 위협하는 막강한 세력이었기 때문이었다.

그 시기 북방지역은 오래전부터 여진족과 고려인이 혼거하여 온 관계로 조선의 국경은 확정되지 않은 것이 사실이었다. 특히 압록강 지역은 명과 직접 연결되는 통로였기 때문에 어떻게든 확보해야 하는 요지였다.

세종은 이 지역을 확실히 우리 땅으로 하고 여진을 압록강·두만강 너머로 몰아내기 위해 대규모 토벌 계획을 구상하고 있었다. 이를 위해 세종은 고려 때 정보 없이 여진을 정벌했다가 9성을 돌려준 뼈아픈 실책을 반복하지 않기 위해 사전 철저한 계획을 수립했고, 박호문에 그 정탐임무를 부여했다.

1433년 2월 호문은 국경을 넘어 이만주 진영에 은밀히 침투해서 파저강 인근 여진족들의 동향을 정탐했다. 생소한 지형에서의 토벌작전은 늘 곤란을 겪기 마련이었으나 그는 작전에 필요한 산천·촌락·도로의 원근과 대소 등 지리정보와 함께 적의 병력 수 등 관련 정세를 상세히 파악 보고했다.

조선이 그의 보고를 토대로 지속 정찰을 실시하여 작전 개시시기와 병력 규모 등 구체적인 전략을 수립하였음은 물론이다. 그 결과 같은 해 4월 철저한 보안을 유지한 채 작전이 개시되어 평안도

청 태조 누루하치. 범찰(凡察)의 형인 '몽거테무르'의 6대손

절제사 최윤덕(崔潤德)의 1만 5천 군사가 여진을 정벌하기에 이르렀다. 이 작전이 성공리에 끝난 후 조선은 적진에서 첩보활동을 주요 임무로 하는 특수부대를 창설했다.[118]

당시 여진은 조선과 같이 수도나 거점도시가 발달하지 않아 정탐활동에 애로가 많았었다. 그래서 생각해낸 방법이 호문의 정탐활동을 본받아 특수부대를 투입하여 여진의 지형은 물론 적정을 살피는 것이었다. 우리 역사에서 특수첩보부대는 이렇게 하여 탄생했다. 즉 조선에서 척후를 멀리 보내고 첩자활동을 가깝게 하는 것을 생활화하였던 것이다.

한편 조선은 적에게 행적이 포착되지 않는 비노출 활동 후 귀환하는 것을 원칙으로 하여 정탐자들이 지켜야 할 원칙, 정탐활동 및 상황에 따른 대처요령 등도 교육했다. 특히 세종은 정탐활동의 기본 조치를 각 변방에 하달하고 정탐인원의 확충. 무기 휴대, 정탐방법 및 그 성과에 따른 포상 등 정탐에 관계되는 세부사항을 시행했다.

이러한 것은 변진에서의 척후가 나라의 안보와 직결되는 것은 물론 적국의 정상(情狀)에 대해 세종이 그 중요성을 깊이 인식한데 따른 것이라 할 수 있다.

　이렇듯 조선은 국가 기본정보활동의 근간을 수립하는 것은 물론 기술적인 노하우를 하나하나 축적해 나가기 시작했다. 그 결과 압록강과 두만강을 경계로 하는 4군 6진을 건설함으로써 조선의 실질적인 영토를 획정하는 역사적 과업을 이루게 되었다.

과학기술 비밀프로젝트를 주도한 장영실

남양부사 윤사웅, 부평부사 최천구, 동래 관노 장영실을 내감으로 불러서 선기옥형(璇璣玉衡) 제도를 토론하여 연구하게 하니 임금의 뜻에 합하지 않음이 없었다. 임금이 크게 기뻐하여 이르기를, 너희들이 중국에 들어가서 각종 천문 기계의 모양을 모두 눈에 익혀 와서 빨리 모방하여 만들어라"하고, 또 이르기를, "이 무리를 중국에 들여보낼 때에 예부에 자문을 보내어 조력학산(造曆學算)과 각종 천문 서책을 무역하고 보루각·흠경각의 혼천의 도식을 견양하여 가져오게 하라."(연려실기술, 세종 3년 신축)

조선이 세계 최고의 과학기술 개발국이었다는 기록이 있다.

1983년 일본에서 편찬된 『과학사기술사사전』에 따르면 1400~1450년까지 조선이 전 세계에서 개발한 과학기술 업적을 모두 합친 것보다 많다고 증언하고 있다.

이러한 과학기술을 주도한 장영실(蔣永實)이 역사기록에 처음 등장한 것은 1412년 태종 때로 이미 궁중에서 그 능력을 인정받아 제련·축성·농기구·무기 등의 수리에 뛰어났던 것으로 알려져 있다.

세종이 1421년 각종 천문기계를 제작하는 국가적 대사업을 위해 남양부사 윤사웅(尹士雄), 부평부사 최천구(崔天衢)를 중국에 밀파하면서 천민 출신인 장영실을 포함시켰다는 것은 그가 당시 어느 정도 수준의 실력자였는지를 알 수 있게 하는 대목이다.

세종이 장영실을 불러 특명을 내린 것은 바로 중국 천문기구에 설치되어 있는 중국의 물시계와 천체 관측기구인 혼천의(渾天儀)의 특징을 살펴보고 그 도면을 은밀히 그려 오라는 것이었다.

당시 명 황제는 주변국들에게 역법의 독립을 허락하지 않았다. 중국 외의 주변국은 모두 황제가 하사하는 역법을 사용해야 된다는 논리였다.

그러나 조선은 중국과 경도차가 30분 정도 차이가 있어 중국 달력에 따르면 일식을 정확히 맞출 수가 없었다. 따라서 장영실로 하여금 명나라 황제가 독점하고 있는 하늘을 조선으로 가져 오라고 밀명을 내린 것이었다.

한편 9세기 경 부터 중국에서는 황실 천문대의 관측자들에 대해서 관측에 관한 일을 비밀로 하라는 칙령을 내렸다. 명의 풍속 및 법률을 정리해 놓은 야획편(野獲編)에도 "황제의 허락 없이는 아무도 천문학 공부를 할 수 없으며 달력을 만들다 발각되면 사형에 처 한다."고 되어 있다. 즉 명은 중국의 역대 왕조 중에서도 천문과 역법의 독립을 가장 엄격하게 금하고 있었다.

이러한 이유로 중국에 간 장영실이 북경의 천문기구 사천대(司天臺 : 1279년 원나라 때 설치, 1442년 명나라 때 고관상대를 설치)를 직접 관찰하기는 쉽지 않았을 것이다.

장영실은 명에 체류하면서 물시계와 천문관측기구에 대한 기본 정보를 획득하는 한편 각종 외국 서적을 수집했을 것으로 보인다.

당시 북경 서점가 유리창(琉璃廠)에서는 중국의 전문서적은 물론 유럽과 아라비아의 선진 과학문명을 소개한 책자를 구입할 수 있는 곳이었다. 또 이 서점가는 전문서적과 첩보 수집을 위해 조선의 사신들이 자주 찾던 곳이기도 했다.

약 1년간 명에 머무르면서 임무를 수행한 장영실은 귀국 후 국가 과학기술프로젝트에 주도적으로 참여했다.[119] 이를 위해 세종은 각종 천문서적을 수집하게 하고, 천문 관측기기의 제작원리를 공부하게 했다. 그가 1430년에도 종사관 신분으로 명을 다시 다녀온 기록이 있는 것으로 보아 프로젝트를 앞두고 보다 심도 있고 다양한 첩보를 얻기 위한 방문이었을 것으로 추정된다.

이 결과 장영실을 비롯한 비밀프로젝트팀은 혼천의·앙부일구·수표·갑인자·종합천문대인 간의대 등 대표적인 발명품을 연이어 개발했다. 또 1441년에는 세계 최초로 강우측정을 가능하게 했던 측우기를 발명했다. 이 측우기는 이탈리아 카스텔리가 1639년 만든 우량계보다 무려 2백년이나 앞선 것이었다.

그의 용광로 같은 열정이 불가능의 한계를 넘어 우주를 무한 도전한 결과였다.

그가 이룩한 가장 훌륭한 업적은 1434년에 완성된 자격루(自擊漏)의 제작이었다. 이 물시계는 원나라 순제(順帝)의 명에 의해 제작된 궁정 물시계와 아라비아의 자동 물시계를 비교·연구하여 새로운 형태의 물시계를 만든 것이었다. 이로써 조선은 세계에서 3번째로 최첨단 자동시계 기술 보유국의 대열에 오른 것이다.

　세종이 1434년 7월 1일을 조선의 국가 표준시계로 지정하면서 "만대에 이어 전할 기틀을 마련했다."라고 한 것으로 보아 자동으로 시간을 알려주는 물시계의 우수성을 대변하고 있다.[120]

　이렇듯 장영실은 외국의 견문 정보를 통하여 조선의 독자적인 과학 기술을 획기적으로 발전시킴으로써 국가 경영의 근본이라 할 수 있는 경제 발전과 민생 안정에 절대적인 공헌을 한 거인이었다.

　그리고 그 뒤에는 동양의 르네상스를 꿈꾸며 일찍부터 과학기술의 중요성을 인식한 세종의 강력한 리더쉽과 지원이 조선을 업그레이드 할 수 있었던 것이다.

자격루(중종 때 새로 제작, 덕수궁)

여자 비밀경찰 다모

의녀는 혜민국 제조가 매월 독서한 것과 일찍이 독서한 바를 강(講)하여 통하고 불통한 것을 치부하고, 매월 획수가 많은 자 3인을 일일이 베껴 써서 계문(啓聞)하여 월료로 주되, 그 중에 3번 불통한 자는 혜민국 다모로 정하였다가 3략(略) 이상을 채우면 본임에 환허하소서 하니 그 대로 따랐다.(세조 9년, 1463년 5월 22일)

조선의 커리어우먼 다모!

성별의 한계를 뛰어 넘어 조선의 강력계를 주름잡은 여성 파워의 상징이다. 원래 다모(茶母)는 '차 심부름을 하는 여자', 즉 포도청 등 관청에서 차를 끓이는 등의 잡무를 담당하는 여성을 의미했다.

그리고 포도청의 다모간(茶母間)은 다모들이 거처하는 방으로, 때로는 여자 피의자가 취조를 받는 기간 동안 머무는 오늘날의 유치장과 같은 장소로 이용되기도 했다. 이렇게 차 심부름을 하던 다모는 후일 조선시대 여성범죄를 담당하는 역할로 점차 바뀌게 된다.

위 기사는 의녀로 선발된 여자가 공부를 시원치 않게 하면 일종의 벌로 혜민국(惠民局) 다모로 보내졌고, 다시 시험에 통과해야 본래 의녀의 일을 할 수 있던 사실을 보여준다. 이처럼 의녀와 다모 사이에는 직분의 이동이 가능했기 때문에 그들이 담당하던 업무도 어느 정도 중첩되는 부분이 생겼을 것으로 짐작된다.

의녀로 하여금 상궁의 속치마며 바지까지 뒤져보게 하니 그 욕됨이 말할 수 없이 무겁고, 옷 사이에 무엇이 들었는지 햇빛에 비춰보고 신은 신발을 다 떨어 보고 머리 짚어보고……

『계축일기』에 보이는 인목대비 전 궁녀들에 대한 수색·조사 장면이다. 옷 사이를 햇빛에 비춰 볼 정도로 철저하게 수색하는 모습이 흥미롭다.

즉 여성 수사관의 역할은 원래 의녀에게 부여된 임무였으나 의녀들이 때때로 다모로 좌천되어 본래 의녀가 하던 일과 다모의 일이 모호하게 섞이게 되면서 다모에게도 점차 규방사건을 수사할 수 있는 역할이 부여된 것이었다.

이러한 다모는 포도청·형조·의금부 등 거의 모든 기관에 있었으며, 정조가 설치한 특수부대 장용영(壯勇營)[121]에는 다모 2명이 정식 인원으로 잡혀 있는 것을 볼 수 있다. 즉 조선 후기에는 궁 밖의 민간 사회에서 일어나는 여성 관련 범죄에 대한 수사는 다모가 그 역할을 수행하는 것이 공인되었다.

다모의 또 다른 임무는 수색이었다.

예전에는 내외의 법도가 엄해서 남의 집 안마당은 남자가 들어가지 못하게 되어 있었다. 그러나 여자인 다모는 방물장수 등으로 위장을 해서 쉽게 사대부의 집안까지 들어갈 수가 있었다. 그런가 하면, 그 집의 종이나 식모에게 접근해서 몰래 정탐을 하게 하는 일도 가능했던 것이다.

이러한 장점을 가진 팔색조 여경의 활용분야는 점점 다양해 질 수밖에 없었다. 따라서 조선시대 중요한 사건에는 '여성 비밀경찰' 다모가 곧잘 등장했다.

1589년 조선사 최악의 정치 모략극인 '정여립(鄭汝立)의 난'이 일어났을 때 억울하게 옥사한 최영경(崔永慶)을 다모가 잡아 왔으며, 1623년 인조반정 때에는 공을 세우고 영의정에 오른 심기원(沈器遠)이 역모를 꾀하자 그의 집을 정탐한 것도 다모였다. 이밖에 다모는 사대부를 비롯해 고위 관리들을 수사하고 체포할 수 있는 권한이 있었다.

이런 연유로 포도청의 다모가 되려면 키가 5척(약 152cm)을 넘어야 하고, 쌀 5말을 가볍게 들어야 했다. 막걸리 3사발을 마시는 실력도 다모의 자격 기준이었다고 한다.

이 같은 다모의 존재 이유는 궁 안에서 뿐만 아니라 민간에서도 여성에 대한 수사를 위해서는 여자 경찰의 손이 필요했기 때문이었다. 남녀의 신체적 접촉을 엄격히 금지했던 조선사회에서는 비록 범죄의 혐의가 있다고 해도 여성의 몸에 함부로 남성이 손을 댈 수는 없었기 때문이었다. 결론적으로 다모는 조선시대 성리학적인 이념이 잘 반영된 여성범죄 전담 직제의 하나였던 것이다.

신윤복의 청금상련(聽琴賞蓮, 간송미술관) . 의녀 복장을 한 여인이 풍류에 동원된 모습(의녀는 기생의 역할도 수행)

후추씨앗 도입 프로젝트

일본국 사신을 연회하던 날 후추의 씨를 구해 보낼 것을 말하였더니, 대답하기를 "본국에서 생산되는 것이 아니고 남만에서 생산되기 때문에, 유구국에서 항상 남만에 청하고 본국에서 또 유구국에 청하여, 종자를 얻기가 어려울 것 같다고 하였습니다."하니, 전교하기를, "그들이 비록 생산되지 않는다고 말하나, 후추는 일본에서 왔으니, 일본이 유구국에 청하여 보낼 수 있을 것이다. 그것을 전청하여 보내라는 뜻을 아울러 서계에 써서 유시하라."(성종 13년, 1482년 4월 17일)

'검은 황금 후추(胡椒)를 재배하라!'

후추는 동서양을 가릴 것 없이 입맛을 돋우는 향신료로서 소금과 함께 인류에게 가장 친근한 재료로 여겨져 왔다. 또한 향신료 외에도 의약품·제의용·방부제 등 다양한 용도로도 사용되어 왔다.

그런데 조선에서는 이것이 생산되지 않아 전적으로 일본으로부터 수입에 의존해왔고, 수입품인 성격상 매우 비싼 가격으로 거래될 수밖에 없었다. 따라서 특별한 계층이 아니면 후추를 사용할 수 없었으며, 일반 서민들은 겨자·마늘·천초 등을 대신 사용해야만 했다

당시 조선에서 후추가 얼마나 인기였고 고가품이었는지 유성룡의 『징비록(懲毖錄)』에 수록된 일화가 그를 잘 말해 주고 있다.

임진왜란 때 조선을 염탐하러 온 야스히로가 서울에 도착하자 예조 판서가 다시 잔치를 베풀어 그를 맞았다. 술에 취한 그는 호초를 한 주먹 꺼내더니 자리에 뿌렸다. 그러자 기생들과 악사들이 달려들어 호초를 줍느라 잔칫상은 금세 아수라장이 되었다.[122]

이런 상황에서 마침내 후추를 조선에서 재배하겠다는 원대한 포부를 가진 왕이 등장했으니 그가 바로 성종이었다. 성종은 위 기사와 같이 후추의 종자를 구하라는 특명을 예조에 내려 후추 생산을 위한 강한 의지를 드러냈다.

명을 받은 예조는 일본 본국과 대마도, 대내전(大內殿) 등에서 보내오는 사신들에게 그 원산지 파악과 씨앗을 구하도록 지시하는 한편 명(明)에 왕래하는 사신을 통해서도 이를 은밀히 추진토록 했다.

비록 일본사신으로부터 후추의 생산지가 유구국(琉球國 : 오키나와)보다 아주 먼 남만(南蠻 : 베트남)이 산지라는 사실을 전해

징비록(懲毖錄, 유성룡 著)

들었어도 왕은 후추 재배의 의욕을 꺾지 않았다.

성종은 일본 사신들에게 교린의 도리를 강조하면서 서질(暑疾)에 효험이 있다는 핑계를 대고 그 수집을 독려하였고, 심지어 일본이 원하던 대장경과 교환 조건으로 그 씨앗을 얻어 줄 것을 지시했다.

이 과정에서 후추프로젝트는 신하들의 강한 반대에 부딪혔다.

조선의 토양과 기후가 남만과 달라 씨앗을 구해도 재배할 수 없을 것이라는 이유와 아울러 일본의 사신들이 이를 빌미로 거액을 요구하거나 대장경은 물론 여러 귀중한 책자를 달라고 한 것도 그 원인이었다. 또한 조선이 남만에서 옮겨 심을 수 있다면 중국이나 일본이 먼저 재배를 하였을 것이라는 주장도 제기되었다.

사실 인도에서는 후추로 벌어들이는 자국의 이익을 위해 후추를 종자 상태로 팔지 않고 모두 삶아서 팔았기 때문에, 삶지 않은 후추의 씨앗은 구할 재간이 없었다.

결국 신하들의 반대와 일본이 이런저런 이유로 대량의 후추를 조선에 제공함으로써 의욕을 앞세운 성종의 프로젝트는 무산되었다. 비록 당시 교통·통신수단의 미비 등 정보부족으로 이 계획은 좌절되었지만 국가 경제정보의 중요성을 일깨워 준 계기가 되기에 충분했다.

그렇다면 성종이 이토록 후추 재배에 매달렸던 까닭은 무엇이었을까? 그것은 당시 성종이 조선과 명과의 교역품목에 후추가 많다는 것을 알고, 그 소비량이 큰 명에 수출을 통해 이익을 올리고자 후추를 직접 생산하고자 했던 것이다.

또 후추의 재배와 생산을 왕실이 관장하여 막대한 부를 축적하는 한편 고가품인 후추의 가격 안정을 통해 민생을 돌보려 했던 성종의 고뇌가 숨어 있었던 것이다.[123]

후추

보안·방첩 활동을 강화한 조선

군기는 비밀스러운 일인데 적인에게 보여서는 안 됩니다. 대저 예부터 적국이라도 많은 뇌물을 주면 아무리 비밀스러운 군기라도 알지 못하는 일이 없습니다. 석류황(石硫黃) 같은 물건은 곧 왜인의 땅에서 생산되는 것이지만, 화약을 만드는 도구에 대해서는 우리나라 사람이 몰래 저들의 뇌물을 받고 화약 만드는 법을 가르쳐 주어 그들이 익혀 가서 우리나라에서 단련하는 것처럼 하고 있는지도 모릅니다.(중종 38년, 1543년 2월 13일)

과거 군사들에게 있어 칼과 방패는 생명을 지키는 필수품이었다. 첩보활동에 있어서도 첩보수집과 비밀공작 활동이 칼이라면, 보안·방첩 활동은 방패와 같은 존재였다.

조선은 국가기밀을 유지하고 보안유출을 막기 위해 국초부터 임금의 주도 하에 철저히 그 방패들을 만들기 시작했다. 특히 세종은 고려 말 개발한 화약무기에 대해서는 각별한 관심을 갖고 영동의 해안 고을에서는 화약 재료인 염초를 굽지 못하도록 지시했다. 염초를 제작하는 방법이 일본으로 유출되는 것을 막기 위해서였다.

특히 군기감(軍器監)에서 근무해 화약 다루는 기술을 익힌 사람은 그만둔 뒤에도 소재를 파악해 위급할 때에 동원할 수 있도록 했으며, 먼 지방으로 왕래하는 것도 삼가도록 지시를 내렸다. 일하면서 얻은 비밀을 무덤까지 갖고 가라는 함구령은 당연한 것이었다.

또한 화약제조 기술이 일본이나 여진족에게 유출되는 것을 막기 위해 궁궐 깊숙한 곳에 사포국(司砲局)을 설치하여 내시로 하여금 그 관리를 맡겼다. 화약무기와 관련된 병서의 보급도 최소한으로 했음은 물론이었다. 세종은 중요 인물과 시설에 대한 보안조치는 물론 비밀에 있는 곳에 외부자의 접근이 어렵도록 블록을 걸어 놓았던 것이다.

한편 중종 때에는 표류한 제주도 인을 요동 진무(鎭撫)가 직접 도성으로 압송한다는 보고가 있자, 공문 없이는 함부로 내지에 들여보내서는 안 된다는 규정과 조선에 체류하는 일정이 15일로 한정되어 있다는 사실을 들어 그들이 도성으로 들어오는 것을 저지하려 했다. 조선이 외국인의 국내 입국활동을 철저히 통제하면서 내부정황을 탐지할 수 없도록 조치하였음을 보여주는 사례였다.

이와 아울러 국가의 군국기무를 담당하는 비변사 내에는 비밀차지낭청(秘密次知郎廳)이란 직책을 두어 첩보활동과 비밀업무를 관

◀'석류황'이 음운변화로 '성냥'으로 호칭.
조선시대에는 소나무 가지에 유황을 찍어
딱딱하게 말린 석류황을 화로에 넣어 점화
▲거북머리 화약통(고리는 끈으로 연결하여
화약통을 분실하지 않도록 하는 역할)

장하게 했다. 특히 문서관리 소홀 등 보안누설을 한 관리에 대해
서는 지위 고하를 막론하고 엄중히 문책하고 있었다.

사헌부가 아뢰기를, 근일 계획하는 일은 군국의 막대한 기밀입니다. 신
들이 비록 보고 듣는 직책에 있다 하나 또한 참여해 듣지 못하는데 시
정 간에 떠들썩하게 먼저 전파되어 있으니, 이는 반드시 큰 간첩이 주
변에 귀를 기울이고 있는 것이니, 매우 한심한 일입니다. 이런 일은 오직
비변사와 정원에서만 알 수 있는 것이므로 비밀을 지키지 못한 책임을
회피할 수 없습니다. 비변사의 비밀차지낭청(秘密次知郎廳)을 나국하
고, 차지유사 당상관과 색승지·주서를 파직하며 도승지는 체차하고 함
께 참석한 승지도 추고하소서.[124]

즉 '기밀유출을 한 첩자와 그 정보를 알려온 자를 모두 없애라.'
는『손자병법』「용간편」 내용을 그대로 실천하고 있었던 것이다.

1601년 7월 기사에도 비밀문서를 잃어버린 사건이 나자 비변사
낭청(郎廳)이 제대로 주의를 기울여 관리하지 않았다는 이유를 들

어 파직하라는 상소를 올린 것이 보인다.

　이와 같이 조선은 기밀유출에 직접적인 책임이 없어도 그 연대책임을 물어 국가기밀 실무책임자인 비밀차지낭청을 중징계하고 있었다. 이는 조선이 국가안전보장이나 국익과 관련된 제반 위해 요소로부터 인원·문서·시설 등 보안 대책을 철저히 시행하고 있었음을 보여주는 것이라 하겠다.

흑색선전물 괘서

"여주(女主)가 위에서 정권을 잡고 간신 이기 등이 아래에서 권세를 농
간하고 있으니 나라가 장차 망할 것을 서서 기다릴 수 있게 되었다. 어
찌 한심하지 않은가. 중추월 그믐날."이라고 하였다.(명종 2년, 1547년 9
월 18일)

한때 세상을 뜨겁게 달구었던 대자보(大字報)!

흰 종이 위에 매직으로 쓴 큼지막한 글씨의 글은 가던 이의 발길
을 멈추게 했고, 글의 내용은 입에서 입으로 옮겨져 커다란 여론
을 형성하기도 했다.

오늘날 대자보의 위력이 이럴 정도니 옛날 그 원조 격인 괘서(掛
書)의 파괴력은 상상 이상이었다.

태종은 개국 초기의 혼란을 잠재우고 국가의 안정을 도모하고자
신문고(申聞鼓)를 설치했다. 북을 쳐서 백성들이 원통하고 억울한

일을 왕에게 직접 알릴 수 있도록 하였고, 또한 반역을 도모하려는 세력과 관리들의 비리 첩보를 수집하기 위한 일종의 신고상담소 역할도 담당하게 했다. 오늘날의 옴부즈맨(Ombudsman) 같은 제도였다.

그러나 이러한 의도에도 불구하고 관련 규정이 너무 엄격해 일반 백성이 접근하기 어려웠고, 오히려 기득권의 이익을 위해 남용되기만 했다. 따라서 신문고 대신 징을 쳐서 알리는 격쟁제(擊錚制)를 시행해 보았으나 이마저도 서민들에게는 별로 큰 도움이 되지 못했다.

이처럼 신문고가 본래의 그 기능을 못하자 조선 중기에 이르면 개별 저항의 형태로 조정을 비방하거나 민심을 선동하기 위해 여러 사람이 모이는 곳에 은밀히 붙이는 게시물, 즉 괘서가 등장했다.

사실 괘서의 시작은 통일신라시대인 888년에 익명으로 시정을 비방하는 방(榜)을 게시한 사건에서 그 유래를 찾아볼 수 있다. 고려시대에도 명종 때 수창궁문에 형부시랑 이준창(李俊昌) 형제를 참소하는 방이 나붙는 등 18건의 익명서(匿名書)가 붙은 사건이 발생했다.[125]

한편 이러한 괘서는 누구든 억울함을 호소하거나 탐관오리들을 비난할 수 있다는 점에서 일단 붙으면 소문이 불길처럼 번져나가 사실 여부에 관계없이 여론을 형성할 수 있는 장점이 있었다. 또한 익명성을 전제로 하기 때문에 자신들의 정치·사회적 요구와 주장을 펼치는 효과적인 수단으로 자주 이용되었다.

그러나 괘서는 대부분 누명을 씌우는 무고(誣告)가 많았고, 권력 투쟁을 위해 악용되는 경우도 잦았다.

그 대표적인 것이 위 기사와 같이 1547년의 괘서 사건이었다. 당시 부제학 정언각(鄭彦慤)이 선전관 이노(李櫓)와 함께 양재역(良才驛)에서 붉은 글씨로 붙어있는 괘서를 목격한 것이었다.

그 내용은 여주(女主 ; 문정왕후)가 동생 윤원형(尹元衡)과 함께 1545년 을사사화를 일으켜 반대파를 숙청한 것을 고발한 내용이었다. 그렇지 않아도 미운 털이 박힌 세력을 없애지 못해 안달하던 윤원형 일파는 이를 계기로 미처 숙청하지 못했던 반대파를 완전히 몰아내는 이른바 정미사화(丁未士禍)를 일으키게 된다.

또 숙종 때에는 돈의문과 연은문을 비롯하여 궐문에도 괘서가 나붙자 현상을 걸면서 범인 체포를 독려했으나 끝내 붙잡지 못했다. 또한 한문으로 써졌던 괘서 외에 차츰 한글로 쓴 괘서도 등장하기 시작했다. 양반들이 신분을 숨기기 위해 일부러 한글을 사용하는 경우가 있었다.

이는 당시 삼정이 문란하고 세도정치가 극심해지자 이에 시달린 백성들이 괘서를 통해 나라를 비방하고 민심을 선동하는 방편으로 사용했기 때문이었다.

이러자 조선 조정은 법으로 괘서를 엄격히 금지했다. 괘서 작성자는 교형(絞刑)에 처했고, 본 사람은 즉시 소각해야 했다. 소각하지 않고 관가에 내놓으면 곤장 80대, 관리가 이를 수리하면 곤장 1백 대였다.

심지어 영조는 괘서를 쓴 범인을 잡으면 2품 벼슬과 천금을 내리겠다고 고시하기도 했다. 그러나 괘서는 사라지지 않았고 한말까지 계속되어 민중 신문의 역할을 하면서 한편으로는 정치적 음모의 소재로 활용되었다.[126)

이와 같이 괘서는 대중매체가 없었던 시대에 민심을 선동하는 매체로서, 또 대중에게 첩보나 유언비어를 널리 알리는 언로의 구실을 하기도 했다.

즉 오늘날 비밀공작의 한 형태로서 활용되고 있는 대중 선동방식인 '흑색 선전공작(Black Propaganda)'의 모태가 되었다.

격쟁문서(파주 헤이리마을 옛생활박물관)

일본의 조선침략 첩보

중국 온 나라를 우리나라의 풍속으로 바꾸어 놓고 황제의 도읍지에 정치교화를 억만년에 걸쳐 베푸는 것은 나의 마음 하나에 달려 있소. 귀국이 선구가 되어서 입조한다면 먼 근심(명나라)이 있으되, 가까운 근심거리(일본)가 없을 것이오, 바다에 있는 먼 곳의 작은 섬이라도 공물이 늦어지면 용서하지 않을 것이오, 내가 명에 들어가는 날 사졸을 거느리고 군영에서 바라보게 되면 그대 나라를 유지하지 못할 것이오. 내가 원하는 것은 다만 아름다운 이름을 세 나라에 떨치는 것뿐이오.(선조수정실록, 선조 24년, 1591년 3월 1일)

일본을 통일한 도요토미 히데요시(豊臣秀吉)는 국내의 혼란 정국을 수습하기 위해 대륙으로 눈을 돌렸다. 그 첫 번째 대상은 조선이었으며, 다음 목표는 중국·필리핀·인도의 순이었다. 그의 이러한 망상은 애꿎은 조선을 화약연기의 한 복판으로 밀어 넣는다.

위 기사는 선조가 통신사를 통해 보낸 국서에 대해 풍신이 회답한 내용으로, 자신이 명을 정벌할 것임을 밝히면서 조선왕의 입조를 요구하며 침략 의지를 드러내는 글이다.

선조는 이 답서와 함께 일본을 다녀온 통신사 일행의 귀국보고를 들었다. 정사 황윤길(黃允吉)이 "틀림없이 전쟁이 있을 것입니다. 도요토미의 눈빛이 밝게 빛나 담략과 지혜가 있는 듯이 보였습니다."라고 한데 반해 부사 김성일(金誠一)은 "신은 그와 같은 정황을 찾아볼 수 없었습니다. 그 눈이 쥐와 같으니 두려울 것이 없습니다."라고 상반된 내용을 보고한 것은 너무나 잘 알려진 내용이다.[127]

밥그릇 싸움만 하는 조선의 가장 배고픈 직업, 정치인들의 면모를 유감없이 보여준 장면이었다.

당시 조선은 통신사의 보고 이외에 여러 곳의 출처를 통해서도 유사한 내용의 첩보를 입수했다. 선위사 오덕경(鳴德經)이 대마도주 소 요시토모(宗義智)로부터 내년에 일본이 조선에 길을 빌려 명에 들어갈 것임을 입수해 보고했으며, 명나라로 부터도 일본이 침략할 것이라는 첩보가 있었다.

1591년 4월 명나라 복건성 상인 진신(陳申)은 오키나와에서 돌아와 "풍신이 명을 침략하려는데 조선을 선봉으로 삼으려 한다."는 내용을 상보하였으며, 9월에는 절강성 어민 소팔(蘇八)도 "풍신이 대마도에 상륙해서 조선에 사신을 보내 위협했다."고 제보했다.

그즈음 일본에 포로로 잡혀 갔던 의원 허의후(許儀後) 역시 위와 같은 첩보를 보고하면서 일본의 길잡이 역할을 하려는 조선

도요토미 히데요시(豊臣秀吉)

을 먼저 점령해야 된다는 등 단호한 대처를 취할 것을 촉구했다.[128] 이러한 첩보들이 보고되자 명은 오히려 조선을 의심하여 1591년 8월 조선의 이른바 '정명향도(征明嚮導)'[129]에 대해 철저히 파악하여 보고할 것을 병부에 지시했다.

한편 일본은 오래전부터 조선을 침략하기 위해 다양하고 치밀한 첩보활동을 전개하고 있었다. 이미 상인을 가장한 첩자들을 동원하여 명나라 남부 지역, 복주와 절강, 요동 일원에 조선이 일본과 함께 명을 치려한다는 거짓 정보를 흘려 명과 조선을 이간질하는 선무공작(宣撫工作)[130]을 광범위하게 전개했다.

또 대마도주에게는 조선 침략을 위해 상세한 지도를 입수하여 보고하라는 임무가 부여되었고, 통신사를 따라온 승려 외교관 겐쇼(玄素)에게는 최근 조선의 방비 상태, 조정 대신의 반응, 민심동향은 물론 산천·도로 등 지리 정보를 상세히 수집할 것을 지시하였다.

이밖에도 오랜 기간에 걸쳐 조선을 출입한 적이 있는 사절단·수행원·상인·왜구 등 다양한 루트를 통해 밀정 활동을 활발하게 전개했다. 이들은 조선옷을 입고 조선어를 하면서 곳곳을 다니며 지형·도로·성곽배치 등을 염탐하고 백성들의 불평불만을 수집하는 한편 섬사람들을 납치해 현지실정을 파악하기도 했다.

조선 출정을 앞두고는 그간 조선에 드나들면서 염탐을 하거나, 상인들 중에서 조선 내부사정에 밝고 조선어를 구사하는 140명을 별도로 선발하여 각 부대 안내자로 배치했다.

또한 입수한 조선 지도를 여러 장 복사하여 각 도를 6가지 색으로 구분하고 새로이 명칭을 붙이기도 했다. 이것은 일본의 분국(分國) 제도를 적용한 것으로 식민지경영을 위해 미리 행정구역을 지정한 것이나 다름이 없었다.

이와 아울러 점령지 정책에 따라 조선 8도의 현물납세 책임자를 임명하여 군량미로 사용한다는 계획과 조선인 행정책임자를 임명해 협력을 받는다는 구상도 세워놓았다. 그 밖에 조선 실정을 정탐하고 안내를 맡을 향도를 집중 배치하기로 했다.[131] 대규모로 꾸려진 병력·무기·군량미와 군 편성 등은 말할 것도 없었다.

이 같은 내용은 일본이 오래전부터 치밀한 계획아래 조선의 지리정보 수집은 물론 조선과 명 사이를 이간시키는 공작을 병행하면서 침략을 준비해 왔음을 단적으로 보여주고 있다. 즉 풍신의 안중에 이미 조선은 없었으며 그 시기만이 문제였던 것이다.

그러나 이 상황에서 국가 중추신경의 세포조직이라 할 수 있는 조선의 첩보망은 가동되지 않았다. 그나마 보낸 통신사의 보고내용 역시 객관성을 상실함으로써 전쟁을 예방하지 못하는 정보의 실패를 가져왔다.

그로 인한 결과는 7년간의 참혹한 전쟁으로 다가왔다. 그리고 멀리는 병자호란의 치욕까지 예약해 놓고 있었다.

조선첩보원의 신화를 만든 홍순언

홍순언은 중국의 통주에서 아름다운 여인을 만나 하룻밤 인연을 맺고
자 했다. 그런데 여인이 소복차림인 것을 보고 그 이유를 물었다. 여인은
부모님의 장례를 치를 돈을 마련하기 위해 몸을 팔고 있다고 했고, 여인
의 말을 들은 홍순언은 선뜻 300금을 내주고 여인을 가까이 하지 않았
다. 여인이 이름을 묻자 순언은 성만 알려주고 나왔다. 훗날 명나라 예
부시랑 석성의 첩이 된 이 여인은 홍순언의 은혜를 잊지 않았다.(통문관
지 권7)

'나비효과(Butterfly Effect)'!

나비의 작은 날개 짓이 지구 반대편에선 태풍을 일으킬 수도 있
다는 이론이다. 작고 사소한 일 하나가 나중에 엄청난 결과를 가
져 온다는 이 상상과도 같은 얘기가 조선을 강타했다.

16세기 중국 통주(通州), 역관의 신분으로 사행 길에 올랐던 풍

운아 홍순언(洪淳彦)이 우연히 기생집에 들렀던 일이 훗날 조선의 역사를 바꾸는 기적을 만들어 낸다.

1584년 다시 명나라에 파견된 순언은 놀라운 광경을 목도했다. 그때 만났던 여인이 예부시랑 석성(石星)의 후처가 되어 둘이 함께 자신을 마중을 나온 것이었다. 이때 순언이 석성의 도움을 받아 역대 왕들이 200여 년을 풀지 못했던 조선왕조의 정통성 문제 즉 '종계변무(宗系辨誣)'[132] 해결에 결정적인 역할을 했음은 물론이다.

그런데 임진왜란이라는 국가적 위기상황에서 병부상서로 승진한 석성과 순언의 인연은 다시 이어지게 됐다.

임란이 발발하자 의주로 피난한 선조는 다급하게 명에 구원을 요청했으나 명나라는 파병을 주저하고 있었다. 명은 조선의 병마가 강성한데도 수십 일이 못 되어 거의 함락 직전에 이르렀으니 의주에 있는 임금은 가짜 임금이고 병력 역시 가짜 왜구[133]가 아닌지를 의심하고 있었다. 또 조선이 일본을 끌어들여 명을 공격할 것이라는 소문이 널리 퍼져 있어 명 조정도 여러 경로를 통해 그러한 첩보를 확인하고 있었기 때문이었다.

이런 상황에서 1592년 6월 명나라 구원군을 이끌어내기 위해 순언이 움직이기 시작했다. 당시 석성조차도 조선과 일본의 공모에 대해 반신반의하고 있던 상태였다.

순언은 석성의 의심을 풀게 했으며, 그의 조언을 받아 당시 명에 사신으로 왔던 신점(申點)으로 하여금 조선의 혐의를 벗을 수 있는 증거를 보내도록 하였다. 이 결과 조선은 '정명가도(征明假道)'를 요구하는 일본의 서계(書契)를 양국 사신 편에 전달함으로써 명의 의심을 해소하고 대규모 병력 지원을 받을 수 있는 길이 열리게 되었다.

당초 명 조정의 허홍강(許弘剛)과 같은 인물은 "요동에서 막기만 하면 되지, 조선에까지 출병해서 구원할 필요는 없다."며 군사와 비용을 줄이려는 뜻을 분명히 했다. 또 다른 대신은 "외국 오랑캐를 위해 재력을 쏟아 부을 수는 없으니 조선을 둘로 나누고, 일본을 막을 만한 사람을 찾아서 그에게 맡기면 충분하다."는 의견이 주류를 이루고 있었다.

이러한 대신들의 반대에 석성은 "조선은 명나라에게 왜국이라 할 수 없다. 만일 일본이 조선을 점령하게 되면 요동을 칠 것이고, 또 나아가 산해관에 이르면 북경이 위태로워 질 것이다. 지리적으로 요동은 북경의 팔 다리와 같고 조선은 요동의 울타리와도 같다."[134)고 주장했다. 그는 입술이 없으면 이가 시리다는, 이른바 '순망치한(脣亡齒寒)'의 논리로 명의 방패막이인 조선이 무너지면 결국 명이 위태로워 질 것임을 역설했던 것이다.

또 일본의 정명가도 국서를 들어 일본의 최종 목표는 명나라이기 때문에 명이 조선에 파병해 미리 일본을 격파하는 것이 가장 현명한 방법이라는 점을 들어 황제의 전략적 결단을 이끌어냈던 것이다. 즉 조선을 구한다는 명분이었지만 실제로는 자국의 안위를 위한 고육지책이었다.

아무튼 이 같은 소식은 그 참전 동기가 무엇이든 조선 육군의 연이은 패배로 의주까지 밀려 망명을 고려했던 선조와 신료들에게는 한줄기 복음일 수밖에 없었다. 이로부터 조선은 명에게 총 24만의

동래부순절도(변박 그림). 임란 때 전사한 동래부사와 군민들의 항전을 그린 그림

병력과 약 9백만의 은화 지원을 받아내게 되어 임란을 승리로 이끄는 변곡점을 마련하게 된다.

1592년 7월 순언은 조선으로 돌아오는 길에 대량의 무기를 구입했다. 활을 만드는 물소뿔 1,300여 편과 화약의 재료인 염초 200근 등은 명에서 반출이 금지된 무기들이었지만 이 역시 석성의 허락을 받아 가져올 수 있었다.[135] 이를 두고 조선 후기의 실학자 이익(李瀷)은 임란의 최고 공로자로 석성을 꼽았다. 그러나 그 석성을 배후에서 움직여 임란을 승리로 이끈 사람은 홍순언이었던 것이다.

즉 순언은 오늘날 정보활동의 한 형태로서 끈끈한 인간관계를 맺은 뒤 자발적으로 우리 측 활동을 도와주게 하는 이른바 '협조자(Collaborator)'의 가장 신화적인 사례를 만들어 낼 수 있었던 것이다.

또 이 사건은 조선시대 첩보원과 외교관 역할을 했던 역관의 평소 인맥관리가 얼마나 중요한 지를 잘 보여주는 것으로, 이후 조선은 이를 『통문관지(通文館志)』에 기록하고 역사에 두고두고 성공사례로 삼게 했다.[136]

중국첩보원 사세용의 잠행활동

일본은 명나라의 적자(嫡子)로서 몇 번이나 조선을 통해 봉공(奉貢)을 원했으나 조선이 이를 숨기고 전하지 않아 부득이 전쟁을 일으켰으며, 번왕(藩王)으로 책봉해주면 감지덕지하겠다.(중국의 심유경이 명 황제에게 올린 변조된 국서 내용, 1594년 2월)

일본 본토에 침투해 정확한 적정을 수집하라!

명나라는 조선에서 벌어지고 있는 임란왜란 상황은 물론 일본 정보에 목말라하고 있었다. 이런 상황에서 정탐 임무를 띤 한 첩보 원이 은밀히 중국을 빠져 나가고 있었다.

한편 명은 1593년 1월 벽제관 전투에서 대패하고 난 뒤, 일본과 의 강화회담에 매달렸다. 명은 심유경(沈惟敬)을 내세워 일본 고니 시 유키나가(小西行長)와 온갖 권모술수와 모략을 동원한 협상을 벌였다.

이 결과 같은 해 6월 나고야에서 열린 회담에서는 도요토미 히데요시(豊臣秀吉)의 지시로 조선을 분할하여 한강 이남의 4도를 일본에 할양하는 내용이 담긴 이른바 '7개 항목의 강화조건'을 맺고 종료했다.

① 명나라 공주를 일본국왕의 후비로 보낼 것.

② 명·일 양국은 무역을 재개할 것.

③ 명·일 양국은 통교 서약 문서를 교환할 것.

④ 조선은 8도 중 4도를 일본에 할양할 것.

⑤ 조선은 왕자와 대신 한두 명을 일본에 볼모로 보낼 것.

⑥ 일본은 포로인 조선의 왕자와 대신을 송환할 것.

⑦ 조선은 일본에 영원한 항복을 서약할 것.[137]

그러나 회담 후 심유경은 협상 실패에 대한 문책은 물론 이러한 요구를 명이 절대 받아들이지 않을 것으로 보고, 강화내용과는 달리 변조된 내용의 국서를 위와 같이 본국에 보고했다. 일종의 공문서 위조 행위를 고니시와 공모했던 것이다.

이처럼 '조선분할통치안'[138]이 양국의 밀약에 의해 좌지우지되고 있을 무렵 복건순무 허부원(許孚遠)이 일본에 밀파했던 첩보원 사세용(史世用)의 보고를 인용하여 나고야회담 실체와 일본의 조선 침략이 확고함을 폭로하는 상소문을 아래와 같이 조정에 올렸다.

일본연안에 크고 작은 군함이 즐비하게 늘어선 채 전쟁을 준비하고 있다. 그들은 봉공을 허락하지 않아도 올 것이고, 봉공을 허락한다 해도 올 것이다. 일본이 두 번째 전쟁을 준비하고 있다. 그들은 분명히 (조선

을) 칠 것이다.[139]

그가 올린 '청계처왜추소(請計處倭酋疏)'는 전후 명이 수행한 대일 첩보활동의 내용을 담은 첩보보고서의 백미라 할 수 있다.[140]

한편 그의 상소문에 따르면 사세용은 1593년 7월 첩보원의 밀명을 받고 상인으로 가장하여 큐슈 사쓰마(薩摩 : 가고시마)에 도착한 것으로 되어있다. 그곳에는 그의 눈과 귀가 되어 도와주는 정보망이 존재했기 때문이었다. 그는 거기서 일본의 침략계획을 상세히 보고했던 복건성 출신 허의후를 만나 관련 내용을 탐문하고, 수집된 첩보를 재확인했다.

또한 그는 풍신이 있던 나고야 성에 잠행하여 그의 동정을 몰래 염탐하기도 했다. 그런데 이때 사세용은 염사근(廉思謹)이라는 조선인 피납자를 통해 조선의 운명을 바꿀 일급비밀을 입수했다. 즉 심유경이 은폐시킨 나고야회담의 7개항 강화조건이 담긴 내용을 편지와 함께 사근으로부터 제보 받은 것이었다.

이 기밀을 입수한 사세용은 함께 간 상인을 통해 사근이 건네준 편지를 갖고 먼저 귀국하게 했다. 그 후 사세용은 1년 넘는 첩보활동을 마치고 1594년 10월 귀국하여 그간의 활동내용을 본국에 보고했다. 결국 심유경과 고니시의 공모로 인한 두 나라의 상반된 요구조건은 명·일간 회담을 결렬시키기에 충분했고, 풍신은 조선을 재침할 것을 명령했다.

한편 사근은 1596년 11월에도 일본에 건너간 조선통신사 황신(黃愼)에게 1597년 2월경 대규모의 병력이 징발되어 정유재란을

계획하고 있다는 첩보를 제공함으로써 조선과 명에 그 대비책을 세우도록 하는 뛰어난 활약을 보였다.[141]

이즈음 사세용은 다시 조선에 모습을 나타냈다. 그는 이제 첩보원의 신분이 아니라 전쟁의 막후교섭자로 나타난 것이었다. 1598년 1월 선조(宣祖)는 사세용에 대한 승정원의 보고를 받은 것으로 기록되어 있다. 이 자리에서 사세용은 풍신의 호전성을 비롯해 일본정보가 수록되어 있는 『왜정비람(倭情秘覽)』[142]을 바쳐 선조의 신망을 얻기도 했다.

1598년 10월 전쟁이 막바지에 들어설 무렵 사세용은 명나라 중로군 선봉장 모국기(茅國器)의 작전참모 신분으로 조선을 배제한 채 적장 시마즈 요시히로(島津義弘)와 교섭을 벌여 명·일간 밀약설을 일으키기도 했다.[143]

이처럼 조·명·일 3국 사이에서 줄타기를 한 중국인 첩보원 사세용과, 비록 납치된 신분이었지만 '조선분할통치안'을 파기시키고 일본의 재침이란 극비기밀을 입수하여 전달한 염사근의 활동은 임진왜란 최고의 첩보활동을 펼친 막후 인물이었던 것이다.

조선첩보원 이겸수의 반간계

적장 평의지(平義智)와 평조신(平調信) 등이 강화를 청한 서신은 군사 기밀에 관계되므로 그 처리를 신중히 하지 않을 수 없습니다. 이러한 사연으로 경상 감사에게 은밀히 유시하여 왕래하는 사람을 시켜 적의 병영에 회보하여 반간(反間)하는 계획을 행하는 것이 마땅할 듯합니다. 다만 이러한 일은 각별히 조심해서 적으로 하여금 계책임을 알지 못하게 해야 합니다. 이겸수로 하여금 두 적장이 서로 의심하게 하는 것도 한 가지 방책입니다.(선조 27년, 1594년 8월 30일)

조선은 임진왜란에서 철저히 소외되었다. 대일협상은 물론 전투에서도 어느 것 하나 마음대로 할 수 없는 상황으로 흘러가고 있었다.

벽제관 전투 후 벌인 명과 일본 간의 강화교섭은 조선이 빠진 상태에서 이루어지고 있었으며, 교섭의 자세한 내용 역시 외부에 잘 알려지지 않았다. 심지어 양국의 최고 권력자에게도 알려지지 않은 채 교섭 담당자에 의해 모략을 거듭하며 비밀리에 진행되고 있었다.

또한 명이 군사 작전권을 시행함으로써 조선군 단독으로 진격이나 보복이 통제되어, 일본군을 함부로 공격할 수도 없는 어려운 국면을 맞고 있었다.

당초 자구책으로 참전했던 명이 벽제관에서 패배 후 전투의욕을 상실한 후로는 소극적 참전으로 일관하고, 또 강화협상을 통한 전쟁 종결에 강한 집착을 보이면서 조선이 입은 정치·군사적 피해는 막심했다.

이러한 상황에서 조선은 첩보 수집을 위해 각방으로 노력하였으나 강화회담에서 제외되었기 때문에 정확한 정보에 접근하기에는 한계가 있었다.

이를 위해 조선은 일본군 진영에 박의검·장희춘·이홍발 등 각양각색의 첩자들을 파견하여 적진의 정세와 구체적인 첩보 획득에 노력했다. 또한 첩자들은 정탐뿐 아니라 조선에 투항한 일본군[144] 과 함께 적진에 투입되어 시설물 파괴와 방화, 또는 일본군을 유인 내지는 회유하여 조선 진영에 투항케 하는 특수임무를 수행했다.

이밖에도 척후·요망(瞭望 : 높은 곳에서 정찰)·피납자·일본군 주둔지에 출입하는 밀수꾼 등을 통해 단편적인 첩보를 수집하고 있었다.[145] 왕과 조정의 정보판단 실패로 엎질러 놓은 물을 한 방울이라도 주워 담으려는 민초들의 눈물어린 노력들이었다.

이러한 가운데 비변사는 일본군에 대한 반간계 계획을 보고하면서 이를 수행할 인물로 이겸수(李謙受)를 추천했다.

그로 하여금 적진에 들어가 가토 기요마사(加藤淸正)의 부장인 희팔(喜八) 등에게 은밀하게 고니시 유키나가(小西行長)와 가토의 사이를 갈라놓도록 하는 말을 전해, 일본군의 최고 지휘자인 두 사람을 이간시킨다는 계략이었다. 이것은 곧바로 선조의 재가를 받게 되었고, 그는 가토 진영에 파견되었다.

이로부터 이겸수는 유정(惟政)[146]을 도와 당시 서생포를 비롯하여 경상도에 진을 치고 있던 가토와 3차에 걸친 강화교섭을 진행하면서, 일본군 진영의 동태 탐지와 이간에 주력하였다.

결국 이 회담은 쌍방 간의 강경한 주장이 오고 가는 가운데 타협점을 찾지 못한 채 종료되었지만 나름대로의 성과도 있었다. 즉 이 회담을 통해 이제까지 조선에 알려지지 않았던 이른바 '나고야 회담'의 실체를 파악하고, 풍신이 지령한 7개 항의 강화조건이 있었음을 확인한 것이다.

한편 고니시는 풍신에게 "교섭체결이 지연되는 것은 가토가 방해하고 있어 그렇다."며 허위 보고를 하자, 풍신은 가토를 교섭의 방해자로 판단하여 1596년 4월 귀환명령을 내려 근신케 하였다.

그러나 고니시와 심유경 사이의 강화회담이 실패로 돌아가자 풍신은 정유재란을 지시하였고, 그 동안 밀렸던 가토가 득세하게 되었다. 상대적으로 고니시가 곤경에 처하게 된 것은 물론이었다.

위와 같이 비록 이겸수의 반간계가 직접적인 성공을 거둔 것은 아니었으나, 적장 간에는 지속적인 갈등을 이어갔으며, 이 과정에서 그는 양자 사이의 갈등을 증폭시켜 전쟁에 유리한 국면을 조성하게 했다. 또한 강화회담을 적정 탐지의 기회로 활용함으로써 왜군 성의 구조와 군기, 군수물자 등을 파악하여 군사전술 및 전략상 대책 마련에 크게 기여할 수 있었다.

서생포 왜성(울산)

첩보보고의 모범답안을 보여준 신충일

노추(奴酋, 누르하치)의 집은 소추(小酋)의 집 북쪽에 있어 남쪽을 향하여 안배되어 있었고, 내성 안에 또 목책을 설치하고 그 목책 안에 노추가 살고 있었습니다. 노추의 성에서 서북쪽으로 중국 무순까지의 거리는 이틀 길이며, 서쪽으로 청하까지의 거리는 하루 길이며, 서남으로 애양까지의 거리는 사흘 길이며, 남쪽으로 신보까지의 거리는 나흘 길이며, 남쪽으로 압록강까지의 거리는 하루 길입니다.(선조 29년, 1596년 1월 30일)

설상가상(雪上加霜)! 불행과 불운은 겹쳐서 찾아온다고 했던가?

한때 대제국 금(金)을 세워 세상을 놀라게 했던 여진의 후예들이 무려 400년 만에 변방에서 부활의 칼을 갈고 있었다.

임진왜란으로 한참 전쟁 중인 조선에 '엎친데 덮친 격'으로 건주여진이 사신을 보내 통호(通好)를 요구하는 등 심상치 않은 조짐을 보인 것이다.

이에 선조는 신충일(申忠一)로 하여금 여진 정탐과 그 동정을 파악하라는 명을 내렸다. 비록 조·일전쟁이 강화교섭에 접어들던 시기였으나 북방 건주여진의 성장은 조선으로서는 국가안보의 한 축이 위협 받을 수 있는 중대한 문제였기 때문이었다.

이보다 앞서 건주여진을 통합한 누루하치(奴兒哈赤 : 후의 청 태조)는 임란 초기인 1592년 9월, 의주에 피난하였던 선조에게 일본군을 몰아내겠다며 지원군 파견을 타진해 온 적이 있으나 조선은 그 저의를 의심하고 거절한 적이 있었다.

당시 누루하치는 서신을 보내 "나에게는 발 빠른 기병 십만이 있으니 조선이 허락한다면 부모의 나라를 침략한 쥐 같은 왜구를 토벌하겠다."고 제의하였다. 여기서 '부모의 나라'란 과거 금나라를 세운 아골타가 신라의 후예라는 의미였다. 하지만 그의 말대로 쥐를 잡는데 변방의 멧돼지를 끌어들이는 것은 또 다른 문제의 시작이었다.

이후 1598년에도 그는 조선에 대해 2만 명의 파병을 제의하였으나 조선이 군사·지리 등 보안이 노출될 것을 우려하여 다시 거절하게 된다.

한편 명을 받은 신충일은 1595년 12월 만포진에서 압록강을 건너 누루하치의 거성(居城)에 들어가 그들의 발호에 대한 명나라의 뜻을 전하고, 여진의 동정과 산천·풍습 등을 정탐했다.

이들은 당초 여진 측이 제공한 객청을 사양하고 "몸에 질병이 많아 온실에서 조리하기를 원한다."는 기지를 발휘하여 외성(外城)의

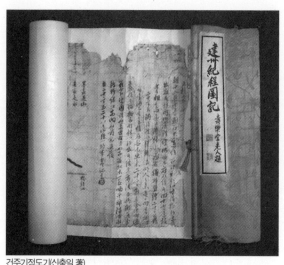
건주기정도기(신충일 著)

한 여진인의 집에 숙박하면서 본격적인 첩보수집 활동을 개시했다

당시 신충일의 귀환보고를 보면 그가 얼마나 치밀하게 정탐했는가를 짐작할 수 있다. 만일을 대비해 성곽의 규모와 누르하치의 위치, 우물 등 마치 전쟁 전에 적진을 탐색한 내용과도 같을 정도이다. 또한 건주여진의 세력 규모와 군사력, 그리고 전쟁이 일어났을 때의 대응방법 등을 망라한 사항이었다.

정탐자로서의 임무를 충실히 마친 신충일은 귀국 후 여진의 실정에 대해 장문의 첩보보고, 즉 서계(書啓)를 올렸다. 그 보고 내용은 선조실록과 그의 저서 『건주기정도기(建州紀程圖記)』에도 상세히 기록되어 있다.[147]

당시 신충일의 이러한 상세한 보고는 임진왜란으로 인해 혼란을 거듭하고 있던 조선에 북방 건주여진에 관한 확실한 정보를 제공해 주었다. 또 남방에서 일본군과의 대치 상황에 북방을 유효적절하게 조치할 수 있는 대외정책의 방향은 물론 훗날 광해군이 중립외교로 가는 판단 근거를 마련해주는 계기가 되었다.

일본첩보원 요시라의 반간계

가토 기요마사가 7천 명의 군사를 거느리고 4일에 이미 대마도에 도착하였는데, 순풍이 불면 곧 바다를 건널 것이며, 그가 오면 바다에 가까운 지역은 틀림없이 약탈할 것이니 사전에 예방하여 간사한 계교를 부리지 못하게 해야 한다. 때문에 (조선) 수군이 속히 거제도에 나아가 정박하였다가 가토가 바다를 건너는 날을 엿보아야 한다.(선조 30년, 1597년 1월 19일)

임진왜란을 뜨겁게 달구었던 한 사내가 있다.

그는 대마도 출신이며, 유창한 조선어 실력으로 장인인 고니시 유키나가(小西行長)의 통역을 담당했다. 양국을 오가며 첩자 노릇을 한 그는 조선으로부터 정3품의 벼슬과 은자를 받은 인물이기도 했다.

위 기사는 경상우병사 김응서(金應瑞)가 일본의 이중첩자 요시라(要時羅)[148]로 부터 제보 받은 것을 조정에 장계로 보고한 내용이다.

일본은 정유재란을 앞두고 주력군이 있는 부산포로 조선수군을 유인하여 싸울 계획을 짜고, 그를 통해 반간계를 쓰기로 했다. 사실 가토 기요마사(加藤淸正)는 전함 150척을 이끌고 이미 1월 14일에 서생포에 상륙해 있었는데, 그의 거짓 제보를 받은 김응서는 1월 19일에서야 이것을 보고하면서 조선 수군의 대응을 건의하고 있는 우를 범하고 있었다.

그의 제보로 조선에서는 일대 파란이 일어났다. 즉 조정에서는 가토가 재침할 것이라는 첩보에 근거하여 이순신의 출전을 독촉했으나 순신이 불가론을 폈기 때문이었다. 순신은 일본의 계략에 의해 요시라가 파견된 것이고, 이로 인해 섣불리 군사를 이동시켰을 경우 아군에게 치명타가 될 수도 있다는 판단을 내렸던 것이다.

그의 출전 거부에 선조는 대노했고, 조정에서는 서인들의 주도하에 왕명을 거역한 순신을 적과 내통하여 공격하지 않았다는 죄목으로 한양으로 압송하여 옥에 가두었다. 반간계에 꼼짝없이 걸려든 것이었고, 조선이 스스로 무장을 해제한 꼴이었다.

당시 이항복은 "싸움 잘하는 동인들로 동해를 막게 하고, 서인들로 서해를 막게 했으면 왜놈들이 어떻게 침략을 할 수 있겠습니까? 이제야 깨닫게 되니 참으로 원통합니다."라며 당리당략에 여념이 없던 대신들을 빗대어 조롱했다.

한편 일본은 순신을 제거하는 데는 성공했지만 당초 의도한 간계가 잘 먹히지 않자 또 다시 요시라를 통해 '가토 부대가 곧바로

칠천량해전 패전비(거제시)

바다를 건너오니, 부산포에 와서 길목을 지키고 있다가 공격하면 성공할 것'이라는 밀서를 김응서에게 보냈다. 이러자 조정과 도원수 권율은 이순신의 뒤를 이어 수군통제사가 된 원균의 출동을 명령했다.

이 결과 일본의 유인작전에 걸려든 원균이 부산포와 칠천량(漆川梁) 해전에서 대패한 것은 물론이었다. 이 전투에서 전라우수사 이억기와 충청수사 최호 등 조선의 용장들이 대부분 전사했고, 원균역시 배를 버리고 퇴각하다 일본군에게 육지에서 살해되었다.

칠천량 해전 패배로 조선은 치명타를 입었다. 바다는 왜군의 독무대가 되었고, 조선수군에 막혀 전라도 진입이 어려웠던 일본은 사천·하동·구례에 이어 남원과 전주까지 진출하여 북상을 계속했다.

또다시 위기를 맞은 조정은 할 수 없이 이순신을 다시 삼도수군통제사에 임명했다. 벼슬은 예전대로 돌아왔으나 역전의 맹장들은 모두 전사하고 남은 것은 부서진 12척의 전선과 120여 명의 군사뿐이었다.[149]

이와 같이 정유재란 발발 후 전세가 역전된 것은 요시라의 반간계에 의한 이순신의 모함이 결정적으로 작용했다. 또한 거짓 첩보에 속은 조정의 판단 착오가 칠천량에서의 대패를 가져왔다. 즉 첩보전에서의 패배는 돌이킬 수 없는 결과를 가져온다는 것을 재확인시켜 준 것이라 하겠다.

이순신의 첩보수집과 분석능력

비는 억수같이 쏟아지고 나는 기력이 다 빠진데다가 남쪽으로 갈 길 또한 급박하니 부르짖으며 울었다. 다만 어서 죽기를 바랄 뿐이다.(난중일기, 1597년 4월 16일)

전형적인 외강내유(外剛內柔)의 인물 이순신! 그는 조선의 운명을 짊어진 불후의 명장이었지만 너무나 인간적인, 어쩌면 연약함마저 느끼게 하는 여린 심성의 소유자였다.

위 기사는 요시라의 반간계에 걸려 죽을 고비를 겨우 넘긴 그가 옥문을 나선 후 도원수 권율(權慄)의 진영인 경상도 초계(草溪)에 백의종군하기 위해 한양을 떠난 후 도중 기로에서 쓴 일기 내용이다.

세계 해전사에 유례없는 23전 23승 불패의 신화를 이룩한 이순신의 전승요인은 한마디로 '지피지기(知彼知己)'라 할 수 있다. 그는 여러 각도의 첩보 수집을 통해 수시로 변하는 적의 상황에 대비하고 있었다. 그리고 그에 효과적으로 맞설 수 있는 무기를 준비하고, 거북선까지 제작하는 '정확한 상황 파악'과 '철저한 준비'를 통해 그의 신화를 창조했다.

즉 그의 신화 뒤에는 일본 수군의 전략·전술, 무기체계의 장단점 등 일본군 병력과 전투력에 대한 상세한 첩보와 이를 바탕으로 한 분석이 있었기에 가능했다. 이순신이 분석한 일본 수군의 주요 장점으로는 주력 전함이 가볍고 속도가 빨라 아군 전함에 접근 후 백병전을 벌여 순식간에 점령하는 전술을 구사했으며, 조총·활·칼을 사용하는 무기체계를 사용하고 있다는 점이었다.

이에 비해 약점으로는 충돌 때 파괴가 용이하고, 대형전함에게는 쉽게 백병전을 전개하기가 곤란하며, 일정거리를 유지할 때 조총·활·칼 등은 큰 위협이 되지 못한다는 점이었다. 특히 포를 장착하기 곤란해 원거리 전투에는 취약하다는 단점이 있는 것으로 분석되었다.

이에 반해 조선수군은 병력이 열세하고, 전투훈련과 실전 경험이 부족한 것으로 파악되었다. 반면 전함이 단단하고 갑판이 높아 충돌 때 피해가 없을뿐더러, 왜군이 백병전을 벌이기가 곤란하다는 장점이 있었다. 또한 포격전술이 자유로워 원거리 포격전술 구사 때 일본의 백병전과 조총화력을 무력화시키면서 거북선·판옥선으로 하여금 적선을 격파하는 장점을 극대화 시킬 수 있을 것이라고 보았다.

이순신은 이밖에 남해안의 복잡한 해로와 지형효과를 최대한 살리며, 일사불란한 작전을 위한 통신 지원체계로 신호연(信號鳶)을 제작하여 지휘관이나 병사들에게 효과적으로 전투 작전을 지시할 수 있었다. 이로 인한 결과는 제1차로 맞붙은 옥포해전에서 일자진(一字陣)과 방포전술을 구사하면서 원거리에서 포격한 결과, 30척의 일본 전함을 격침한 사실이 이를 증명해주고 있다.

사천해전에서는 거북선으로 일본의 전투대형을 일거에 무너뜨리고 지휘부를 집중 타격하는 속전속결 전술을 구사하여 대승을 거두었다. 이때 일본군을 경악시킨 세계 최초의 철갑선 '거북선'이 사천 앞바다에서 그 위력을 선보였다.

한산도해전에서는 유인술과 학익진(鶴翼陣)으로 적선을 포위 섬멸하였고, 부산포해전에서는 장사진(長蛇陣)을 펼친 기습공격으로 일본수군의 본거지를 초토화시킴과 동시에 적선 130척을 침몰시켰다. 그리고 원균의 패배로 만신창이가 된 조선수군을 이끌고 붙은 명량해전에서는 남해안 지형과 조수 흐름을 이용하여 13척으로 적선 130척을 침몰시키는 그야말로 수퍼맨의 진면목을 보여주었다.[150]

이는 바로 이순신이 지피지기에서 한걸음 더 나아가 자신만의 강점으로 승부할 줄 아는 안목과 능력을 가졌음을 입증하는 것이었다. 또한 '필사즉생(必死卽生)'으로 장졸이 혼연일체가 되어 죽음도 두려워하지 않는 확고한 정신무장의 결과였다.

이에 반해 조선 육군은 일본군의 전략·전술을 알지 못한 것은 물론 자신의 전투능력조차 제대로 파악하지 못해 조총을 앞세운 일본군 화력 앞에 허무하게 무너졌다. 또한 적의 공격에 대해 적절한 방어 전략을 세우지 못했다.

믿었던 신립(申砬) 장군이 천혜의 요새인 조령을 지키지 않고, 평야지역인 탄금대에서 배수진(背水陣)을 치고 대규모 전투를 벌여 패배했던 것과는 너무나 대조적인 모습이었다.[151] 당시 조선 의병의 게릴라식 공격이 주효했던 점을 보면 이를 잘 알 수 있다

이는 피아에 대한 정확한 첩보수집과 분석이 얼마나 중요한 지를 입증하는 것으로서, 비록 전력의 열세에도 불구하고 적군의 허실 파악과 아군의 불리함을 보완하여 대비하면 어떤 전쟁에서도 승리할 수 있음을 보여주는 것이라 하겠다.

판옥선 복원 모형(통영시)

광해의 현란한 첩보술

우리의 방비대책은 마땅히 미치지 않는 곳이 없어야 한다. 척후병을 멀리 보내고 봉수를 경계하고 간첩을 신중히 사용하고 기율을 밝히는 것, 이것이야말로 병가에서 마땅히 먼저 강구해야 할 것이다. 이러한 방어책이 아니라면 아무리 천연적인 요새지가 있다 하더라도 모두 허사에 불과한 것이다.(광해군 일기 원년, 1609년 10월 16일)

누가 광해를 폭군이라 했던가?

전시 조정을 이끌며 임진왜란을 극복하고 백성들의 신망을 한 몸에 받은 그의 공과를 패륜으로 깎아내려 호란을 불러일으킨 것은 또 하나의 재앙이었다.

임란의 위기를 가까스로 넘긴 조선이 다시 마주한 상황은 멧돼지 후금의 성장이었다. 명나라가 임란으로 경황이 없는 사이 소리 없이 세력을 키워 온 것이었다.

이처럼 명의 국세가 기울고 후금(後金 : 청)이 강해지자 광해군은 실리외교를 통해 조선의 안전을 도모하면서 비변사로 하여금 물샐 틈 없는 방어대책을 마련하라고 위와 같이 지시했다.

한편 명나라는 1616년 누르하치가 요동정벌에 나서자 조선에 원병을 요구해 왔다. 임란 때 도와준 은공을 갚으라는 뜻도 있었지만 '고분고분한 순이(順夷)인 조선을 이용하여 역이(逆夷)인 후금을 공격한다.'는 전통적인 이이제이(以夷制夷) 전략이었다.

하지만 광해는 많은 첩보를 입수한 덕분에 두 나라의 정세를 훤히 꿰뚫고 있었다. 그는 즉위하는 즉시 북방 만주족의 첩보활동에 대한 대비책을 강구하기 시작했다.

그가 이러한 대책을 세운 이유는 누르하치 집단의 첩보활동과 교란능력이 뛰어났음을 보고받았기 때문이었다. 오랫동안 변방에서 일정한 기반 없이 생존을 이어왔던 그들에게는 첩자 활용 능력이야말로 가장 중요한 무기일 수밖에 없었다.

누르하치는 명을 공격하기에 앞서 첩자들을 먼저 들여보냈고, 그들을 통해 명의 민심을 동요시켰다. 어떤 경우에는 전투도 하지 않은 채 성을 함락시켰다는 보고가 있을 정도로 첩보전에 뛰어난 감각을 보였다.

이러한 사실을 잘 알고 있던 광해는 조정의 중요한 결정을 조보(朝報)[152]에 싣지 못하게 했고, 변경지역에 출몰하는 여진족들을 엄중히 감시하도록 했다. 누르하치에 밀려 곤경에 처한 여진부족을 첩보망으로 이용하였으며, 여진어 역관을 첩자로도 활용했다. 또한 명나라에 가는 사신을 통해 명의 정벌 계획과 후금의 정세를 은밀히 탐문하게 했다.

그러면서 광해는 명의 출병요구에 대해서는 나라의 사정이 허락하지 않는다든지, 왜구가 다시 침입할 조짐이 있다든지 하는 구실을 대며 원병을 미루었다.

즉 광해는 대륙의 세력판도를 잘 인식하고 있었기 때문에 '우리 군사를 죽음의 땅으로 보낼 수 없다.'고 결심하고 파병을 피하기 위해 모든 방법을 동원했던 것이다. 그러나 이는 200년 동안 명나라에 사대를 해오며 대의명분을 버리지 못하던 조정 신료들의 입장에서는 도저히 납득할 수 없는 패러다임의 변화였다.

1618년 들어 명나라의 원병 요구는 더욱 거세졌고 재조지은(再造之恩 : 망하게 된 것을 살려준 은혜)을 내세우는 대신들의 여론 또한 억누르기만 할 수 없어 광해는 마지못해 원병을 보내기로 했다.

출병에 앞서 그는 도원수 강홍립(姜弘立)을 은밀히 불렀다. "정세를 잘 살펴보고 행동을 결정하라."는 이른바 '관형향배(觀形向背)'의 비밀지시를 내렸다.

이후 강홍립은 1619년 3월 4일 '심하전투(深河戰鬪 : 일명 부차전투)'에서 후금 군과 화의를 맺었고, 누르하치를 만나 조선의 마지못한 출병 입장을 전달했다. 후금과의 형식적인 전투에서 종사관 김응하(金應河) 등이 전사하기도 했으나 조선의 주력군은 별다른 희생이 없었다. 비록 도원수 강홍립, 부원수 김경서(金景瑞) 등은 억류되었으나 그 아래의 장수들은 송환되었다. 결과적으로 그는 하달된 임무를 수행하여 많은 군사를 살렸으며 전쟁을 방지하는데 기여했다.

한편 광해는 억류된 강홍립이 보내온 비밀장계 덕분에 후금에 대한 생생한 첩보를 입수하고, 이를 명나라 사신들에게 들려 보내면서 명과 후금 사이에 적절한 등거리 외교를 유지할 수 있었다.[153)

중국의 전통적인 이이제이 전략에 말려들지 않는 광해군의 실리외교 속 첩보술이 빛을 발한 순간이었다.

강홍립의 조선군과 후금군의 전투를 그린 사진검격도(상)
조선군의 투항 장면을 그린 양수투항도(하, 김후신 그림)

최명길의 대청 역용공작

귀국은 대대로 우리 명나라에 충순을 다해오던 터에 하루아침에 노적(虜賊)에게 강화를 공략당하고 기진맥진하여 어쩔 수 없이 굴욕을 참고 있으니 이 또한 황제께서 깊이 우려하고 측은한 마음 금하지 못하고 있다.(명나라의 회자내용, 1641년)

임진왜란으로 조선은 물론 명과 일본의 국세는 크게 기울었다. 아무도 승자가 되지 못했고, 그중 조선은 최악의 직격탄을 맞았다.

하지만 이 싸움의 결과는 어부지리를 얻은 청이 최대 수혜자로 등장하며 명을 압박하는 상황으로 전개되기 시작했다. 만성비대증 환자 명나라의 환부가 여기 저기 곪아 터지기 시작하며, 동아시아 전체를 다시 소용돌이 속으로 몰아넣는 명·청 교체의 서막이 올랐던 것이다.

그런 가운데 1636년 병자호란을 당한 인조는 삼전도에서 청과 굴욕적인 강화를 맺었다. 광해의 실리외교를 이어 나가지 못한 치욕스런 대가였다.

위 기사는 강화 후 영의정 최명길(崔鳴吉)이 명 황세에게 '조신이 청과 강화를 한 것은 종묘사직을 위해 어쩔 수 없었던 일'이라는 내용의 외교문서 자문(咨文)을 보낸데 대해 명이 보내온 회자(回咨) 내용이다. 즉 대륙의 주인이 아직 확실하지 않은 상황에서 조선은 명에 대한 미련을 버리지 못하고 막후 외교관계를 유지하려 했음을 보여주고 있다.

이보다 앞서 1637년 최명길은 수차에 걸쳐 명나라 도독 진홍범(陳洪範)에게 서신을 보내 명 조정에 전달토록 하였는데, 해로가 멀어 서장(書狀) 대부분은 도중에 없어져 전달되지 못했다. 이에 믿을 만한 사람을 뽑아 조선의 상황을 전하고자 하던 차에 1638년 가을, 강가에서 경비하던 군사가 독보(獨步)라는 이름의 승려를 붙잡아왔다.

독보는 원래 조선인으로 중국 가도(椵島)에 머무를 즈음 병자호란이 일어나자 돌아오지 못하고, 명나라 강남의 좌도독 홍승주(洪承疇) 밑에 있게 되었다. 그러던 중에 청의 군대가 베이징을 공격하려 할 때 조선의 사정을 정탐하기 위해 첩자임무를 띠고 압록강 근처까지 왔다가 우리 군사에게 붙들렸던 것이다.

이에 평안병사 임경업(林慶業)은 그를 최명길에게 이송했다. 명길은 독보를 이중첩자로 역이용하기로 하고 기밀을 다루는 비변사 재신(宰臣)과 함께 논의하여 자문을 작성한 후 독보에게 이를 전달토록 하였다. 그리고 그를 명나라에 안전하게 잠입시키는 것은

삼전도 비(청 태종에게 항복하는 인조)

임경업이 담당하도록 안배했다.

그 결과 독보는 명에 자문을 전달하는데 성공했으며, 명 숭정제가 이를 크게 기뻐하고 포상한 것은 말할 나위가 없었다. 또 그에 대한 회답을 위와 같이 1641년 가을 독보를 통해 보내왔던 것이다.

이후에도 독보는 승려 복색으로 요동을 지키는 청의 눈길을 피해 수차에 걸쳐 바닷길로 은밀하게 명에 드나들었고, 이러한 첩보 행각은 약 4년 간 계속 이어졌다.

그러나 당시 명나라 배에 은밀히 양곡을 거래하던 선천부사 이계(李烓)가 청군에게 체포된 후 조선이 극비리에 명과 접촉한 사실을 토로함으로써 이러한 첩보활동은 끝이 나게 됐다.

1642년 최명길은 승려 독보를 보내 명과 내통했다는 죄목으로 청에 소환을 받았다. 그는 용골대의 심문을 받으면서 이 사건에 대해 왕은 모르는 일이고, 자기가 전적으로 한 일이라고 우겨댔다.[154] 결국 그는 이 공작을 지휘한 죄로 수갑과 쇠사슬이 채워진 상태로 심양 북관(北館)에 구금된 이후 약 2년 간 구속되었다가 1645년 2월 겨우 풀려나 소현세자와 함께 귀국했다.

비록 이 공작은 실패하였으나 명 황제로부터 조선이 명과 협력하여 청 세력을 몰아낼 경우 천하를 양분하자는 제의를 받는 등 조선의 비밀 실리외교 단면을 보여준 사건으로서, 이후 비변사의 체계가 한층 공고해지는 계기를 마련하게 되었다.

조선의 중국 화약무기 도입공작

지난 번 그대의 아우 이요(李㴭 : 인평대군)가 일을 마치고 돌아갈 때 수행하던 일행이 금법을 어기고 멋대로 화약을 사가지고 가다가 봉황성을 지키던 장경(章京 : 청의 팔기무관)에게 발각되자 이요의 이름을 들며 사매(私買)한 사람을 잡아 보내지 않고 도리어 용인해줄 것을 애걸하였다. 이요는 이에 앞서 금지시키지 않고 일이 발각되자 도리어 은폐하려 하였으니 허물을 면하기가 어렵다.(효종 8년, 1657 년 3월 28일)

청나라의 최신 화약 제조법을 입수하라!

조선 조정에 비상이 걸렸다. 낙후된 화약무기를 가지고는 도저히 전쟁에서 이길 수 없음을 알아챘기 때문이다.

과거 최무선이 중국인 이원(李元)으로부터 화약무기 제조법인 자초법(煮硝法)을 전수받았으나 조선 개국 후 200여 년의 평화가 계속되는 동안 자초법도 점차 사장되었다. 이런 상황에서 임진왜란을 맞았고, 당황한 선조가 염초 제조법 확보에 큰 관심을 보이게 된 것은 당연한 일이었다.

임란 이듬해인 1593년 자초법을 배우는 데 성공한 인물은 표헌(表憲)이었다. 선조는 "이번에 염초를 굽는 방법은 역관 표헌이 배워온 것이니 그에게 가자(加資)하라."는 비망기를 내린데 이어, 국내의 염초 생산을 장려하는 한편 중국으로부터 염초 수입을 은밀하게 추진했다.

하지만 염초는 중국이 1급 군수품으로 지정한 반출금지품목으로, 양국 사이에는 이를 둘러싼 문제가 자주 발생했다. 그리고 그 최대 분쟁은 1657년에 발생했다.

병자호란 후 청에 보복하기 위해 모든 것을 걸었던 효종에게 염초 수입은 북벌의 필수조건이었다. 이에 따라 효종은 조총수를 양성하기 위한 첫 단계로서 모든 역관들을 염초 도입에 투입했다.

그러던 중 조선인이 국경을 넘어 청인을 살해한 사건이 발생하자 이를 기회로 효종은 동생 인평대군(麟坪大君)을 사은사로 보내 비밀리에 화약 밀수를 추진했다. 그런데 도입 과정에서 이것이 봉황성(鳳凰省)에서 발각되었고, 이 사건을 보고받은 청 세조가 관원을 직접 파견하여 사건 진상을 보고하라고 위와 같이 추궁하고 있는 것이다.

이에 어쩔 수 없이 효종은 인평대군을 도와 염초 수입을 추진하던 통역 무관인 최진남(崔振南)을 비롯하여 박경인(朴庚仁), 하득(河得) 등을 참형으로 다스렸다.[155] 청의 압력에 굴복해 첩보원을 희생양으로 삼은 것이었다.

이어 숙종 때에는 역관 김지남(金指南)이 사행 대열에서 몰래 이탈한 뒤에 중국 민간 기술자를 찾아가 화약제조법을 배워왔다.

1682년~1683년에 걸쳐 일본과 청을 다녀온 김지남은 막강한 위력의 일본 조총을 보았고, 청나라에서는 폭죽이 민간인들의 일상용품으로 사용되고 있다는 사실을 목격했다. 그는 두 나라의 화약기술이 조선의 그것과는 비교할 수 없을 만큼 앞서 있다는 사실에 충격을 금치 못했다. 1635년 이서(李曙)가 쓴 『화포식언해(火砲式諺解)』가 나왔지만 숙종 대에는 이미 구식이 된 지 오래였다.

이러한 보고를 받은 조정에서는 1692년 연행사 파견을 결정하고, 병조에 근무하던 민취도(閔就道)와 함께 김지남을 수행역관으로 지명했다.

김지남은 연경에 도착하여 화약 제조에 정통한 민간 기술자가 요양(遼陽)에 살고 있다는 첩보를 입수하고, 변복하여 군관 한 명을 대동한 채 호동관을 빠져나와 요양으로 달려갔다. 그리고 그 기술자로부터 최신 자초법을 배우기 시작했다. 그러나 그가 급사하는 바람에 중도에 연경으로 돌아올 수밖에 없었다. 최신 기법을 연마하기 전에 당한 허무하고 안타까운 순간이었다.

귀국한 뒤에도 김지남은 전통적인 최무선의 염초법을 연구하고 요양에서 배워 온 자초법이 조선에서도 가능한지 여부를 실험하며 시간을 보냈다. 1년 뒤인 1693년 진하사 사절로 중국에 다시 건너간 그는 또 다른 민간 기술자에게 기어이 자초법의 비결을 알아내는 데 성공했다. 그는 화약 제조에 성공한 다음 그 비방을 자세히 설명한 『신전자초방(新傳煮硝方)』을 편찬했다.

정조 때 장용영(壯勇營) 부대에 막강한 조총군이 활동했고, 신도시 화성에서 벌인 군사훈련에 화약이 빈번하게 쓰였던 배경에는 이런 그의 피나는 숨은 노력이 있었던 것이다.

역관 장현(張炫) 역시 화약무기 도입에 동원됐다. 그는 군사물자 조달의 책임자 역할을 맡아 염초와 유황, 심지어 화포까지 들여오곤 했다. 그러나 1691년 6월 화포 25대를 구해 오다 봉황성에서 적발된 사건은 바로 청과 조선에 통보되었다. 그로 인해 숙종은 눈물을 머금고 그를 중벌하고 청에 그 결과를 보고해야만 했다.[156]

이렇듯 중국의 화약무기 도입과 그 개발은 약소국 조선에게는 국가안보상 필수적인 것이었고, 그의 도입을 위해 첩보망을 총동원했음을 보여주는 것이라 하겠다.

홍이포(수원 화성, 사거리 약 700미터 정도)

일본 무기밀수를 지시한 조선왕

왜선이 야음을 타고 가덕진에 와서 정박하였는데, 상인 임지죽 등이 백금 6천 9백여 냥으로 석유황 1만 1천 3백 근과 흑각·장조총·장검 등의 물건을 무역하였다. 대개 유황과 병기는 지난 해 문위역관(問慰譯官)이 섬에 들어갔을 때 왜인과 은밀히 약속하고 그들로 하여금 가덕도에 정박하여 서로 무역하게 하였는데, 이때에 이르러 일이 이루어진 것이다.(현종 5년, 1664년 7월 19일)

　일본의 무기와 유황을 확보하라!

　청나라의 최신 화약 제조법을 입수하라는 밀명에 이어, 일본 무기체계와 화약의 원료가 되는 유황을 확보하라는 특명이 내려졌다. 임진왜란과 두 차례 호란(胡亂)을 겪으면서 신무기의 필요성을 뼈저리게 느낀 결과였다.

　당초 효종은 청에 볼모로 있으며 그곳 사정을 은밀히 파악하여 본국에 전해주는 역할을 했다. 또한 청의 대명전쟁에 직접 참여하여 명이 멸망하는 과정을 목격하면서 적극적인 반청(反淸) 사상을 가지게 되었다.

이에 효종은 귀국 후 대대적인 북벌계획을 수립하고 훈련도감을 설치하는 한편 삼수병 체제로 군 편제를 전환했다. 조총을 주력으로 하는 보병 위주로 군을 운용하고자 하는 조선의 몸부림이었던 것이다.

그러나 17세기 중엽 조선의 화약 제조기술은 구식이었고 유황광산도 개발하지 못하고 있었다. 이 때문에 조선은 사행에 참여하는 역관이나 상인을 통해 청과 일본에서 화약의 연료인 염초와 유황을 밀수입했다. 이렇게 해서라도 재료를 가져온 것은 당시 화약의 품질이 전쟁의 승패를 좌우할 만큼 민감한 사안인 까닭이었다.

하지만 청·일은 화약 재료의 국외반출을 엄격히 금지했다. 민간인이 화약 제조기술을 누설하거나 재료를 판매하다가 적발되면 최소한 사형이었다. 더구나 1621년 일본의 '무기금수조치(武器禁輸措置)'가 발표되면서 조선의 유황 확보는 비상이 걸렸다.

이를 타개하기 위해 조정이 발 벗고 나섰다. 훈련도감에서 파견한 역관 김근행(金謹行)이 일본에 건너가 거상 이토 코자에몬(伊藤少佐衛門)과 은밀히 접촉하여 유황 4만근과 무기 공급을 약속받았다. 역관들이 계속해서 무기수입 루트를 수소문하고, 결국 밀매업자인 그와의 비밀 접촉을 통해 얻어낸 결과였다.

이에 따라 이토는 1663년 3월 유황 2만근과 장검 200자루를 확보한 후 가덕도에 상륙하여 연락을 취해왔다. 이에 훈련도감은 기밀유지를 위해 서울상인 이응상(李應詳)으로 하여금 값을 치루고 서울로 싣고 오게 했다.

다음은 동래부사 안진(安縝)이 나섰다. 그의 지시를 받은 상인 임지죽(林之竹)이 쓰시마로 가는 역관을 통해 이토에게 나머지 유황과 무기수입을 부탁한 것이었다.

이에 이토는 다시 1664년 유황 1만근과 조총·장검 등을 싣고 가덕도로 와 임지죽에게 인도했다. 이 때 안진이 비변사로 비밀장계를 보내어 물건이 도착하였음을 위와 같이 알리고 있는 것이다.

한편 보고를 받은 비변사는 보안 차원에서 가덕도에서 밀양까지는 선박으로, 밀양부터 충주까지는 말(馬)로, 충주에서 서울까지는 다시 선박을 이용하는 등 입체 수송 작전을 벌인 끝에 안전하게 무기를 가져올 수 있었다.[157]

한편 일본은 유황을 비롯해 무기류를 엄정 관리하던 중, 1667년 조선에 무기를 판매한 근세사상 최대의 무기밀매단을 적발했다. 이는 바로 조선 조정에 무기류를 제공한 이토 조직이었다.

일본은 이토 등 주요 관련자 43명에게 사형을, 나머지 공범 50명에 대해서는 추방시키는 중형을 내렸다.[158] 그리고 사건 후 조선에 사건 진상규명과 관련자 처벌을 강력히 요구하여왔다.

당시 조선은 밀매업자에 대해서는 사형에 처하고 있었다. 그러나 이때는 전혀 달랐다. 현종은 "김근행은 자급을 더해주고 김덕생은 면천해주며, 임지죽 등은 모두 통정첩(通政帖)을 주라."[159]고 명했다.

사건관련자들에게 오히려 상을 내린 이 사건의 배후에는 왕이 있었던 것이다.

즉 현종의 지시로 좌의정 원두표(元斗杓)와 훈련대장 이완(李浣)을 비롯하여 민·관·군이 총체적으로 단합해 무기밀수라는 범죄행위를 치루면서 까지 유황을 확보하려 했던 것이다.

이는 오로지 북벌과 자주국방을 이루어 내기 위한 고뇌의 선택이었던 것이다. 이 과정에서 조선의 역관과 상인들은 국가의 정보목표 달성을 위해 신변의 위협을 무릅쓰고 끈질긴 비밀활동을 통해 주어진 임무를 묵묵히 수행하였던 것이다.

일본의 인삼재배 비밀프로젝트

이것은 조선의 국사와 관련되는 것입니다. 이와 같은 것을 에도 쪽(바쿠후)이 알고 싶어 한다는 것 자체가, 설사 소문을 통해서라도 조선의 귀에 들어가게 된다면 앞으로 어떤 어려움이 닥칠지 모르는 일입니다. 이 일은 어찌되었든 간에 은밀하게 추진되지 않으면 안 됩니다.(일본 대마도종가문서, 약재질정기사, 1721년)

1613년 허준의 『동의보감』이 세상에 그 모습을 드러냈다!

그러나 동의보감에는 약재의 이름만 있을 뿐 그것을 구별할 수 있는 그림이 없었다. 그리고 이것을 주의 깊게 본 한 일본의 쇼군(將軍)이 동양의학의 기초가 되는 약초를 알기 위한 음모를 진행시킨다.

임진왜란 후 조선은 일본의 요청에 의해 무역을 매개할 기구로서, 초량왜관을 설치하고 대마도주로 하여금 그 관리를 맡겼다. 비록 외교는 닫았지만, 조선을 통한 중국과의 교역을 위해 최소한의 문은 열어줄 수밖에 없던 상황이었다.

이후 교린과 침략의 두 얼굴을 가진 초량왜관에는 조선 후기 약 5백 호, 3천 명의 일본인이 상주하면서 양국의 무역거래를 담당하게 되었다.

한편 일본의 8대 쇼군 도쿠가와 요시무네(德川吉宗)는 조선의 인삼을 직접 일본에서 재배하는 꿈을 꾸기 시작했다. 그가 인삼에 관심을 갖게 된 계기는 대마도주가 보낸 동의보감을 통해서였다. 그는 동의보감을 평생 곁에 두고 살았을 만큼 당시 의료 선진국 조선의 약재와 의학 따라잡기에 큰 관심을 보였다.

또한 당시 열도에서는 인삼이 죽어가는 사람도 살릴 수 있다는 명약으로 알려지면서 그 수요가 폭발적으로 증가했고, 가격이 앙등하자 인삼 재배기술을 확보해 은(銀)의 대량유출을 막는 것을 주요 정책목표로 삼았기 때문이었다.

비밀프로젝트의 첫 번째 단계로서, 요시무네는 1721년 7월 고시 쓰네에몬(越常右衛門)을 약재질정관(藥材質正官)으로 임명하고 조사단을 구성하여 조선으로 밀파시켰다.

이 조사단은 왜관을 근거로 그로부터 30여 년에 걸쳐 인삼 생초를 비롯해 한반도에 산재되어 있는 동·식물을 샅샅이 조사했다. 그 결과 1,200여 종의 약재를 수집했고, 이것이 일본의 근대적 생물 실태조사의 실마리가 되었다. 이는 일본이 무섭게 근대화를 추진하고 있다는 방증이기도 했다.

같은 해 10월에는 소우 요시노부 대마도주가 인삼 생근 3본을 조선에서 밀반입하여 막부에 헌상했고, 막부에서는 고노 소앙(河野松庵) 등을 중심으로 조선에서 밀반입한 인삼 등 약초를 조사·재배하게 하였다.

이후 생초와 생근, 씨앗이 잇달아 전해지고 번식되어 일본 어종인삼(御種人蔘)의 시조가 되자, 막부에서는 1738년 인삼의 재배법을 공개하여 전국에 인삼재배를 장려했다. 이로 인해 대박을 노린 일본판 심마니 후보들이 너도나도 재배에 뛰어들게 된다.

이는 조선이 인삼재배 방식을 산업기밀로 하고, 인삼 모종의 국외 유출을 엄격히 금지했으나 느슨한 감시체제를 이용하여 이를 은밀히 가져가 일본화에 성공했던 것이다.

한편 이러한 비밀프로젝트가 수행될 수 있었던 것은 초량왜관이 있기에 가능했다. 일본인들은 왜관을 벗어날 수 없는 특성상 조선인을 조사에 동원시켜 인삼 종자를 비롯한 동·식물의 조사와 반입을 추진했다. 즉 당시 역관·한의사·약계(藥契) 등 다수의 조선인들이 뇌물을 받고 일본 밀사들을 도왔던 것이다.

일본 측에서 협조자로 포섭한 대상은 1721년 통신사로 도일하여 인삼밀매로 약점이 잡힌 최상집(崔尙嶸) 등 역관들이었다.[160] 일본은 밀무역 죄로 중형을 받게 될 그들의 범행을 조선 조정에 알리지 않고, 대신 그들을 프로젝트에 협조하도록 얽어매는 수법을 동원했다. 이에 최상집은 약재조사를 위한 허가를 동래부에서 따내주기도 했다.

결국 일본은 인삼 일본화에 성공했고, 그에 따른 은의 유출량도 감소하여 1753년을 끝으로 조선과의 은 거래는 종결되었다.

즉 일본은 대마도를 통해 각종 공·사 거래와 기밀 프로젝트 중개를 하게 했으며, 초량왜관을 거점으로 다양한 대조선 첩보활동을 추진하였던 것이다.[161]

암행어사의 민정첩보

자인현감 남국한(南國翰)은 지식이 밝지 못하고 또 술을 좋아해 아전은 좋아하고 백성들은 원망합니다. 대구판관 윤숙(尹潚)은 사람과 관직이 걸맞지 않고 전혀 일을 모르며, 울산부사 이만유(李萬維)는 혼미해 일을 보살피지 못해 아전들이 그것을 빌미로 간사함을 부리니 청컨대 모두를 파직하소서.(영조 4년, 1728년 3월 11일)

'암행어사 출도야'라는 말만 들어도 산천초목이 떨었다는 얘기가 있다. 하지만 이 외치는 소리가 전국 방방곡곡을 울려도 조선은 부정부패를 척결하지 못했다. 탐관오리들의 온갖 비리가 뿌리 깊이 박혀 있었던 것이다.

위 내용은 암행어사 박문수(朴文秀)가 암행지역을 시찰하고 귀환 후 왕에게 올린 서계(書啓)의 일부로 당시 지배계층인 벼슬아치들의 단면을 보여주고 있다.

암행어사는 세계에서 유례가 없는 색다른 제도로 조선에만 존재했던 특별한 사정감찰직이었다. 이 제도가 만들어진 것은 왕도정치를 실현하고자 하는 위정자들의 강력한 의지 때문이었다. 그리고 왕에게 전달되는 '민심'과 실제 '민심' 사이의 괴리를 파악하여 백성의 고통과 억울함을 달래주기 위한 채널이기도 했다.

암행어사는 국가정책에 반영할 필요가 있는 중요내용·민심동향 및 사회정세 등 각종 첩보를 수집하여 왕에게 직접 보고하는 기능을 갖고 있었다. 어사의 임무 중에는 군인을 조발(調發)한다면서 백성을 어렵게 만드는 일은 없는지, 서원을 멋대로 만들어 사리사욕을 채우거나 행패를 부리는 일은 없는지 등을 조사하고, 효행 열녀를 찾아내어 표창하거나 숨어있는 선비를 발굴하여 벼슬길을 열어주기도 했다.

또한 건전하고 아름다운 미풍양속을 유지·권장하고 사회 소외 계층을 위로하는 한편 왕의 성덕을 칭송토록 하는 임무도 맡고 있었다.[162]

이러한 암행어사의 선발·임무부여·파견활동·귀환 등 모든 사항에 대해서는 극도의 비밀에 부쳐졌다.[163] 임명을 받고 나면 어사 본인은 물론이고 시종 역시 변장을 하고 임무를 수행하였는데, 임무수행은 주로 부보상(負褓商)을 이용하거나 그들로 위장하여 진입하는 방법을 많이 사용했다. 어사가 부보상을 이용했던 것은 그들이 전국 방방곡곡을 누비고 다니면서 관청의 사정과 백성의 여론을 정확히 파악할 수 있었고, 필요한 첩보를 쉽게 얻을 수 있었기 때문이었다.

임무가 종료되면 암행어사는 귀환보고서인 서계와 부속서류인 별단(別單)을 각 한 통씩 작성하여 왕에게 복명하는 날에 제출해야 했다.[164]

통계를 보면 조선시대에는 명종 이후 350여 년간, 약 600여 명의 암행어사가 파견되었다. 그러나 많은 암행어사 중에도 오늘날까지 기억되고 존경받는 암행어사가 박문수다.

그는 1727년 9월 경상도 어사를 지내면서 암행에 뛰어났다는 평가를 받았다. 또한 백성들의 원성이 자자하고, 뇌물을 수수하던 수령들을 가차 없이 징벌함으로써 백성들의 인기를 한 몸에 받는 전설이 되었다.

함경도 진휼사 때에는 경상도의 곡식 1만 섬을 실어다가 흉년으로 굶주리는 백성들을 구제하여 후에 함흥 만세교 옆에 그의 송덕비가 세워지기도 했다. 이처럼 민초들의 응어리를 풀어주고 그들의 아픔을 같이 하는 카타르시스적 효과로 암행어사의 대명사로 불리게 된 것이었다.

또한 그는 좋은 정치를 위해서라면 왕에게 독설을 퍼붓는 일을 서슴지 않았으며, 때때로 영조를 향해 눈을 똑바로 뜨고 고함을 치기도 했다.

백성은 궁핍하고 재물은 고갈되어 하나도 믿을만한 곳이 없으니 300년 종사가 어찌 전하 때에 망하려는 조짐이 아니겠습니까! 국사를 물리치고 마음을 붙이려 하지 않으시니 장차 국가를 어떤 지경에 두려고 그러십니까?[165]

신하들은 박문수의 이런 거친 말과 행동을 비난했지만, 오히려 영조는 그의 개혁과 정책을 뒷받침 해주는 커다란 힘이 되었고, 그를 끝까지 믿고 신뢰했다.

정치·경제적으로 온갖 문제들이 불거져 나왔던 조선 후기! 박문수는 분명 원칙과 소신으로 민정 첩보를 수집하여 사회적 부조리를 해결하고 백성들의 고통을 어루만지는 관리상을 몸소 실현했던 것이다.

◀마패(尙瑞院이 공무 출장자에게 발급).
앞은 마필의 수효를, 뒤는 자호(字號), 연 월 일
및 상서원 글자를 새김
▼암행어사 유척(鍮尺, 놋쇠로 만든 자).
어사에게 두 개의 유척을 지급. 하나는 죄인의 형구
크기를 재는데, 다른 하나는 도량형을 통일해서 세금 징수를
고르게 하는데 사용

일본의 산업정보를 도입한 조엄

이 섬에 먹을 수 있는 풀뿌리가 있는데, 감저 또는 고코마라 부른다. 흉년을 지낼 구황작물로 좋을 듯하다. 이것들을 잘 키워서 우리나라에 보급하면 어찌 우리 백성에게 큰 도움이 아니겠는가? 동래에 심은 종자가 만약 잘 자라준다면 제주도나 다른 섬으로 이식하여 재배하는 편이 좋을 듯하다.(해사일기, 영조 39년, 1763.8 ~ 1764.7)

옛날 조고구마(趙諸)로 불리었던 인물이 있다. 조선 민초들의 구황식물로, 또 병사들의 비상식량으로 쓰기 위해 그가 얼마나 열성적으로 보급에 힘을 쏟았는지 당시 사람들은 그를 그렇게 불렀다.

임란 후 조선은 1604년 탐적사(探賊使)로 승려 유정(惟政)을 파견하여 전쟁 중 납치된 포로 송환을 위한 쇄환 교섭을 추진함으로써 일본과 다시 교류를 시작했다. 이 과정에서 쇄환된 피납자들의 제보와 초기 통신사들의 사행기록은 일본에 대한 중요한 첩보 출처 중의 하나였다.

이후 일본과의 교린을 회복한 조선은 일본의 새로운 쇼군(將軍) 정권이 안정되어 있는지, 조선에 대해 도발 가능성이 있는지 여부를 탐색하는 일이 주요 관심사였다. 그리고 통신사(通信使)들은 일본 현지에서 이를 상세히 정탐하고 각종 첩보를 수집하는 임무를 수행했다.

조선은 1763년 10월에도 대일 교섭 및 통상을 관할하는 동래부사와 경상도관찰사를 역임했던 지일파 조엄(趙曮)을 통신사로 파견했다.

조엄은 과거 선행 통신사들이 중화의식과 문화적 우월감에 빠져 일본 문물을 인정하지 않았던 점에 비추어, 그는 편견에 빠지지 않고 좋은 점은 인정하고 부족한 점은 보완하는 등 일본을 직시하고자 했다.

그는 대마도에 도착 후 그곳에서 처음 고구마를 보고 통신사의 사행 중간보고를 위한 파발 역할을 하고 있던 대마도 비선(飛船) 편으로 그 종자를 급히 부산포로 보냈다. 그가 서둘러 종자 몇 말을 부산으로 보낸 것은 다음 봄에 파종하게 하기 위한 조치였다. 그는 일본에서 돌아올 때도 고구마를 더 가져와 그 재배법과 저장법까지 상세히 소개했다.

조엄은 여기에 그치지 않고, 요두우라 지역의 수차(水車 : 물레방아)를 보고 우리 논에 물 대기가 편리할 것임을 생각하여 수하 관원들로 하여금 그 구조와 모양을 관찰하고 제작방법을 조사하게 했다.

조선통신사비(대마도 소재)

이와 같이 그는 실학적 관점에서 민생에 도움이 될 만한 첩보에 깊은 관심을 보였다. 이는 그가 지방관으로 있으면서 일본과의 교역 및 경제에 대해 비교적 소상한 정보를 접할 수 있었던 이유도 있던 것으로 보인다.

그보다 조금 늦게 청나라를 방문한 연암 박지원이 "중국에서 정말 볼 만한 것은 깨진 기왓장과 똥거름이다."며 민간의 이용후생 실태에 대해 깊은 질투를 느끼면서, 민생은 나아지지 않는 조선 현실에 대한 분노를 표시했다.

또 김인겸도 그의 저서 『일동장유가』에서 "북경의 번영도 오사카에는 진다. 짐승과 같은 인간들이 2천년 동안 이렇게 평화롭게 번영하고 있었다니 원망스럽다."라고 표현한 것도 같은 맥락이었다.

소중화(小中華)에 빠져 허세와 체면의 상징이던 팔자스텝을 밟으며, 청나라와 일본의 실체를 반쪽 눈으로만 바라보았던 거드름의 결과였다.

즉 그보다 먼저 일본에 파견되었던 통신사들이 모두 일본의 현실에 대해 애써 눈을 감았지만 조엄처럼 그들의 문물을 도입하고 실행에 옮긴 사람은 없었다.[166]

그 결과 1766년 동래부사 강필리(姜必履)가 동래에서 시험 재배에 성공하여 그 재배법을 담은 『감저보(甘藷譜)』를 저술하게 되었으며, 남부 일부지방에서만 재배되던 고구마는 19세기 후반 이후에는 전국에 걸쳐 재배하게 되었다.

즉 조엄의 세심한 관찰력으로 고구마는 감자와 더불어 조선시대의 주요 먹거리가 되었던 것이다.[167)]

이처럼 조선과 일본은 외교사절을 통하여 고구마를 비롯해 대장경이나 인삼재배 등 자국의 국가경제와 국익을 위한 치열한 산업 첩보전을 펼치고 있었다.

큰 틀의 대중 전략을 제시한 박지원

남의 나라를 치고자 한다면 먼저 간첩을 쓰지 않고서는 이룩하지 못하는 법이야. 이제 곧 그들에게 청하기를, 우리 자제들을 귀국에 보내어 학문도 배우려니와 벼슬도 하여 옛날 唐·元의 고사를 본받고, 나아가 장사치들의 출입까지도 금하지 말아 달라 하면 그들은 반드시 우리의 친절을 달콤하게 여겨서 환영할 테니 그제야 국내의 자제를 가려 뽑아서 머리를 깎고 되놈의 옷을 입혀서 지식층은 가서 빈공과에 응시하고, 세민들은 멀리 강남에 장사로 스며들어 그들의 모든 허실을 엿보며, 그들의 호걸을 체결하고선 그제야 천하의 일을 꾀함직하고 국치를 씻을 수 있지 않겠어.(열하일기, 박지원, 1780년)

조선의 대문장가 연암 박지원(朴趾源)!

그는 젊은 시절 심한 우울증을 앓다 웃음으로 치료를 했다. 그러기에 그의 문장에는 해학과 풍자가 넘친다. 그리고 그의 자유로

열하일기(박지원 著)

운 사상은 당시 지배 이념이었던 북벌론을 경계하고, 청을 배움의 대상으로 인식하게 된다.

위 기록은 1780년에 박지원이 청나라 열하(熱河)에 다녀온 감상을 적은『열하일기』「옥갑야화」편에 실려 있는 내용이다. 이 책에서 연암은 실사구시 입장에서 조선이 취해야 할 대청정책(對淸政策)을 날카롭게 제시하고 있으며, 이는 첩보학적인 측면에서도 중요한 의미를 갖는 대목이다.

책 내용에서 허생(許生)은 북벌의 묘책을 찾고 있던 이완(李浣) 어영대장을 만나 세 가시를 할 수 있느냐고 묻는다.

첫째로 청을 제대로 아는 와룡선생 같은 지략가를 삼고초려해서 데려올 수 있느냐고 묻는다. 둘째로 종실의 딸들을 조선에 망명한 명나라 장졸들에게 시집보내고, 공신이나 귀족들의 집을 빼앗아 그들에게 나누어주어 인맥을 만들 수 있느냐고 묻는다.

셋째로 나라의 인재들을 대거 청에 유학 보내고, 조공에 수반되어 이루어지던 무역을 청의 승낙을 받아 지식인과 무역상들이 자유롭게 국경을 왕래하며 상행위를 하게 할 수 있느냐는 것이다.

허생이 제시한 것 중 가장 관심을 끄는 부분은 셋째와 관련한 대목이다.

그는 조선 인재로 하여금 과거시험을 통해 청 관리가 되어 주요

연암의 부러움을 샀던 중국 벽돌집

인맥[168]을 형성케 함으로써 청의 정치와 교육을 좌지우지하게 한다는 것이다. 또한 경제적으로는 양국 간 자유무역시장 형성을 통해 활발한 상거래를 추진하여 조선의 장사꾼들로 하여금 청 경제를 장악케 한다는 것이다.

마지막으로 허생은 청을 정벌하는 것이 현실적으로 불가능한 상황에서 청의 중심세력과 유대를 긴밀히 하여 천하를 호령하는 것이, 사실상 청을 지배하는 것이 되고 실질적인 북벌을 단행하는 효과도 얻게 된다는 이론을 제시하고 있다.

결론적으로 연암은 우리의 첩보·지식을 기반으로 정치·경제 등의 잠식을 통해 청의 실질적인 지배를 설정하고 있다는 것이 우리가 눈 여겨 볼 의미심장한 대목이다.

이러한 것은 과거 오랑캐였던 청이 중원을 장악한 후 그들의 만주적 특성을 바탕으로 중화(中華)를 성공적으로 수행하고 250여 년을 집권했던 점을 연암이 정확히 직시한 데 따른 것으로 보인다. 또 그 속에서 우리가 살아남기 위한 현실적인 생존 전략과 대안을 함께 제시하고, 조선 집권층으로 하여금 인식의 대전환을 요구하고 있는 것이라 할 수 있다.

즉 하나하나의 첩보·외교·경제활동도 중요하지만 보다 중요한 것은 중국을 어떻게 보고 어떻게 다루느냐에 관한 거대 담론을 제시하고 있는 것이다.

이것은 단순히 18세기 말의 상황이 아니라 오늘날에도 적용될 수 있는 이야기다. 또한 21세기에 있어 날로 성장하는 중국과의 관계를 어떻게 효과적으로 운영할 것인가 하는 우리의 당면 과제이기도 하다.[169]

비변사의 작동되지 않는 비상경고등

춘조(春操)를 오랫동안 중지한 것은 모두 고식에서 비롯된 것이며 또한 백성들의 생계를 걱정해서였습니다. 이제 실시코자 하여도 만약 사전에 예고 없이 급히 징발하여 집합시킨다면 백성들이 무지하여 소란스럽기만 할 것이니 조련지정에 무익할 뿐입니다. 무릇 선병(繕兵)한다는 것은 하루 이틀 사이에 말로만 되는 것이 아니므로 수륙을 막론하고 모든 병기와 군오에 우선 유의하여 점차적으로 보완하고 추계 군사훈련도 그 때 가서 건의하여 실시토록 함이 어떻겠습니까?(비변사등록, 철종 12년, 1861년 1월 15일)

고질병(痼疾病)! 오래되어 잊을만하면 다시 나타나는 굳어 버린 몹쓸 병이다. 한동안 잠잠한가 싶었던 위기 불감증이 조선을 서서히 조여 오고 있었다.

19세기 말엽부터 한반도 연안에 출몰하는 서양 선박들의 수와 그 빈도는 해를 거듭할수록 증가하고 있었지만 이를 보고받은 비변사는 '경계를 철저히 하라.'는 지시만을 내리고 있었다. 그러면서 비변사는 1861년 1월 각 도의 춘계 군사훈련계획을 보고하는 중에 오랫동안 정지하여 온 군사훈련을 이제 새삼스레 실시한다면 민심만 소란케 할뿐이니 중지하자고 건의하고 있는 것이다.

원래 군사훈련은 봄과 가을에 각 1회씩 연 2회 실시하게 되어 있었는데 북벌을 주장하던 정조가 사망한 1800년 이후부터 60년 동안 단 한 번도 실시하지 않은 것이었다. 비변사의 위기 감지 기능은 먹통이 된지 이미 오래였다.

그러나 1866년 들어 오페르트의 2차에 걸친 내항(來航), 미국선박 선라이스(The Sunrise)·셔먼(Sherman)호 등 일련의 사건이 발생하며 위급신호는 계속 이어지고 있었다.

이러자 1866년 7월 고종은 국방내책을 논의한 자리에서, 각 부대에 "병력을 충원하고 무기를 수선할 것이며 전선을 보수하라."는 지시를 내리도록 했다. 이 지시가 각 지방 군사지휘관에게 하달된 뒤 경상감사 이참현(李參鉉)은 고리(庫吏)의 말을 인용하여 60여 년 만에 점검한, 그것도 문서로만 인계된 군기고의 상황을 아래와 같이 보고하고 있다.

대구(大邱)의 군기는 그 반은 가산(架山)에 있고 나머지 반은 역내의 군기고에 있는데 군기고를 열어 점검해 보려 하니 고리가 하는 말이 "이 창고를 열지 않은 지가 60여 년이 되었습니다. 이제 만약 열어 본다면 먼지뿐일 것이며 해마다 이에 대한 사무인계는 오직 문서로 하였을 뿐

입니다"라고 한다.[170]

이보다 앞서 정약용이 목민심서에서 "군대와 무기는 100년 동안 진쟁에 사용하지 않더라도 그에 대한 대비를 하루라도 하지 않으면 안 된다."는 주장을 되새겨보면 당시 벼슬아치들의 복지부동은 극에 달하고 있었다.

이와 같이 조선 조정의 안이한 정세판단이 지속되는 한 국방은 소홀할 수밖에 없었다. 조선조 임진·병자 전란 후 약 200여 년이 지나면서 병력의 감소는 물론 평화에 취해 늘어질 대로 늘어진 위정자들의 안보관은 급기야 동학농민군을 진압하기도 어려워 청나라 군대를 끌어들이는 우를 범하고 있었다.

또한 구한말 한반도를 둘러싸고 각국이 치열한 각축을 벌이고, 특히 일본의 침략이 노골화되어 가는 상황에서도 조선은 여전히 군사력이 전무한 국가였다. 주권이 위협받는 상황에서도 열강을 끌어들여 기존체제를 유지하려는데 만 골몰했을 뿐이다. 대한제국이 수립된 뒤에도 고종의 군사정책은 용병제(傭兵制)였다.

고종은 징병제를 실시하면 상공업 발달에 지장을 초래하고, 인구의 절대 다수를 차지하는 농민이 군대의 주요 구성원이 되므로 그 도입을 반대했다. 하지만 사실은 동학농민전쟁과 독립협회활동 등 민중 활동이 활성화되자 백성을 두려워하고 잠재적인 적으로 인식하는 트라우마에 빠졌던 것이다.

구한말 조선의 병력은 중앙군인 시위대·친위대와 지방군인 진위대를 합쳐 총 17,500여 명에 이르렀지만 이들의 임무는 국토방위가 아니었다. 친위대·시위대는 황실호위와 도성순찰이 주요 임무였고, 진위대의 역할은 민란 진압 등 치안유지였다.

이는 임진왜란 때보다 군대의 질이 훨씬 약화된 모습이었고[171], 이것이 당시 조선의 국가방위전략을 주도했던 비변사의 모습이었다.

국가안보목표를 달성하기 위한 중요 수단인 국가정보와 상황판단 능력의 총체적인 결함마저 인식하지 못하는 상황으로 내몰리고 있었다.

이 과정에서 조선은 방위 역량을 하나로 결집하기 보다는 끊임없는 분열과 갈등을 계속했다. 이래서는 안 된다는 뒤늦은 깨달음이 찾아왔을 때 이미 조선의 역할은 멈춘 비상경고등 만큼이나 서서히 지워지고 있었다.

목민심서(정약용 著)

중국 인맥을 효과적으로 관리한 오경석

프랑스 군은 군량이 부족하므로 싸우든가 화평하든가 매양 급히 결판 내기를 바라므로 우리 전술의 요체는 자신을 갖고 여유 있게 천천히 대기하는 것입니다. 그러면 저들은 자퇴할 것입니다.(오경석의 양요기록, 1866년 10월)

서세동점(西勢東漸)에 청나라가 휘청거렸다. 이에 놀란 대원군의 문단속에도 조선의 문을 두드리는 열강들의 노크 소리는 점점 커져만 갔다.

1866년 1월 대원군의 천주교 탄압으로 프랑스 동양함대가 조선을 침공한다는 소문이 파다하게 퍼지고, 7월에는 평안도 관찰사로 부임한 박규수(朴珪壽)가 미국 상선 '제너럴셔먼호(General Sherman號)'를 격침한 사건이 발생했다.

이러자 오경석(嗚慶錫)은 대원군의 명으로 정세 탐지를 위해 북경에 파견되었다.

당시 조선에는 프랑스 동양함대 사령관 로즈(Rose P. G)가 청나라의 동의를 얻어 조선에 출병한다는 첩보가 입수되었으며, 프랑스의 조선 침공에 청나라 운남성 군사들이 포함되어 있다는 소문도돌던 상황이었다. 따라서 조선으로서는 청의 가담여부가 초미의관심사였다.

이에 오경석은 평소 친교가 있던 한림원·병부·복건성 등의 고위인사들을 통해 광범위한 수집활동을 전개했다. 프랑스가 청에 공문을 보냈다는 첩보와 함께 청 군대의 지원 여부를 은밀히 탐문하였던 것이다.

그러던 중 그는 청나라 예부상서 만청려(萬靑藜)로부터 일급정보를 입수했다. 그에 의하면 청의 지원은 전혀 사실이 아니며, 프랑스가 조선을 침공할 때 프랑스군은 군량이 충분하지 않아 속전속결작전으로 나올 것이 예상된다는 것이었다. 또 이를 제압하는 방법은 시간을 끌면서 지연작전으로 나가면 될 것이라는 요지의 첩보도 추가로 입수했다.

오경석은 본국에 이런 내용의 보고를 보내면서 이를 입증하는자료로 프랑스 동양함대가 조선을 침공하기 직전에 주청 프랑스공사관과 청나라 총리아문 사이에 주고받은 문서를 입수해 필사해서 조선으로 보냈다. 오경석의 이런 첩보 덕분에 조선은 프랑스의 막강한 동양함대를 상대로 한 '병인양요'를 승리로 이끄는 데결정적인 역할을 한다.

한편 오경석의 이러한 첩보 입수는 단시간에 이루어 진 것이 아

해국도지(海國圖志, 청나라 魏源 著)

니라 13차에 걸쳐 역관으로 청을 드나들며 고위관리와 교제하면서 그들을 네트워크화한 결과였다. 이에 앞서 12번이나 청에 역관으로 갔던 스승 이상적(李尙迪)의 소개로 빠른 시일에 여러 사람을 만날 수 있었던 것도 큰 도움이 되었다.

그가 관리했던 인맥 중에는 내각중서·예부상서·공부상서·흠차대신·총독과 군기대신 등 청의 주요인사가 망라되어 있었다. 따라서 조선과 청 사이에 문제가 생기면 이들의 도움을 받아 해결한 것은 물론이었다. 스승과 제자 간에 고위인맥을 효과적으로 인계 인수하고 그를 잘 관리한 결과였다.[172]

이는 첩보·외교 등 제반 분야에 있어 전문성은 물론 업무 인수 인계의 중요성을 보여준 사례로서, 친한 인맥을 계속해서 잘 관리하고 운용한 선·후임자간의 모델을 제시한 것이었다.

한편 오경석은 당시 아편전쟁 등 청의 위기가 머지않아 조선에도 미칠 문제임을 직시하고, 개방과 개화사상을 수용할 것을 주장했다. 또 그를 전파하기위해 해국도지·박물신편·영환지략 등 신서를 수집하여 성리학에 젖어 있는 조선 지배층을 일깨우고자 노력했다.[173] 즉 개방의 파고 속에서 조선을 새롭게 디자인하고 부국강병으로 가는 세상을 꿈꾸었던 것이다.

하지만 조선은 강화도수호조약 체결 등 외세로 부터의 타율적인 개국의 시대를 피해갈 수 없게 된다.

일본의 첩보원 포섭활동

이번 수행에서도 만약 머리를 깍지 않고 의복을 바꾸지 않으면 이는 제가 조선인을 자처하는 일이며, 일인(日人)의 입장에 처하는 것이 아니니 어찌 황국의 신임을 받을 수 있겠으며 조선에 의혹을 남기지 않을 수 있겠습니까?(일본 외교사료관 대한정책관계잡찬, 김인승 진술서, 1875년 12월 17일)

조선 선비의 영혼을 헌신짝처럼 팔다!

술 한 잔을 미끼로 시작된 일본의 접근은 그를 점점 빠져나올 수 없는 끝없는 나락으로 몰고 갔다. 일본 첩보원의 마수에 걸린 한 조선인의 어처구니없는 이야기다.

위 기사는 일본에 포섭된 김인승(金麟昇)이 강화도조약 체결을 앞두고 일본대표단의 일원으로 참가하는 자신의 심정과 일본에 대한 충성을 밝히는 내용이다.

1875년 육군참모국 작성 조선전도
(김인승 자문, 독도를 조선영토로 표기)

19세기 초부터 일기 시작한 일본의 '정한론'[174]은 1873년 육군대장 사이고 타카모리(西鄕隆盛)의 강경 주장으로 이어졌고, 그 결과는 국민개병제 실시로 나타났다. 또 일본의 첩보활동을 주도하던 육군참모국은 1872년 군 첩보장교들을 조선인으로 가장하여 삼남지역을 정탐하게 했다. 이어 1875년에는 이른바 '운양호사건'을 일으킴으로써 한반도 예속화를 위한 본격적인 작업에 들어갔다.

한편 일본은 북방지역 거점 확보와 러시아·조선의 정세 탐색을 위해 1875년 4월 외무성 직원을 가장한 첩보원 세와키 히사토(瀬脇壽人)를 블라디보스토크에 파견하여 조선·만주의 지도 작성과 관련첩보를 수집토록 지시했다.

이 과정에서 세와키는 당시 조선의 기근으로 러시아 취풍(吹風 : 니코리스크)에 월경해 거주하던 김인승에게 술대접을 기화로 접근하여 다양한 테스트를 거쳐 포섭한 끝에 대동 도일하였다. 세와키가 러시아 방문 후 작성한『블라디보스토크견문잡지』에는 그에 대한 포섭과정이 상세히 기록되어 있다.

이는 조선이 외국인의 내지 출입을 금지하는 상황에서 그가 함경도 관직을 거친 지식인으로 조선관련 첩보수집에 유용한 인물이었다고 판단했기 때문이었다. 그는 이렇게 포섭된 후 1875년 8월부터 외무성 고문으로 채용되어 일본의 지도제작과 각종 대한정책 수립에 활용되었다.

이 지도는 조선팔도 전도·대청일통여도(對淸一統輿圖)로서 영·미국에서 간행한 측량해도 등을 참작하였으며, 조선 함경도인 모씨에게 친히 그 지리를 자문 받고, 의심난 곳을 묻고, 오류를 정정 받아 제조한 것임[175]

이는 일본 첩보부서 육군참모국이 그의 자문으로 조선 전국의 산천·기후·도로·교량·군명(郡名)·역명(驛名)까지 상세히 기술한 지도를 간행한 후 그 출처를 명기했던 내용이다.

또 김인승은 1876년 2월 강화도조약에 직접 참가해 일본의 대한 협상을 지원했다. 그는 강화도조약의 일본 대표인 구로다 키요타카(黑田淸隆)로부터 담판 때 조선의 관리들에 대한 설득논리 제공을 지시받고, 아래 내용 등 18개 항을 작성하여 보고함으로써 조·일 협상을 일본에 유리한 쪽으로 이끌었다.

일본이 11개나 되는 외국과 수교를 맺을 때 언약하기를, 만약 한 나라가 불량하면 나머지 열 나라가 함께 공격하여 위약한 죄를 추궁하기로 하였다. 호월일가(胡越一家 : 온 세상 사람들이 한 형제처럼 친하게 지냄)란 이를 두고 하는 말이 아닌가?

이후에도 그는 일본 외무성 활동을 지원하다 일자 미상 경 러시아에 귀환한 것으로 되어있다. 철저히 일본인으로 살기로 했던 그가 친일파 1호라는 영예를 뒤로 한 채 돌아온 것은 아이러니하게도 주변 일본인들의 멸시와 증오라는 따가운 시선 때문이었다.

그러나 일본은 계속 그를 첩보망으로 활용했던 흔적이 보인다.

일본은 1876년 블라디보스토크에 무역사무소 간판을 단 공작거점을 개설했고, 그와 함께 강화도조약에 참가했던 일본인 스즈키 다이스케(鈴木大亮)가 1878년 9월 블라디보스토크를 방문하여 그를 접촉한 사실도 기록에 드러난다.[176)]

이는 곧 일본이 블라디보스토크 거점과 첩보원 포섭을 통해 러시아의 남하정책에 적극 대응하고, 조선의 북방지역 침투를 용이하게 하기 위한 것으로서 당시 일본의 다각적인 첩보수집 등 본격적인 한반도 침략을 보여주는 것이라 하겠다.

김홍집의 첩보보고

러시아가 근일 도문강(圖們江) 해구에 군함 16척을 배치하였는데 각 함선마다 3천 여 명이 승선하고 있으며 해군측이 이를 지휘하고 있다. 그들의 의도는 앞으로 우리의 동남해를 경유, 중국 산동성 해안으로 전향하여 북경으로 직입(直入)하려 한다는 것이다. 근일 상해공보와 일본의 신문들이 모두 논평하기를, 만약 일이 일어나면 조선과 일본이 모두 그 피해를 입을 것이라고 하고 있으며 서양 각국도 역시 모두 러시아를 호랑이 또는 이리처럼 두려워하고 있기 때문에 여러 나라가 동맹하여 물리치려 하고 있다고 한다.(김홍집의 귀국보고서, 1880년 7월 6일)

온건개화파의 한 사람인 김홍집! 그가 일본에서 가져온 정체불명의 책 한 권이 국론분열로 들끓고 있는 조선에 기름을 부어넣었다.

1876년 개항이후 제1차 수신사로 김기수(金綺秀)가 파견될 때만

해도 조선은 일본의 침략 가능성에 촉각을 곤두세우고 적대적인 감정을 가지고 있었다. 그러한 일본에 대한 인식이 달라지기 시작한 것은 1880년 제2차 수신사 파견을 통해서였다.

이보다 앞서 1879년 7월 청국의 총독 이홍장(李鴻章)은 비밀서한을 보내 일본의 침략 야욕을 견제하고 러시아의 남하에 대비하기 위해 조선이 서양제국과 통상조약을 맺고 군비를 강화해야 한다는 조선의 대내외 정책방향을 제시한 적이 있었다.

이에 따라 고종은 1880년 1월, 일본사절의 답례와 조·일간 현안문제 등을 협의한다는 명분으로 일본의 대 조선정책을 파악하고, 그들의 침략성 여부를 은밀히 탐지하기 위해 제2차 수신사로 김홍집(金弘集)을 일본에 파견하였다.

그러나 이들은 일본에서 '아세아연대론(亞細亞連帶論)'[177]을 적극 주장하는 인사들을 만났고, 이를 주창하는 흥아회(興亞會) 회장이 베푸는 연회에도 참석해 극진한 대접을 받았다.

당시 일본이 주창하는 이 연대론은 동양의 조·청·일 삼국이 공동운명체로 단합하여 서구의 침략을 방어해야 한다는 것이었다. 아시아를 서구와 대등하기 위해서는 일본이 아시아를 지배해야 한다는 야욕이 내포되어 있는 논리였다.

그러나 김홍집은 이를 액면 그대로 이해하고 이 논리에 내재되어 있는 일본 우월주의와 제국주의 침략성은 파악하지 못했다. 이에 따라 수신사 일행을 비롯해 개화정책을 추진하는 사람들에게 일본은 더 이상 적대의 대상이 아니었고, 일본도 조선과 함께 대등한 관계에서 통상할 수 있는 국가로 인식하게 된 것이었다.[178]

또한 그는 주일청국공사 하여장(何如璋)이나 참찬관 황준헌(黃遵憲)과도 접촉했다. 특히 황준헌의 『조선책략(朝鮮策略)』은 동북아정세와 관련하여 조선이 지향해야 할 외교정책과 부국강병책에 대한 내용을 담고 있는데, 이 책이 그의 상황판단에 절대적인 영향을 미쳤던 것으로 보인다.

그는 귀국 후 일본이 당장 침략할 가능성이 없을 뿐만 아니라 그들도 러시아의 남하에 대비하기 위해 조선과 긴밀한 관계를 원하고 있다는 요지의 보고를 하였다.

당시 동북아 정세와 관련하여 일본의 침략 가능성보다는 오히려 러시아의 위협이 보다 급박한 문제이며, 러시아를 방어하는 책략은 친중(親中)·결일(結日)·연미(聯美)하면서 자강을 도모해야 된다는 것이었다.

그리고 일본의 침략 가능성에 대해서는 임진왜란의 예를 들어, 조선과 청이 반드시 합세할 것임을 잘 알고 있는 일본으로서는 무모한 전쟁을 일으키지 않을 것이며, 더욱이 국고의 고갈로 조선을 침략할 능력이 없다는 것이었다. 따라서 그들이 조선과 결합하고자 하는 까닭을 달리 의심할 필요가 없다는 보고였다.

기껏 첩보원으로 보냈던 인물이 업종을 바꿔 변호인이 되어 돌아온 격이었다. 결과적으로 김홍집의 귀국보고와 황준헌의 조선책략은 이제까지 고종과 조정 신료들이 가지고 있던 일본의 침략 가능성에 대한 의구심을 하루아침에 불식시키는 데 충분했고, 나아가 급속한 대일접근을 가능케 했던 것이다.[179]

즉 김홍집의 보고는 정보사용자[180]인 고종의 정책결정에 치명적인 판단 착오를 가져오게 했으며, 조선의 안보정책 방향을 오도한 잘못된 첩보 보고였다.

임란 때 선조의 명을 받고 일본에 갔던 통신사의 귀국보고를 연상케 하는 대목이었다.

조선책략(황준헌 著)

민간첩보망 부보상

왕은 병력을 증강하고자 하였으나 군비가 없는 것을 우려하였다. 흑 말하기를 부상(負商)은 군비를 들이지 않아도 된다고 하였다. 이에 조영하(趙寧夏) 등은 팔도 부상의 장(長)과 부(副)가 되어 부상을 서울로 불러들여 면화를 그들의 갓에 표하고 소를 잡아 크게 먹이고 약속을 정하였다.(승정원일기, 고종 19년, 1882년 9월 5일)

넓은 발로 모으고, 빠른 발로 승부한다!

전국의 등짐·봇짐장수 조직을 통해 얻은 정보들을 원하는 곳에 빠른 스피드로 전파할 수 있는 것은 부보상(負褓商) 만의 강점이었다.

대체로 장날은 지역사회의 축소판으로 세상 돌아가는 일과 사람들의 온갖 이야기들이 전해지게 되어 마치 생활에 필요한 물자가 장터에서 거래되듯이 온갖 첩보와 소문들이 거래되는 날이었다.

특히 부보상은 각 가정을 아무 때나 출입하는 행상으로 민심동향에 정통할 수밖에 없었다.

이들이 기록에 나타나는 것은 1380년 '황산전투'에서 부보상 백달원(白達元)이 이성계를 도와 위기를 모면하게 한 공로로 건국 후그에게 건어물·소금 등 5가지 물건에 대한 전매특권을 부여한 것이 최초이다. 이후에도 부보상은 국가비상사태인 임진왜란·병자호란·홍경래의 난·동학란 등에 상병단(商兵團)을 조직하여 첩보 수집 및 군량미 보급 등 반란을 진압하는데 동원되기도 했다.

대원군 때에는 1866년 '병인양요'를 계기로 의주-서울-동래에이르는 전국통신망을 관할하는 등 그 규모가 커져 부보상의 지역상단은 1천여 개로 늘어났고, 전국의 부보상 단원은 100여만 명에달했을 만큼 확대되었다.[181]

이렇게 부보상은 전국 규모의 조직을 운영하면서 정부가 필요로할 때 조직화된 물리력을 제공하면서 발전할 수 있었으며, 전쟁이발생하면 첩보를 수집하고 무기를 전장에 갖다 주는 역할을 했다.이들은 또한 전국의 산천·도로 등 인문지리에 밝았고, 어떤 통신수단보다도 빠르게 정보를 전달할 수 있어, 자주 그들의 이해를 관철시키기 위해 '사발통문(沙鉢通文)'[182]을 운영하기도 했다.

개항 이후 활발한 활동을 보이던 이들이 국가적 차원에서 조야의 주목을 받게 된 것은 1882년 6월 '임오군란' 때부터였다. 청국의 무력을 기반으로 재집권하게 된 민씨 정권이 약화된 치안을 확보하고 통치기강을 확립하라는 여론에 따라 위와 같이 이들을 군에 편입시켜 하급군교의 역할을 맡겼기 때문이었다. 이후 각 기관에 분리·관할되던 부보상 조직은 1883년 4월 마침내 삼군부로 공식 통합되기에 이르렀다.

한편 1894년 농민전쟁이 발발하자 부보상은 '장삿길을 편하게 하고 나라를 위해 해를 제거한다.'는 명분으로 관군과 더불어 농민군 토벌에 참여했다. 토벌과정에서 부보상은 농민군의 동향 등 각종첩보를 수집하여 관군에 제공했다. 또한 농민군과의 전투로 역참이 두절되자 각 지방에서는 이들로 하여금 역참을 돌보게 하였으며, 문첩(門帖) 왕래와 정탐을 담당케 하고 수십 명 단위로 각처에 병력을 파송케 하였다.[183]

1898년에는 법부 민사국장 이기동(李基東)이 수천 명의 부보상을 황국협회 회원으로 가입시켜 조직을 확대·강화하는 등 이들을 이용하여 독립협회 해산에 결정적인 역할을 했다.

1904년에는 한일의정서 체결 후 한성부판윤 길영수(吉永洙)가 부보상들을 통해 '나라를 팔아먹은 도적'으로 탄핵을 받고 있던 외부대신 이지용(李址鎔)과 참서관 구완희(具完喜) 등의 집에 폭탄을 투척하기도 했다.[184]

즉 이들은 일찍부터 장돌뱅이란 신분의 한계를 넘어 민간 첩보원으로서의 역할은 물론 세상을 네트워킹 했던 비밀조직이었다. 이후 부보상은 일제의 지배체제가 노골적으로 진행되는 가운데 그동안 누려왔던 대내적 특권이 소멸되면서 근대적 상인으로 발전하지 못하고 점차 쇠락의 길을 밟아갔다.

그러나 부보상이 관허상인(官許商人)으로서, 수구보수 세력의 이해를 대변하였다는 일부 비난에도 불구하고 그들이 조선사회에 미친 영향은 적지 않았다.

즉 부보상의 전국적인 조직이나 첩보수집 능력은 교통이나 유통
경제가 크게 발달하지 않았던 당시에 물가까지 조절할 수 있는 일
종의 특권 상인층 역할을 했으며, 또 국가적 위기 때에는 준군사
적 치안부대로서, 일정한 민간첩보망과 통신망의 임무를 수행했던
것이다.

▲ 서울로 압송되는 전봉준
◀ 사발통문(沙鉢通文)
누가 주모자인지 모르도록 서명에 참여한
사람들의 이름을 뺑 돌려 가며 적은 통문

334

일본 여간첩 배정자

청나라의 앞으로 움직임은 조선과 일본은 물론 동양 전체에 큰 영향을 미칠 것이며, 또한 원세개(遠世凱)의 부인이 조선인이라 하니 그대가 접근하여 일본과 청의 화목을 이루도록 하라. 나의 이상은 동양 3국을 병합하여 동양평화의 기초를 튼튼히 하는 것이다.(이토 히로부미 지시내용, 1905년 6월)

이토가 키운 조선의 마타하리!

일본의 침략아래 나라를 위해 목숨을 바친 수많은 독립투사들이 있는 반면 조선의 기밀을 수집하고 항일투사들의 체포를 위해 철두철미하게 일본의 공작원으로 살아간 인물이 있다. 민족의 배신자 배정자(裵貞子)의 이야기다.

그녀는 민씨 정권에 반대하다가 사형당한 배지홍의 딸로, 연좌제에 의해 죄적에 올라 노비가 된 이래 유랑과 승려 생활을 전전하

배정자(1920년대 당시 50대 모습)

다 1885년 무역상 마츠오(松尾)를 통해 일본으로 숨어들었다.

밀항에 성공한 배정자는 당시 갑신정변 실패 후 일본에 망명해 있던 안경수(安駉壽)와 김옥균(金玉均)을 만나게 되었고, 그들의 소개로 이토 히로부미(伊藤博文)의 수양딸이 되었다. 하지만 말만 수양딸이었지 사실은 일본판 카사노바(Casanova) 이토의 쾌락 대상이었다. 그는 평소에도 "술이 취하면 나는 미녀의 무릎을 베고 쉰다."라는 말로 다양한 여성 편력을 자랑했다.

한편 이토는 그녀의 출신성분과 골수 반한감정, 그리고 공작원으로서의 활용도를 높게 보고, 이후 승마·수영·사격과 변장술 등 본격적인 공작교육을 받게 했다.

또한 '일본이 동양 3국을 지배해야 동양의 평화가 온다.'는 일제의 침략사상을 철저하게 세뇌 교육시킨 뒤, 조선에서의 활동을 위해 다야마 사다코(田山貞子)로 개명하고 1894년 밀파하기에 이르렀다. 철저한 신분세탁 과정을 통해 두 개의 얼굴을 가진 공작원으로 보낸 것이었다.

귀국한 그녀는 주일공사관을 통해 일본어 통역이란 신분으로 위장하여 고종에게 접근하면서 이후 고종의 총애를 받는 등 공작기반 구축에 성공한다. 이는 당시 일제의 야심이 노골화되고 있는 상황에서 고종에게도 일본의 고위급 인물과 일본사정을 잘 알고 있던 그녀가 어느 정도는 필요했기 때문이었다.

이후 그녀는 궁중에 출입하면서 각종 정치·군사정보 등을 수집하여 하야시 곤노스께(林權助) 공사에게 보고했다. 1904년 러일전쟁 직전 친러파가 고종의 신변안전을 위해 추진했던 평양 천도 및 고종의 블라디보스토크 천거(遷居) 계획 등 수뇌부가 아니면 알 수 없는 고급기밀들이 대부분이었다.

한편 이토가 초대 통감으로 부임하자 그녀는 이토의 총애를 한 몸에 받으면서 이 시기에 막강한 권력자로 행세했다. 이런 이유로 오빠는 한성판윤(현 서울시장)으로, 동생은 경무감독관(현 경찰청장)으로 각각 출세하기도 했다.[185]

이로써 그녀는 거미줄처럼 구축된 첩보망과 인맥, 그리고 권세를 통해 구한말부터 대한제국 시기까지 조선의 극비기밀을 블랙홀처럼 빨아들이고 있었다.

1909년 이토가 안중근에게 사살된 이후에도 그녀는 조선주둔 일본군 헌병대의 촉탁, 일본 외무공무원, 일본군의 군사스파이, 조선총독부의 밀정 등 화려한 친일 편력을 자랑했다. 그러면서 각종 첩보 수집은 물론 간도·상하이 등에서 활동하던 항일투사들의 체포를 위해 암약했다.

이와 같은 악랄한 활동이 이어지자 1920년 5월 8일자 독립신문은 그녀의 암살을 공개적으로 촉구했다.

배정자는 작년 합이빈(哈爾濱)에서 다수의 동포를 적에게 잡아주고, 협잡을 하고 봉천으로 도망하여 와서 봉천 동포의 사정을 적 영사관에 고하야 동포의 받는 곤란이 막심하외다. 아아 언제까지나 이 가살(可殺)

의 요녀 배정자의 명을 그대로 두겠습니까!¹⁸⁶⁾

  당시 독립신문은 죽여도 좋은 일곱 부류의 인물을 지목했다. 그
대상은 적의 우두머리·매국노·고등경찰 및 형사·친일부호·총독부
관리·불량배·모반자였다.

  비록 그녀에 대한 암살은 미수에 그쳤지만 이는 민족으로부터
그 이상의 사형선고나 다름없었다. 이렇게 그녀는 무려 30여 년이
넘는 공작활동을 이어나간 후 1927년 57세의 나이로 공작원을 은
퇴했다.¹⁸⁷⁾

  이로 볼 때 대한제국의 국권 상실은 열강의 침략 속에서 피폐한
국력과 집권층의 총체적인 판단 착오가 그 주된 요인이겠으나 황
실 내부 깊숙이 침투한 배정자의 공작활동이 국가 와해의 단초로
작용하였음을 보여주는 것이라 하겠다.

근대 정보수사기구 경위원

경위원(警衛院)은 황궁 내외의 경비, 수위 및 수상 위법자를 규찰하고 체포하는 사무를 전적으로 관할한다. 총관 1인은 칙임관, 총무국장 1인은 칙임관 또는 주임관, 경무관 5인은 주임관, 주사 6인, 총순 16인은 판임관으로 궁내부 관제 중 경위원 증치에 관한 안건을 반포하고 총관에 이근택을 임명하였다.(고종 38년, 포달 제77호, 1901년 11월 17일)

대한제국 판 중앙정보부가 창설됐다. 2천 년 역사상 최초로 정보와 수사기능을 함께 가진 독립 정보기구 경위원(警衛院)이 탄생한 것이었다.

이에 따라 건국 이래 최고 관부 자리를 지켰던 의정부는 점차 실세와는 거리가 멀어졌고, 대신 새로 발족한 황제직속 기구 경위원이 황실 재정을 담당하던 내장원(內藏院)과 함께 대한제국 최고의 권력기구로 부상했다.

고종의 측근 이근택(李根澤)이 장관급인 경위원 초대 총관으로 임명되어 줄곧 재직한 것을 보아도 그와 경위원에 대한 황제의 신임이 얼마나 두터웠는지를 알 수 있다.

당초 고종은 1899년 폭열탄 사건[188]을 시작으로 황실전복 기도 사건, 개혁당사건[189]과 의화단사건[190]이 잇따라 발생하자 그 배후에는 박영효(朴泳孝) 등 해외 망명세력이 있다고 믿게 되었다. 이어서 1901년 3월에도 황제 측근인 김영준(金英準)이 역모에 연루된 사건이 발생하자 고종은 내부단속을 강화하고 황제에 도전하는 세력을 사찰할 목적으로 1901년 11월 경위원을 출범시켰다.

이렇게 만들어진 경위원은 황궁 경비·호위 등 기본적인 경찰임무도 수행했지만 각종 첩보수집·정치사찰·전복음모 색출 및 국법위반자에 대한 수사와 체포를 전담했다.

그리고 총관 밑에는 총무국장·경무관 등 많은 고급 경찰관이 배치되었으며, 경위원의 손과 발이 되었던 순검은 총관이 황제의 재가를 얻어 정원을 정한다고 되어 있어 무소불위의 권력기구 성격상 상당수의 순검을 운영했을 것으로 보인다. 1904년 당시 한성부에만 약 1,500여 명의 순검이 활동하였다고 한다.

한편 경위원은 순검으로 하여금 황궁을 숙위하고 일반 경찰 임무를 수행케 했으며, 이외에 특무 수행을 위해 별순검(別巡檢) 제도를 운영했다. 별순검은 제복이 없는 사복경찰로서 이들은 다른 순검과 달리 정보수집이나 비밀 정탐에만 종사했다. 또한 경위원은 인천과 부산을 비롯한 주요 개항장에 지금의 출입국관리사무소와 유사한 경무서를 설치하여 각종 첩보수집, 특히 당시 일본에 망명해 있던 반 황실세력인 박영효나 유길준(兪吉濬) 등과 연계된 인사들을 감시했다.

경위원은 창설된 후 1902년 5월, 일본에 망명 중이던 유길준이 일본육사에 유학했던 장교들을 규합해 의친왕을 옹립하려 했던 이른바 '혁명일심회(革命一心會)' 반란 모의사건을 색출하였다.

그해 11월에는 정적인 내장원경 이용익(李容翊)을 제거하고자 그가 고종이 총애하는 엄비(영친왕의 생모)를 양귀비로 비아냥거렸다는 것을 들어 반역을 주장하여 면관 처분시켰다.

이어 1903년 4월에는 일본으로 망명한 구연수·우범선 사건에 관련된 혐의로 법부협판 이기동(李基東)을 체포하여 경위원에 구금하는 등 막강한 권력을 휘둘렀다.

1904년 12월에도 순검과 별순검 수백 명을 동원해 일진회 사무소를 봉쇄하고 회원들을 해산시킨데 이어 일진회장 윤시병(尹始炳)을 체포하는 등 친일단체와 일본에 의해 매수된 고위관리들을 감시하고 전복 음모를 색출하는데 주력했다.

이로써 고종은 경위원을 통해 대신들을 탄핵하고, 반정부 세력을 진압하는 등 굵직굵직한 사건을 처리함으로써 정권안정을 꾀하는데 어느 정도 성공했다.

그러나 경위원은 정권을 보위한다는 명분으로 그 직무권한을 넘는 초법적 활동을 수행했으며, 세출도 궁내부에서 제일 많아 '내부(內部)'의 그것을 능가할 정도였다.[191] 또 정치사찰 외에도 징세권을 행사하거나 회사를 세워 특정 산업을 독점하는 등 월권이 심각했다.[192]

이와 같은 활동이 이어지자 하야시 일본공사는 시정 6개항을 들어 그 폐지를 주장했다. 조정 대신들 역시 경위원의 정치사찰 활동에 위협을 느껴 계속해서 그 폐지와 함께 총관을 파면하라는 상소를 올리기도 했다.[193]

급기야 1904년 2월 러일전쟁이 발발하자 고종은 일본의 압력으로 이근택을 강원도 관찰사로 전보하고, 그 후임에 권중석(權重錫)을 임명했다. 하지만 권중석 체제 이후에도 경위원은 계속 정원이 증가하다가 1905년 2월 일본인 마루야마 시게토시(丸山重俊)가 경무청 고문관에 임명된 이후로는 그 활동이 크게 위축되어 그 해 3월 폐지되기에 이르렀다.

이와 같이 일제의 간섭이 본격화되는 상황에서 해외 망명세력 등 반체제세력을 감시하고 통제하기 위한 정보기구의 탄생은 필연적인 선택이었다. 비록 황제권 보위를 명분으로 무소불위의 권력을 휘둘렀다는 논란에도 불구하고, 우리 역사상 최초로 대한제국이 각종 정보수집과 수사권을 함께 가진 근대 정보기구를 운영했다는 점에 그 의의가 있다 하겠다.

이근택

이용익

대한제국 정보기구 제국익문사 존재 여부

(제국익문사비보장정 문서가 발견된 것을 들어) 1902년 고종이 정보기관을 만들어 운영했으며, 고종퇴위 전까지 요원들은 해외에서 밀사로 활동하며 을사늑약 무효화를 위한 활동을 했을 것으로 보인다. 또 고종의 해외 예치금들이 지출될 당시 예입시의 원금과 같은 금액으로, 이자가 계산되지 않은 것은 요원들의 활동비로 쓰여 졌을 가능성이 있다. 또한 1910년 6월 데라우치총감이 외무성에 보고한 '미국통신원에 관한 건, 프랑스공사관 건물매수에 관한 건(합책)'이란 문서제목 중 통신원이라는 용어가 제국익문사 요원의 칭호를 의미한다. 그리고 제국익문사비보장정 외에 다른 기록은 찾아볼 수 없는데 이는 비밀이 보장되어야 하는 기구였기 때문에 기록이 남지 않았을 가능성이 많다.(고종시대의 재조명 요약분, 이태진, 2000)

고종이 신문사로 위장한 '제국익문사(帝國益聞社)'라는 정보기구를 만들어 운영했을 것이라는 위 주장에 대하여 국내외 기록과 함께 이를 분석한 결과는 다음과 같다.

1. 정보기구인 경위원(警衛院) 등 황제 직속기구들이 기록에 빠짐없이 존재하고 있음에 비추어, 비밀을 이유로 제국익문사 기록만 빠졌다는 주장은 납득하기 어렵다. 고종실록·대한계년사·매천야록 등 사료는 물론 관보·신문 등에도 찾아볼 수 없다. 당시 조선의 극비기밀들을 수집해 보고했던 일본과 러시아 공사관 등 외교문서에서도 그 기록은 발견되지 않는다.

1. 고종이 보낸 밀사는 대부분 신원이 밝혀진 아국 주요관리, 주한 외국공사 및 고종의 자문 헐버트를 통해 전달된 것으로 나타났다. 이밖에도 고종은 신원이 밝혀진 내·외국인을 통해 친서 전달 및 연락을 추진하였으며, 심지어 민간인까지 동원하는 밀사활동을 벌였다. 하지만 이제까지 밀사활동을 하거나 을사늑약 무효화를 위해 활동한 제국익문사 요원은 확인되지 않는다.

1. 지금까지 발견된 고종의 비자금(제일은행 경성지점 20만 원, 상해 덕화은행 51만 마르크, 러시아 로청은행 100만 원 설)이 있으나 비자금 원리금 합계 모두 일본으로부터 철저히 압수당하였으므로 이자가 계산되지 않았다는 것과 고종의 비자금이 요원들의 활동비로 사용되었을 것이라는 추정은 사실과 다르다.

1. 통신원이란 용어가 제국익문사 요원의 칭호를 의미한다는 주장에 대하여, 당시 국내 신문사들을 비롯해 통신원이란 호칭은 폭넓게 사용되었으며 또한 건물 건과 통신원 건을 합책으로 같이 보고했다는 것은 미국통신원 건 역시 행정사항으로 보아야 함이 타당할 것이다.

1. '제국익문사비보장정(帝國益聞社秘報章程 ; 제국익문사 규정집)' 말미에 이렇게 기록되어 있다.

회사의 세칙은 황제의 뜻을 이어 받들어 추후에 정한다. 이상 23개조를 확정하여 이 회사를 설립하고 忠愛之誠을 다하여 황제의 은혜에 보답하기로 맹세한다. 광무 6년(1902년)

이는 보고문서이지, 정부가 칙령 등으로 반포하는 장정이 아니다. 또 황제가 이를 승인하여 세칙을 만들었다는 기록 또한 없다. 장정 안에 언급된 사보 또는 서적, 국내 전보통사나 외국통신사와 계약체결 사실 역시 발견되지 않는다.
이밖에 장정에 포함되어야 할 정확한 일자가 없고, 달리 정부 공식문서로 볼만한 증거가 없는 점 등은 이것이 초안 성격의 문서라는 것을 의미한다.

1. 당시 우리의 정보조직으로는 경위원(警衛院)이 창설되어 각종 정보수사 업무를 담당하고 있었다. 황제직속으로 추가로 정보기구

를 설치할 필요성이 있었는지에 대해서는 재론의 여지가 없다 할 것이다. 또한 1894년 경무청(警務廳), 1895년 원수부의 군무국(軍務局)이 민정사찰과 외국관련 첩보 수집을 담당하고 있었다.

1. 경위원이 당시 경무청의 정보·수사 인력을 그대로 이어받아 활용했던 점을 주목해야 한다. 이는 해방 이후 아국이 각종 정보 기구를 창설할 때도 외국이나 유관기관으로 부터 많은 노하우와 전문 인력을 충원 받아 교육·시설·장비·예산 등 오랜 준비와 기간 끝에 출범시켰던 점을 감안하면 이를 알 수 있다. 따라서 미개척 분야인 위장신문사를 시작하면서 요원 교육 등 준비 없이 단기간 내에 해외까지 포함한 정보 시스템을 갖추어 운영했을 것이라고 추정하는 것은 정보 기구의 매커니즘을 간과한 주장이라 하겠다.

1. 제국익문사가 고종에게 비보(秘報)를 올릴 때 화학비사법(化學秘寫法)을 사용한다고 되어 있는데, 당시 화학비사법이 가능하였는지도, 또 그럴 필요성이 있는지에 대해서도 의문이다. 이를 위해서는 전문가는 물론 많은 인원·장비·시간 등이 별도로 소요되기 때문이다. 특히 황제가 공작원도 아닌 상황에서 이 방법으로 보고한다는 것은 결국 초안을 통과시키기 위해 정보업무의 신비성을 부풀렸다는 의혹을 피하기 힘들다.

1. 제국익문사 설치계획이 추진될 수 없었던 이유로는 장정에 막

연히 1902년이라고 기재한 점을 볼 때 그 구상이나 계획은 1901년 후반에서 1902년 전반 사이로 미루어 짐작할 수 있다. 그렇다면 이것은 1901년 11월 경위원이 창설된 시기와 거의 겹치는 점을 고려할 때, 경위원이 먼저 설치되자 제국익문사 건은 자동 무산되었을 가능성이 높다.

또 이 장정은 상정되었다 하더라도 반대에 부딪쳐 중도에 폐기되었을 가능성이 높다. 그 이유는 제국익문사 주요임무가 각부, 각군 관리 및 그 가족 그리고 지방과 외국에 파견된 관리의 동향파악에 관한 것이었다. 가뜩이나 경위원이 조정 대신들에 대한 사찰활동으로 그 폐해가 거론되던 시기에 이런 내용의 장정이 재가 과정에서 대신들의 반대를 넘어선다는 것은 상상하기 어려운 일일 것이다.

결론적으로 제국익문사가 존재했다고 할 만한 사료나 기록, 증거가 전혀 없을 뿐 아니라 이미 최고의 권부이자 정보기구인 경위원이 운영되고 있었던 점에 비추어 새로운 기구를 설치할 필요성도 없었을 것이다. 유일하게 내세우는 장정(章程) 역시 정부 공식문서가 아닌 초안(草安) 성격의 문서로 보아야 함이 타당할 것이다. 다만 당시 일제 침략이 노골화되고 있던 시기에 일본과 연계된 인물 감시 등 국내외 동향을 파악하기 위해 신문사를 위장한 정보기구 설치를 상정했던 것 자체에는 그 의미가 있다 할 것이다.

고종의 밀사파견에 대한 일본의 첩보활동

고종황제가 소장하고 있는 러시아 외무성과의 연락용 암호 통신문이 1904년 4월 14일 궁정(덕수궁) 화재로 소실됐다. 혹시 일본이 훔쳐 보관하고 있을 수도 있으니 미리 방비하라.(러시아 외교문서, 파블로프 공사의 보고전문, 1904년 5월 16일)

대한제국 입지는 점점 좁아지고 있었다. 청일전쟁에 이어 러시아와 일본이 남의 집 마당에서 불꽃놀이를 하려는 상황이었다.

이러자 고종의 선택은 밀사외교로 선회하기 시작했다. 특히 1904년 러일전쟁 전 일본이 통신시설을 장악하고 나서는 그들의 감시를 따돌리며 비밀리에 러시아 황제에게 친서를 보냈다.

친서는 주로 조선의 중립선언에 대한 후원 요청, 조선과 만주 지배권을 둘러 싼 조선의 입장, 그리고 조선의 국내 문제에 러시아가 개입해 줄 것을 요청하는 내용들이었다.

1904년 2월 한일의정서 체결 직후 노골화되고 있는 일본의 압제에서 벗어나기 위해서는 러시아를 비롯한 구미열강에 호소하여 그 간섭을 요청하는 수밖에 없다는 판단이었다.

이 같은 친서는 전쟁 발발 후 서울에서 철수해 상해에 머물고 있던 주한 러시아공사 파블로프(A. Pavlow)를 통해서 집중적으로 이루어졌다. 그러던 중 파블로프가 덕수궁 화재 소식을 접하고 암호문이 일본의 손에 넘어갈 것을 우려해 위와 같이 본부에 긴급 보고하고 있는 것이다.

한편 고종은 이러한 루트 외에 다양한 밀사들을 파견하여 해외 망명세력 또는 러시아를 비롯한 열강과 접촉하려 했다. 그러나 일본은 이를 철저히 감시하면서 러시아의 통신채널을 무력화시키고자 했다. 당시 러시아 외교문서가 그를 잘 보여준다.

1902년 러시아 황제 니콜라이 2세가 람즈도르프 외상에게 "서울 주재 파블로프 대리공사의 보고서가 늦게 상신되는 이유가 무엇이냐."고 묻자 람즈도르프는 "파블로프의 보고는 비밀스런 성격이 있기 때문에 일반 우편시설을 이용하지 않고 믿을 만한 기회(인편)나 아니면 가끔 대한제국 항구에 입항하는 러시아 선박을 통해 발송해 오기 때문"[194]이라고 답변했다.

또 1903년 12월 7일 일본 나가사키 주재 가가린 러시아 영사가 도쿄주재 공사에게 보낸 보고문에서도 당시 상황을 읽을 수 있다.

서울에서 파블로프 공사가 보낸 전문을 받았지만 내용이 훼손돼 읽을 수가 없다. 일본 전신국이 조직적으로 교묘하게 비밀전문을 파손시켜 배달하고 있으며, 이는 우연한 왜곡이라고 볼 수 없다. 일본은 통신문을 제 때에 배달도 하지 않는다. 모든 우편, 전신국은 러시아에 적대적인 일본이 장악하고 있기 때문에 대한제국과의 교신도 불가능하다.[195]

한편 주한 일본공사관은 각계 첩보망을 통해 1903년부터 본격 추진된 고종의 밀사 파견을 사전 입수하여 그를 저지시키거나 밀사들의 해외 체류동정을 철저히 추적했다.

1903년 8월 고종의 밀서를 받은 현상건(玄尙建)의 프랑스·네덜란드·러시아 파견을 시작으로, 1905년 2월 고종이 친서 5통을 상해에 있던 파블로프와 이학균(李學均) 등에 전달하려는 계획을 입수하고 고종을 강력히 추궁했다.

1906년 8월 통감부 간도파출소는 헤이그회의에 참석차 러시아로 출발한 전 내장원경 이용익의 동정과 파블로프와의 접촉 동향을 보고했으며, 1906년 10월에는 고종이 이기현(李起鉉) 등을 미국·러시아 등 각국에 파견하여 일본의 조선에 대한 강압실태를 세계 각국에 알리고 도움을 요청하려는 계획을 저지했다.[196]

이처럼 밀사라는 말이 무색할 정도로 족집게처럼 일본이 그 궤적을 잡아내고 있었고, 그 뒤에는 그럴만한 이유가 다 있었다. 즉 고종의 밀사였던 영국 일간 '트리뷴(Tribune)'지 더글러스 스토리 (Douglas Story) 기자는 1906년 2월 8일자 기사 첫머리에 '한국의 황제는 실질적으로 포로의 신세다. 일본군은 궁중을 둘러싸고 있으며 궁중은 일본 스파이들로 가득 차 있다.'라고 보도했다.

이것은 당시 일본이 통신시설 장악은 물론 궁중 깊숙이 다양한 첩보망을 운영하여 고종의 일거수일투족을 철저히 감시했음을 보여주는 것이라 할 수 있다.

한편 고종이 러시아 암호통신문을 소장하고 있었던 사실은 긴급사태 발생에 대비하여 러시아와 비상통신 체계를 유지하고 있었음을 시사하는 것이라 하겠다.

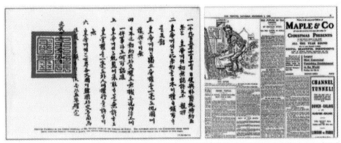

1906년 2월 8일자 英國 트리뷴지가 특종 보도한 고종의 밀서(좌)와 동지 3면 머리기사로 실린 조선의 호소내용(우)

대반전을 노린 고종의 비밀카드

짐이 친애하는 신(臣) 이세직과 협의하여 동경에서 과업을 이루어 한·일
양국 간 영원한 돈목 안녕(敦睦 安寧)의 대책을 세우려는 짐의 희망을
어기지 말라(일본공사관 기록, 1905년 4월 1일)

고종의 도박판에 판돈이 커지기 시작됐다! 점점 커져가는 일본
의 야욕을 제압할 히든카드가 필요하다고 판단한 것이었다.

이를 위해 고종은 일제의 침략 기도를 저지하고, 단번에 정국 주
도권을 회복하기 위한 대반전의 계획을 비밀리에 진행시키고 있었
다. 그것은 다름 아닌 대한제국의 엄청난 이권을 양여하고, 대신
막대한 통치자금을 확보하려 했던 '일한동지조합(日韓同志組合)'의
구상이었다.

고종은 여기에서 확보한 자금으로 화폐제도 개선 등 국내 현안
을 독자적으로 추진한다는 야심찬 계획을 세웠다. 그리고 이 과정

에서 일본의 극비기밀을 탐지하여 조선의 대비책을 마련하고 세계 여론에 그들의 침략야욕을 폭로하고자 했다.

이를 위해 고종은 일본에서 관련 활동을 주도하고 있던 '일한동지조합' 대표자 압천방의(押千方義) 등에 내린 1905년 1월 29일자 칙유(勅諭)를 통해 그들에게 위와 같이 특별한 부탁과 함께 큰 기대를 가지고 있었다.

그러나 이 비밀계획은 일본 헌병대가 1905년 3월, 사건 주동자 이세직(李世稙)을 체포하면서 그 전모가 드러났다. 수사 결과 고종이 이세직 등에게 첩보활동을 지시한 밀칙(密勅), 그리고 일본인과 합작으로 방대한 규모의 사업을 추진하려 한 계약서 등 총 92건의 중요 문서가 압수되었다.[197] 한 방의 배팅으로 모든 것을 걸려 했던 고종의 도박 정보가 새나간 격이었다.

당시 압수된 문서에서는 고종이 이세직과 일본인 압천방의(押千方義)에게 다음과 같은 내용을 약속하고 있다.

경성 주재 일본군사령부의 비밀과 동경 일본정부의 대한 정책을 탐지하여 보도하는 프랑스·독일·영국·미국·일본 등 5개국 5명에게 상금 5만 원을 주고, 성공하면 50만 원을 즉시 비밀리에 지급하겠다.[198] 또한 일본 측 기밀 정탐에 성공할 경우를 조건으로, 압천방의(押千方義)·송본무평(宋本武平) 등 4명에게 소금과 연초의 전매 등 대한제국의 대규모 이천사업을 황실과 공동으로 경영할 권리를 부여한다.

고종은 이들에게 일본 측 고급 정보를 빼내는 대가로 이권을 부

항일 독립운동가 Bethell

여하고, 동시에 이를 통해 황실도 대규모 비자금을 마련하여 대한제국의 기사회생을 꾀하고자 했던 것이다.

당시 시가로 5천만 원이 넘는 이 초대형 이권사업의 전모가 밝혀짐으로써, 일본은 고종이 일본군의 동정과 일본 정부의 기밀 탐지를 명령한 것은 한일의정서에 대한 명백한 위반이고, 대한제국의 멸망을 초래할 대사건이라고 규정짓고 이를 엄중 경고했다. 또 황실 소유 이권사업 양여는 무효로 규정하고, 향후 대한제국이 외국인에게 특권을 양여할 때 일본과 협의해야 효력이 있다는 것을 고시하도록 했다.

이에 앞서 고종은 반일여론을 조성하고, 대한제국의 사정을 국제여론에 호소하기 위해 러일전쟁 때 종군기자로 왔던 영국인 배설(E. T. Bethell)에게 자금을 지원하여 대한매일신보를 창간한 바 있었다. 하지만 고종이 이처럼 거액의 성과보상금을 제시하면서 적극적으로 일본 사정을 정탐하고 일본인을 매수하여 한탐(韓探)으로 이용하려 했다는 것은 잘 알려져 있지 않은 사실이다.

이는 고종이 일본의 대한정책 방향과 일본 내정에 대해 정확한 정보를 가질 때 그에 따른 적절한 대책을 수립할 수 있다고 판단했던 것으로 보인다. 또한 이러한 일본 측 비밀정보가 입수되는 대로 언론보도를 통해 일제의 침략 의도를 폭로하면서, 각국의 반일

여론을 조성시키는 등 세계 여론의 도움을 받고자 했던 것으로 풀이될 수 있다.[199]

　비록 이 계획은 중도에 좌절되었지만 고종과 궁정의 치밀한 대일 공작이 있었음을 말해주는 것으로서, 대한제국이 일본 외무성·군부·정계 등 권력 핵심부는 물론 경제계에 첩보망을 구성하여 일본의 침략 기도를 저지하기 위한 카드로서 활용하려 했다는 점에 그 의의를 둘 수 있다.

대한제국 최후의 승부수

대한제국의 주권 불가침을 인정하며 국제회의에서 견해를 밝힐 수 있도록 헤이그 만국평화회의에 대한제국 대표를 초청한다. 초청장은 페테르부르크주재 대한제국 공사에게 외교문서로 전달되었다. 러시아 정부는 이범진 공사를 합법적인 공사로 지금도 인정하고 있다. 그곳에 있는 고종황제의 밀사에게 이 뜻을 전해도 무방하다.(러시아 외상이 베이징주재 공사 빠고틸로프에게 보낸 지시문, 1905년 11월 1일)

대한제국을 실은 기차는 이제 점점 종착역을 향해 달리고 있었다. 이 풍전등화의 순간! 하나의 낭보가 전해졌고, 고종은 마지막 카드를 만지작거리기 시작했다.

위 외교문서는 고종이 한성 프랑스어학교 교사 마르텔(Emil Martel)을 밀사 신분으로 베이징주재 러시아 공사에게 극비리에 파견하여 헤이그회의에 대한제국을 초청토록 요청한 데 따른 러시아의 공식 답신이었다. 줄기찬 밀사외교를 통해 을사늑약 직전 받아낸 값진 외교적 성과였다.

당초 러시아의 협조를 받아 한반도 세력균형과 독립을 유지하려던 계획이 어려워지자 고종은 구미 열강에 대한 다자협력외교와 언론홍보를 집중적으로 전개하기 시작했다. 이러한 활동의 일환으로 고종은 헤이그 만국평화회의에 밀사를 파견하여 을사늑약의 부당성과 중립화를 세계만방에 알리고, 도움을 요청하는 회심의 일격을 준비하고 있었던 것이다.

이를 위해 고종은 당시 국내를 탈출하여 러시아에 머물던 심복 이용익(李容翊)으로 하여금 이 임무를 맡기고 회의에 참석하도록 했다. 그러나 1906년 8월에 열릴 계획이던 이 회의는 다음 해로 연기되었고, 이 과정에서 이용익이 총격을 받는 사건이 발생했다.

일본이 오래전부터 그를 대표적인 반일인사로 낙인찍고 일본에 납치했는가 하면, 송환 후에도 그를 축출하기 위한 공작을 진행했던 점을 감안할 때 그의 피격은 일제의 직·간접적인 관여를 의심케 하는 대목이었다.

이 사건 후에도 이용익은 러시아에서 일본의 집중적인 감시를 받으며 회의참가를 준비하다 결국 1907년 2월 사망했다. 한 때 대한제국의 이인자로 군림하며 각종 개혁을 추진하다 외국에서 맞은 밀사의 쓸쓸한 죽음이었다.

이러자 고종은 1907년 4월 다시 친서를 주어 이준(李儁)을 대신 파견했다. 고종의 밀사 역할을 주로 담당해왔던 미국인 헐버트에게 일본 감시망의 촉각이 집중된 사이 그를 발탁한 것이었다.

한편 이준은 일본의 눈을 피해 한성을 출발하여 당시 러시아에 있던 이상설(李相卨), 이위종(李瑋鍾)과 합류하였고, 상트페테르부르크로 이동하여 황제 접견을 요청했다. 그러나 러시아는 황제는 커녕 외상 접견도 허용하지 않는 싸늘한 반응을 보였다. 냉엄한 국제정세의 변화를 감지하던 못했던 이들에게 돌아온 것은 차디찬 문전박대였다. 이보다 앞서 1906년 2월 러시아 외무성은 주한총영사로 부임하는 플란손(Planson)에게 훈령을 내렸다.

　러시아제국 정부에 전폭적인 충성심과 믿음을 보인 고종이 실현 불가능한 기대를 갖고 러시아에 요구를 해올 때 일본과의 사이가 악화되지 않도록 어떠한 약속도 자중하라.[200]

　러일전쟁 패배와 을사늑약으로 조선의 국권이 넘어간 상태에서 일본과 불필요한 외교 마찰을 피하려는 의도였다.

　이어 러시아는 대한제국의 만국평화회의 공식 초청 자체를 취소하기에 이르렀다. 니콜라이 2세(Aleksandrovich Nikolay II)가 주창하여 동 회의 의장국이 되었던 러시아의 이중적인 모습이 드러나는 순간이었다.

　러시아는 이에 그치지 않고 이준 일행의 러시아 방문과 헤이그 방문계획을 일본에 친절히 통보해주는 예의를 잊지 않았다. 나아가 1907년 6월 30일 회의가 개막되자 의장인 러시아 넬리도프(A.I. Nelidov)의 직권을 이용하여 대한제국 대표의 회의장 입장을 거부하는 모순을 보이기도 했다. 범죄를 신고하러 간 피해자의 신

헤이그 박물관에 소장된 3인의 밀사 사진
(좌로부터 이준, 이상설, 이위종)

고 자체를 받아주지 않는 격이었다.

한편 이준 일행의 헤이그 파견사실을 러시아로부터 통보받은 일본은 평화회의가 열리고 있던 시기인 1907년 7월 19일 고종에게 압력을 가해 황제 퇴위를 발표한 데 이어, 다음 날 전격적으로 고종 양위식을 치르게 했다. 이는 일본이 오래전부터 구상해 온 대한제국과의 합병을 헤이그밀사 파견에 대한 응징이란 조치를 빌려 그 야욕을 노골화한 것이었다.

이렇듯 당시 국제정세 및 열강들의 이해관계를 알지 못하고 만국공법에 의거하여 국제여론에 독립을 호소하려 했던 고종의 최후 승부수는 빗나가고 말았다. 이것은 구한말부터 계속되어 온 위기신호에도 불구하고, 단지 외세의 힘을 빌려 국권을 수호하려 했던 대한제국이 쓸쓸이 역사 속으로 사라지는 것을 의미했다.

그러나 대한제국의 역할이 끝났다고 해서 그림자의 열망과 그 불씨가 꺼진 것은 결코 아니었다. 이것은 오히려 국권 회복과 독립을 갈망하는 의병활동, 나아가 임시정부의 광복운동으로 찬연히 이어지는 계기를 조성하게 된다. 그들은 암울했던 기억을 뒤로하고, 새롭게 동북아를 넘어 '세계 속의 첩보사'를 만들어 나갈 긴 꿈을 꾸고 있었다.

맺는 말

  앞에서 살펴본 바와 같이 기원전부터 우리 조상들은 국가 존립을 기하고 생존경쟁에서 살아남기 위해 첩보의 개념을 일찍부터 받아들였다.

  삼국시대에 이르면, 국가 간 전쟁이나 내부반란에 대응하기 위해 첩보활동은 이제 필수불가결한 활동으로 인식되기에 이르렀다. 더욱이 삼국 간 전쟁이 주변 동아시아 국가와의 대립 또는 갈등으로 확대되면서 점차 그 역량이 강화되는 모습을 보였다.

  여기에는 첩보활동의 본질적 장점과도 무관치 않았다. 즉 정규전이나 전면전에서는 많은 재화와 인명의 손실이 필수적인데 반해, 첩보활동은 작은 투자로서 적을 효과적으로 제압할 수 있는 수단임을 깨닫게 된 것이다.

  이 과정에서 첩보활동을 효율적으로 뒷받침하기 위해 국가의 기밀을 다루는 부서가 나타나게 된 것은 자연스러운 일이었다.

  따라서 전쟁과 불가분의 관계에 있는 삼국의 첩보수집 대상은 자연히 상대의 군사·정치관계의 첩보가 중요 관심분야가 될 수밖에 없었다.

  이들의 첩보수집 경로는 적국이나 관련국을 왕래하던 공식 사신을 비롯해 유학생·승려·상인 등 비공식 루트를 통하는 것이 주요 경로였다. 그러나 이러한 경로를 통한 수집방법은 한계가 있을 수밖에 없었고, 수집된 첩보의 질 역시 만족스러운 것은 아니었다.

따라서 주어진 임무에 맞는 능력을 갖춘 첩자가 적국이나 주변국에 은밀히 침투하여 보다 심도 있는 첩보활동을 펼치는 경우로 발전했다. 또 첩보를 수집하는 행위에서 벗어나 수집된 첩보를 바탕으로 공작으로 연결시키는 한 단계 높은 첩보활동을 구사하기 시작했다. 이 과정에서 내간(內間)·반간(反間) 등 다양한 첩자의 운영방식이 개발되었고, 다루는 첩보의 질 역시 향상되기에 이르렀다. 하지만 이렇다고 해서 첩보활동이 비약적인 발전을 가져왔다고는 볼 수 없었다.

이러한 첩자의 활동이 활발해졌던 까닭은 당시 각국이 처한 상황 즉 냉전 속에서 나온 하나의 부산물이었던 것이다. 그리고 삼국의 첩보활동은 초기에는 주로 개인의 역량에 의해 그 활동이 좌우되었으나, 후반기에 이를수록 보다 체계적인 방법으로 이루어지는 것을 볼 수 있다.

또한 삼국 간 전쟁이 중국과 북방세력 그리고 일본을 포함한 복합 구도로 전개되는 과정에서 국가 간 합종연횡과 함께 다양한 첩보활동이 선 보였다.

이러한 예로, 백제를 멸망시킨 신라의 와해공작, 그리고 고구려를 멸망시킬 때 사용됐던 당나라의 군사지리정보·전략정보 수집과 와해공작 등이 그것이다

남북국시대를 거쳐 고려로 정권이 바뀌면서 첩보활동은 고대의

드라마틱하고 비교적 단순했던 활동에서 벗어나 보다 다양화되는 경향을 보였다. 또한 중원의 패권을 둘러싼 중국과 북방세력과의 상황에 따른 실리외교는 필수적이었다.

한편 고려의 대외관계가 비교적 안정 국면으로 접어든 반면, 호족연합정권의 성격상 초기에는 왕권을 위협하는 세력에 대응하기 위해 첩보수집의 대상이 내부로 향할 수밖에 없었다.

이 시기에는 기존의 군사·정치 분야 첩보활동은 물론 가장 쉽게 얻을 수 있으면서도 그 활용도가 높은 공개정보를 비롯해 산업, 과학기술 분야도 주요 수집대상이 되었다. 또한 중국에 유학했거나 중국으로부터 벼슬을 받았던 고려 관리들을 중심으로 국제관계에 대한 정세 판단 및 분석 수준도 끌어 올릴 수 있었다.

즉 고려는 비교적 안정된 기반 위에서 첩보활동을 전개할 수 있었으나 그 치열함은 삼국시대 보다 다소 떨어질 수밖에 없었다.

조선에 이르면 이제 첩보활동은 국가의 상시 활동으로 여겨질 만큼 제반분야에서 제도화, 체계화되는 모습을 시현했다. 외국으로부터의 침략을 방어하고, 국가발전을 뒷받침하기 위해 첩보 수집은 물론 정탐활동, 보안·방첩활동, 산업정보, 과학기술 등 다양한 분야로 확대되었다.

또한 첩보업무의 질적 향상을 꾀하기 위해 일종의 첩보학 교과서인 『손자병법』 등 병법서 강습을 강조하고, 이를 무과의 시험과목으로 했으며, 관련 서적을 간행하여 널리 배포토록 했다.

이 시기에 첩보·외교활동을 지원하기 위해 만든 사역원(司譯院) 역시 첩보원 양성기관으로서의 역할도 빼놓을 수 없다.

조선 후기에 이르면 오랜 평화시대에 젖어 그 활동이 다소 느슨해지는 측면도 없지 않았지만, 위기에서 그 효용성이 발휘되듯이 이 시기에 보여준 첩보활동 역시 과소평가될 수 없는 부분이다.

개항 이후에는 일본과 중국을 비롯한 서구 열강과의 국제관계 속에서 교통·통신 분야의 비약적인 발전으로 보다 차원 높은 첩보활동이 시행되었다. 이러한 측면에서 과거 봉수제(烽燧制)·파발제(擺撥制) 등을 대신하여 빠른 전보통신을 이용한 첩보보고가 가능하게 되었고, 그 활동 방법 역시 상주공관 설치 등 서구식 첩보수집 방식으로 대전환을 가져오게 되었다.

따라서 대한제국 시기에 이르면 황제 직속기구로 경위원(警衛院)이라는 정보기구 창설과 함께 경무청(警務廳)·헌병대(憲兵隊) 등을 통해 근대식 첩보활동을 전개하기에 이르렀다.

비록 일제에 의해 국권을 침탈당하는 수모를 겪었지만 조선의 첩보활동은 의병활동과 광복운동의 그것으로 이어지는 불씨가 되기에 충분했다.

그리고 그 불씨는 한국인의 얼을 드높인 임시정부 백범과 윤봉길 의사로 이어졌고, 그들의 뜨거운 나라 사랑은 시공을 뛰어 넘어 오늘에 이르고 있다 할 것이다.

하지만 수많은 전란과 국가적 위기 상황에서 되풀이되는 위정자들의 안이한 인식과 군국기무를 담당했던 기구의 정보실패에 대해서는 보다 혹독하고 통렬한 반성이 필요한 것으로 보인다.

'미래에 관해 우리가 얻을 수 있는 것은 이미 우리가 알고 있는 것'이란 격언이 있다. 이는 전쟁이나 비상 상황이 발생하기 전에 우리가 알고 있는 올바른 대비를 하지 않았다는 의미일 것이다.

결국 올바른 대비란 좋은 정보에서 나오며, 좋은 정보란 바로 우리의 역사에서 그 교훈을 찾을 수 있다는 것이다.

이러한 의미에서 지난 2천년 동안 첩보활동사를 그려낸 그림자들의 위대한 영혼과 희생이 헛되지 않도록, 그리고 다시는 아픈 역사를 되풀이하지 않기 위해 그들을 조용히 돌아보는 이유도 여기에 있다 할 것이다.

【참고문헌】

『국가정보학』, 국가정보포럼, 박영사, 2007

『국가정보론』, 문정인 외, 박영사, 2002

『손자병법』, 손무 저, 김원중 옮김, ㈜글항아리, 2011

『오자병법』, 오기 저, 이영직 편역, 스마트비즈니스, 2007

『육도·삼략』, 유동환 옮김, 태공망·황석공 저, ㈜홍익출판사, 2005

『권모술수』, 송건호 옮김, 북팜, 2012

『조선상고사』, 신채호 저, 박기봉 옮김, 비봉출판사, 2007

『조선상고사』, 신채호 저, 윤재형 역해, 동서문화사, 2012

『한국사 전쟁의 기술』, 한정주, 다산 초당, 2010

『삼국사기』, 김부식 저, 권순형 편저, 도서출판 타임기획, 2005

『쉽지만 깊이 읽는 한국사』, 이윤섭, 백산서당, 2004

『백제의 흥망과 전쟁』, 문안식, 도서출판 혜안, 2006

『전쟁으로 보는 한국사』, 김성남, 도서출판 수막새, 2005

『황도 개경의 비밀』, 한재수, 옛 오늘, 2002

『발해의 대외관계사』, 한규철, 도서출판 신서원, 2005

『한일관계사 연구의 회고와 전망』, 한일관계사학회, 국학자료원, 2002

『장군과 제왕』 2권, 이덕일, ㈜웅진싱크빅, 2005

『장보고』, 강봉룡, 한얼미디어·한즈미디어㈜, 2004

『고려시대 친위군 연구』, 송인주, 일조각, 2007

『서희의 외교담판』, 장철균, 현음사, 2004

『고려, 북진을 꿈꾸다』, 정해은, 도서출판 플래닛미디어, 2009

『고려도경』, 민족문화추진위원회, 도서출판서해문집, 2005

『한국의 봉수』, 조병로·김주홍, 눈빛, 2003

『나무에 새겨진 팔만대장경의 비밀』, 박상진, 김영사, 2007

『환관과 공녀』, 정구선, 국학자료원, 2004

『더 씨드』, 전경일, (사)한국물가정보, 2009

『문익점과 목면업의 역사적 조명』, 김혜영, 아세아문화사, 2003

『독사여록』, 이장희, 경인문화사, 2001

『조선왕조실록 속의 한국과 일본』, 한일관계사학회, 경인문화사, 2004

『HD 역사스페셜』, kbs 원작, 박기현 해저, 효형출판, 2007

『조선 역관 열전』, 이상각, 서해문집, 2011

『조선을 통하다』, 이한우, ㈜북이십일 21세기북스, 2013

『징비록』, 유성룡 저, 구지현 옮김, 중앙북스㈜, 2008

『조선기담』, 이한, 청아출판사, 2007

『한국 중근세 정치문화사』, 이상배, 경인문화사, 2003

『뜻밖의 한국사』, 김경훈, 오늘의 책, 2004

『임진왜란과 김성일』, 김명준, 백산서당, 2006

『임진왜란 기 동아시아의 정보전과 조선』, 역사문제연구소, 역사비평, 2008

『한국사이야기』, 이이화, ㈜도서출판 한길사, 2004

『규장각에서 찾은 조선의 명품들』, 신병주, 책과 함께, 2007

『광해군』, 한명기, ㈜ 역사비평사, 2011

『유성룡』, 이덕일, ㈜ 위즈덤하우스, 2007

『조선최대갑부역관』, 이덕일, 김영사, 2006

『왜관』, 다시로 가즈이 저, 정성일 옮김, 논형, 2005

『조선의 암행어사』, 임병준, 도서출판 가람기획, 2003

『조선의 부정부패 어떻게 막았을까』, 이성무, 청아출판사, 2000

『통신사를 따라 일본 에도시대를 가다』, 정장식, 고즈윈, 2005

『역사 속의 젊은 그들』, 하영선, 을유문화사, 2011

『개화기의 군사정책 연구』, 최병옥, 경인문화사, 2000

『한중일 3국의 관념 비교연구』, 구양근, 아세아문화사, 2008

『조선의 최후』, 김윤희, 다른세상, 2004

『부보상을 아십니까』, 이훈섭, 한마음사, 2005

『한국 근세사회와 보부상』, 조세곤, 도서출판 혜안, 2001

『한양이야기』, 이경재. 가람기획, 2003

『이토 히로부미』, 정일성, 지식산업사, 2002

『한국근대사』, 이윤섭, 평단문화사, 2009

『대한계년사』, 정교 저, 변주승 역주, 소명출판, 2004

『대한제국 비사』, 노주석, 한국학술정보(주), 2009
『대한제국정치사연구』, 서영희, 서울대학교 출판부, 2003

【참고자료】

1. 국사편찬위원회 '한국사데이터베이스'
   국내 사료 :『삼국사기』,『삼국유사』,『고려사』,『조선왕조실록』
   외국 사료 :『수서(隋書)』,『구당서』,『신당서』,『한원(翰苑)』,
            『송사(宋史)』,『요사(遼史)』,『일본서기』
2. NAVER 지식백과 :『국역 동국통감』,『국역고려사』

【주해】

1) 합종연횡이란 국제무대에서의 외교적 각축전을 가리키는 말이다. 남북으로 합류하고 동서로 연합한다는 뜻으로, 강적에 대항하기 위한 공수(攻守) 동맹 등 권모술수의 전략을 의미한다. 전국시대 소진(蘇秦)의 합종설과 장의(張儀)의 연횡설을 합친 외교정책이다.

2) 원교근공이란 먼 나라와 친교를 맺고 가까운 나라를 공략한다는 의미로 손자병법 23계에 나오며, 이 계책의 궁극적인 목적은 적을 각개 격파하는 것이다.

3) 이이제이란 오랑캐를 통해 오랑캐를 제압한다는 의미로, 적이 다수 존재할 때 그들 사이에 갈등 요소를 분석하여 그것을 전술적으로 이용하는 것이다. 쉽게 제압하기 힘든 강자를 제거할 때 사용하는 고도의 이간계(離間計)라 할 수 있다.

4) 내간(內間)이란 동양 최고의 전략가로 꼽히는 손무(孫武)의 『손자병법』「용간」편에서 제시한 다섯 가지 유형의 첩자가운데 하나로, 적국의 관리를 매수하거나 포섭하여 필요한 정보를 얻어내는 첩자이다.

5) 『구당서(舊唐書)』, 고구려전

6) 삼국사기, 권15 고구려본기 제3 차대왕(次大王) 2년, 147년 10월

7) 『한원(翰苑)』 所引 『고려기(高麗記)』, 고려기는 서기 641년(영류왕 24)에 고구려를 방문한 당나라 직방랑중(職方郎中) 진대덕(陳大德)의 견문을 토대로 작성된 것임.

8) 『천남산묘지명(泉男産墓誌銘)』, 정구복 외, 『역주 삼국사기』 4 주석편(하), 한국정신문화연구원, 1997 614쪽

9) 삼국사기, 권5 신라본기 제5 진덕왕(眞德王) 5년, 651년 2월

10) 삼국사기, 권38 잡지 제7, 829년

11) 삼국사기, 권40 잡지 제9 백제 내관직에 대한 《북사》의 기록

12) 선비는 중국의 고대민족으로 그들의 선조는 은대(殷代) 동호족(東胡族)의 한 갈래였으며, 일찍이 후한(後漢 : 25~220) 때 중국에 복속되었다.

13) 반간(反間)이란 적국의 첩자를 역이용하거나 혹은 포섭하여 첩자의 역

할을 수행하게 하는 것이다. 대개의 이중첩자가 이에 속하며, 중국의 적벽대전(赤壁大戰)을 비롯해 우리나라 전쟁에서도 많이 활용되었다.

14) 『조선상고사』, 신채호 저, 박기봉 옮김, 비봉출판사, 2007, pp202

15) 낙랑(樂浪) 혹은 낙랑국(樂浪國)은 1세기 중엽에 있었던 정권으로, 32년 또는 37년에 고구려에 의해 멸망한 나라이다. 한군현(漢郡縣)의 하나인 낙랑군(樂浪郡)과 동일한 정치체로 보는 시각도 있으나 중국 측 기록에 낙랑군이 정복된 사실이 없고 낙랑왕 최리의 존재 역시 등장하지 않는 문제점이 있다.

16) 고각(鼓角)이란 예전에, 군대에서 호령할 때 쓰던 북과 나발을 이르던 말이다. '적병의 기습이 있으면 저절로 울리었다.' 즉 사람의 도움 없이 저절로 울리는 북과 피리란 없으므로, 이는 곧 추상적인 사실을 구체적인 사물로 나타낸 상징의 한 표현이라는 주장이 있다.

17) 『조선상고사』, 신채호 저, 박기봉 옮김, 비봉출판사, 2007, pp207-209

18) 청야전술(淸野戰術)은 주변에 적이 사용할 만한 모든 군수물자와 식량 등을 없애 적군을 지치게 만드는 전술이다. 견벽청야(堅壁淸野)라고도 한다. 1차 高·隨전쟁, 임진왜란, 병자호란 등에서 활용되었다. 세계적으로는 나폴레옹의 러시아원정이나 獨·蘇전쟁에서 소련이 활용하였다

19) 좌원 전투는 일명 좌원대첩(坐原大捷)이라고도 한다. 172년 고구려가 명림답부의 지휘 아래 한나라의 침입에 맞서 대승을 거둔 전투이다. 중국 사료에는 생존자나 전투의 여파가 기록되어 있지 않다. 전쟁 이후, 한 제국은 크게 쇠락하여 결국 220년 멸망하고 말았다

20) 『조선상고사』, 신채호 저, 윤재영 역해, 동서문화사, 2012 pp161-162

21) 위(魏, 220년~265년)는 삼국 시대 조조(曹操)가 기반을 닦고 조비(曹丕)가 세운 나라이다. 촉한 제갈량과의 대결에서 급격히 성장한 사마의(司馬懿) 중달(仲達)이 정권을 잡은 후 238년 요동의 공손씨 세력을 정벌할 때 고구려가 병력을 지원했다. 이후 고구려와 위는 요동을 놓고 대치하다가 결국 관구검의 침략으로 이어진다.

22) 사간(死間)이란 『손자병법』「용간」편에서 제시한 다섯 가지 유형의 첩자 가운데 하나로, 거짓 정보나 허위 사실을 우리 측 첩자가 사실인 것처럼 믿게 하여 적에게 잠입시킨 후 잡혀 죽게 하는 첩자이다. 이에 반해 생간

(生間)이란 적국으로 잠입하여 활동한 후 살아 돌아와 그 수집한 정보를 보고하는 첩자이다. 바둑으로 백제를 와해시킨 승려 도림의 경우가 이에 해당한다. 그밖에 향간(鄕間)이란, 적국의 고을 사람을 이용하는 첩자이다. 그 고을 사람이기 때문에 의심받지 않고 적정을 탐색할 수 있는 장점이 있다. 오늘날 남한에 거주하며 북한 공작조직에 첩보를 제공하는 간첩이 이 범주에 포함된다. 반간(反間), 내간(內間)은 4), 13) 참조

23)『한국사 전쟁의 기술』, 한정주, 다산 초당, 2010, pp268-271

24) 342년 당시 고구려는 전연으로부터 기습 공격받는 등 북방에 대한 위협이 계속되던 상황이었다. 따라서 고구려는 전연의 재침에 대비하여 정예병을 총 출동시키지 않고, 적기병을 위주로 군 편성을 했을 가능성이 높다.

25)『조선상고사』, 신채호 저, 비봉출판사, 2006 pp296-298

26) 고국원왕은 342년 전연(前燕) 모용황(慕容皝)의 침략으로 국내성이 함락되어, 미천왕의 시체를 빼앗기고 왕모(王母)·왕비가 잡혀가는 수모를 당했다. 369년 백제를 침공했으나 태자 근구수(近仇首)에게 패했고, 371년 평양성에서 백제 근초고왕(近肖古王) 군을 맞아 싸우다가 죽었다

27) 실성왕은 내물왕의 사촌 동생으로 392년(내물왕 37) 고구려에 볼모로 갔다 401년 귀국했다. 402년 태자의 대리인으로 추대를 받아 즉위한 실성왕은 복호와 미사흔을 볼모로 보냈고, 417년 내물왕의 장남 눌지(訥祗)마저 암살하려다 그에게 살해되었다.

28) 삼국사기, 권45, 열전 제5, 박제상전

29) 삼국사기, 권25, 백제본기3 전지왕 14년

30)『삼국사기』, 김부식 저, 권순형 편저, 도서출판 타임기획, 2005 pp195-199

31) 와해공작(瓦解工作)이란 적국을 대상으로 각종 정치·군사적 목적을 달성하기 위한 공작이다. 적 내부의 혼란이나 이간 조성을 비롯하여 잘못된 정책의 입안을 유도하게 함으로써 적국의 능력을 약화시키거나 제 3국과의 관계를 이간시키는 등 매우 다양하게 활용된다.

32)『쉽지만 깊이 읽는 한국사』, 이윤섭, 백산서당, 2004 pp67-75

33) 조선상고사에는 한씨의 이름은 한주(漢珠)이며, 설화에는, 안장왕이 그

녀의 감금 소식을 듣고 큰 상을 조건으로 구해올 사람을 찾았는데, 이때 을밀선인(乙密仙人)이 안장왕의 여동생을 사랑했으므로 광대패를 이끌고 개백현 성주의 잔치에 나타나 그녀를 구출하였다고 한다. 이후 춘향전의 모델이 되기도 했다.

34) 『백제의 흥망과 전쟁』, 문안식, 도서출판 혜안, 2006 pp329-348

35) 나제동맹(羅濟同盟)은 433년 백제 비유왕과 신라 눌지왕이 고구려의 남진정책에 대응하여 맺었다. 475년 고구려가 백제를 공격하여 개로왕을 전사시킬 때 신라는 원군을 파견한 바 있으며, 493년에는 양국 간 혼인동맹으로 발전했다. 553년 신라가 백제의 점령지인 한강하류를 탈취하면서 파기됐다.

36) 삼국유사, 기이 제1, 553년 9월

37) 삼국사기, 권44, 열전 4, 거칠부 전

38) 신라와 고구려 간의 밀약은 일본서기에도 그 흔적이 보인다. 552년 5월 백제가 왜에 사신을 보내어 "고구려가 신라와 화친하고 세력을 합쳐 신의 나라와 임나(任那)를 멸하려고 도모한다."며 원병을 요청한 기록이 있다.

39) 백제는 고구려와의 전쟁(백합야 전투)을 위해 553년 신라와 화친(휴전)을 하는 의미에서 성왕의 딸을 진흥왕에게 시집보냈다.

40) 『전쟁으로 보는 한국사』, 김성남, 도서출판 수막새, 2005 pp43-55

41) 『일본서기』, 권19 흠명천황 15년, 554년 음12월

42) 『한국사이야기』 3권, 이이화, 도서출판 한길사, 2004 pp77-87

43) 『수서(隋書)』 권81 열전46 왜국(倭國)전

44) 삼국사기, 권27, 백제본기 제5, 무왕 9년, 608년 3월

45) 배구(裵矩)는 수·당대의 지리전문가로, 당시 고구려 포함 44개국의 산천·성씨(姓氏)·풍토·산물 등의 자료를 수집하여 『서역도기(西域圖記)』를 지었다. 현재 자서(自序)만이 남아 있는 이 책은 중국 고대의 동서교역 상황과 관련된 중요한 문헌이다.

46) 『쉽지만 깊이 읽는 한국사』, 이윤섭, 백산서당, 2004 pp130-133

47) 수양제는 패전 후 귀국하여 612년 11월 패장 우문술(宇文述)·우중문(于仲文) 등을 모두 제명하여 서민으로 만들고, 을지문덕을 놓아 보낸 상

서우승(尙書右丞) 유사룡(劉士龍)을 참수함으로써 천하에 사죄하였다고
전한다.(수서본기 : 隋書本記)

48) 『전쟁으로 보는 한국사』, 김성남, 도서출판 수막새, 2005 pp56-68

49) 『쉽지만 깊이 읽는 한국사』, 이윤섭, 백산서당, 2004, pp175-178

50) 진대덕이 작성한 고려기는 660년 경 편찬된 《한원(翰苑)》이라는 백과사
전에 수록되어 있으며, 현재 일부 내용만이 전해진다. 642년 당시 진대덕
이 작성한 내용 중 "오골성은 평양성 서북쪽 700리에 있다. 고구려인들
이 남북의 좁은 입구를 막아 성곽으로 삼았으니 가장 중요한 요새이다."
라며 놀라움을 표시했다. 이 성은 현재 봉황산성으로 중국 랴오닝성 펑
청현(鳳城縣)에 있다. 둘레16km, 사방이 바위산으로 안에는 소도시가 자
리 잡을 만한 대지가 있다.

51) 김품석은 화랑 출신으로, 김춘추의 딸 고타소의 남편이자 김유신의 생질
이다. 그의 최후에 대해서는 『삼국사기』 「열전」에서는 김품석이 자결했다
고 되어 있으나 「백제본기」에는 김품석이 항복하자 윤충이 김품석과 그
의 아내 고타소를 죽이고 목을 베어 사비성으로 보냈다고 기록되어 있다.

52) 『한국사 전쟁의 기술』, 한정주, 다산 초당, 2010, pp388-390

53)-57) 삼국사기, 권 41, 열전 1, 642년

55) 『조선상고사』, 신채호 저, 윤재형 역해, 동서문화사, 2012 pp318-324

58) 다카무코노 구로마로는 수에 유학(608-640년)하면서 당시 자장법사
(638-643년)와 교류가 있었을 가능성이 높다. 640년에 귀로에 신라에
들렀으며 이때 신라가 송사(送使)를 보내 일본에 귀국시켜 주었다. 646년
에 견신라사(遣新羅使)로 신라에 파견되어 다음해 김춘추를 대동 도일
하였다.

59) 『구당서』, 왜국전

60) 『일본서기』, 권26, 齊明紀 5년, 659년 7월

61) 『백제의 흥망과 전쟁』, 문안식, 도서출판 혜안, 2006, pp433-435

62) 숙위외교(宿衛外交)란 조공과 인질이 복합된 형태로서 양국 동맹관계의
표현이기도 했다. 당시 신라는 왕자를 唐 조정에 머물게 하면서 양국 간
정치·군사·외교·문화의 교량역할을 하게 했으며, 이러한 외교는 唐에 대
한 새로운 접근책이 될 수 있었다.

63) 김유신은 647년 '비담(毗曇)의 난'이 일어난 후 큰 별이 신라 본궁에 떨어지면서 성내가 동요되자, 허수아비에 불을 붙인 후 연에 띄워 하늘로 올라가듯이 하고는 "어제 밤에 떨어진 별이 다시 올라갔다."는 소문을 퍼트렸다. 이로 인해 반란군의 사기는 크게 꺾여 열흘 만에 반란이 진압되었다.

64) 『한국사 전쟁의 기술』, 한정주, 다산 초당, 2010 pp392-394

65) 좌평 임자는 의자왕의 비(妃)가 되는 은고(恩古)의 도움으로 백제에 관적했다. 655년에 의자왕에 의하여 백제의 내정을 맡은 좌평으로 임명됐다. 655년 이후 새롭게 전개되던 의자왕의 왕권 강화에 반대하거나 정계 개편 작업에서 소외된 인물로 보인다.

66) 삼국사기, 권42, 열전 제2, 655년

67) 역용공작(逆用工作)이란 적국의 첩자나 적국 치하의 귀순자·투항자를 역이용하여 아측의 의도대로 각종 공작을 수행하는 방법이다. 대상자의 활용여건에 따라 첩보 수집을 비롯하여 기만, 테러, 와해 등 다양한 공작을 실시할 수 있다. 敵은 대상자가 배반한 사실을 알지 못하기 때문에 보다 깊이 있는 공작이 가능하다.

68) 『조선상고사』, 신채호 저, 윤재형 역해, 동서문화사, 2012 pp328-329

69) 삼국사기, 권28, 백제본기 제6, 의자왕(義慈王) 19년, 659년 2월

70) 삼국사기, 권49, 열전 제9, 개소문(蓋蘇文), 643년 3월

71) 삼국사기, 권22, 고구려본기 제10, 보장왕(寶藏王) 25년 조, 666년

72) 삼국사기, 권22, 고구려본기 제10, 보장왕 27년, 668년 2월

73) 『쉽지만 깊이 읽는 한국사』, 이윤섭, 백산서당, 2004, pp279-283

74) 고구려 멸망 후 가진 논공행상에서 남생과 신성은 그 공로로 당으로부터 가장 높은 등급인 우위대장군(右衛大將軍), 은청광록대부(銀靑光祿大夫)의 벼슬을 각각 받았다. 신성은 남산보다도 높은 등급이었다.

75) 김인문은 김춘추의 차남으로 651년(진성여왕 5) 당나라에 들어가 숙위 외교를 펼친 이래 7차에 걸쳐 왕래하며 삼국통일 전후 唐과의 외교에 큰 공을 세웠다. 694년 唐에서 사망하였으며 다음해 유해가 본국으로 돌아와 西原에 묻혔다.

76) 『황도 개경의 비밀』, 한재수, 옛오늘, 2002 pp122-191

77) '신인비법'은 명랑법사가 선덕왕 4년(635) 당나라에서 귀국할 때 밀교 경
   전인 불설관정복마봉인대신주경(佛設灌頂伏魔封印大神呪經)을 가져온
   데서 비롯되었다. 이 비법은 신인(神人)이 바다 속에서 가져온 보물을 말
   하는 것으로서 국난을 물리치고 나라를 수호할 수 있다고 전한다. 이 신
   인이 가져온 보물 즉 '해인(海印)'을 사찰 이름으로 정한 것이 해인사이
   다.
78) 삼국유사, 권 2, 기이 제2(紀異第二) 문무왕 법민(文武王法敏), 679년
79) 흑수말갈(黑水靺鞨)은 만주 일대에 흩어져 살던 말갈족의 한 갈래로,
   발해가 멸망한 후에는 생여진(生女眞)으로 불리다가 그 후 거란과 고려
   의 영향 아래 점차 정치·사회적 발전을 이루어 금(金)을 세우는 세력의
   일부가 되었다.
80)『발해의 대외관계사』, 한규철, 도서출판 신서원, 2005 pp179-197
81) 日本이란 국가 명칭은 백제 멸망 후 701년부터 사용되기 시작하여 종전
   의 중국식 명칭 왜(倭)를 대신하게 되었다. 천황이라는 일본 왕의 명칭도
   이때부터였다. 일본의 요시다 도고(吉田東伍)가 펴낸 대일본지명사서(大
   日本地名辭書)에 따르면 일본이란 국호는 삼한 사람들이 먼저 썼던 것으
   로 주장하고 있다.
82)『한일관계사 연구의 회고와 전망』, 한일관계사학회, 국학자료원, 2002
   p29
83)『황도 개경의 비밀』, 한재수, 옛 오늘, 2002 pp100-115
84) 당시 일본에도 백제 멸망 후 3천여 명의 백제 유민들이 이주함으로써 후
   일 장보고가 당-신라-일본을 잇는 동아시아 해상무역의 일본 내 네트워
   크를 구축하는데 기여하게 되었다.
85)『장군과 제왕』 2권, 이덕일, ㈜웅진싱크빅, 2005 pp151-157
86)『장보고』, 강봉룡, 한얼미디어·한즈미디어(주), 2004 pp65-83
87)『발해의 대외관계사』, 한규철, 도서출판 신서원, 2005 pp225-236
88)『고려시대 친위군 연구』, 송인주, 일조각, 2007 pp39-44
89) 빈공진사과(賓貢進士科)는 당나라에서 실시한 외국학생들을 위한 특별
   과거시험으로, 시험에서는 신라인들이 거의 1등을 차지했다. 최치원이 그
   런 경우로 일단 합격해 벼슬을 받으면 10년쯤 더 머물 수 있었다. 820년

부터 906년 사이 빈공과 합격생은 신라가 58명, 발해는 10여 명에 이르렀다.

90) 『요사(遼史)』, 탁극탁(托克托) 著, 1343년

91) 『서희의 외교담판』, 장철균, 현음사, 2004 pp127-167

92) 『책부원구(册府元龜)』는 『태평광기(太平廣記)』·『태평어람(太平御覽)』·『문원영화(文苑英華)』와 함께 송대(宋代)의 4대 편찬서 가운데 하나이다. 왕흠약(王欽若)·양억(楊億) 등이 칙령을 받들어 1013년 편찬했다. 전체 1,000권, 목록 10권의 방대한 백과사전으로 당(唐)·오대(伍代)를 연구할 때 중요한 자료로 이용된다.

93) 『송사(宋史)』, 외국열전, 고려전, 탁극탁(托克托) 著, 1345년

94) 1023년(현종 14) 요가 고려 현종의 생일축하 사신을 파견하면서부터 양국이 생일축하 사신을 교환하기로 하였으며, 송에서는 매번 고려왕을 칭상(稱賞)하는 조서를 보내오는 등 1019년 귀주대첩 후 고려의 국제적 위상이 제고됨.

95) 『고려, 북진을 꿈꾸다』, 정해은, 도서출판 플래닛미디어, 2009 pp138-203

96) 『고려도경』, 민족문화추진위원회, 도서출판서해문집, 2005 고려도경에서 서긍은 인종을 비롯하여 고려의 주요인물 김부식·이자겸·이지미(이자겸의 아들)·윤언식(윤관의 아들)·김인규(문하시장 김경용의 아들) 등 5명의 인적사항과 함께 그림을 그렸다 하며, 이 중 그림은 전하지 않는다.

97) 『송사(宋史)』, 외국열전, 고려전, 탁극탁(托克托) 著, 1345년

98) 김부식은 1116년 송에 사신으로 파견되어 6개월 간 머물며 휘종 황제로부터 융숭한 대접을 받았다. 휘종은 그에게 사마광(司馬光)이 지은 『자치통감(資治通鑑)』을 선물로 주었는데, 이는 그가 나중에 삼국사기를 편찬하는 결정적인 계기가 되었다.

99) 『한국의 봉수』, 조병로·김주홍, 눈빛, 2003 pp22-44, 85-93

100) 『고려첩장불심조조(高麗牒狀不審條條)』, 동경대 사료편찬소

101) 『조선왕조실록 속의 한국과 일본』, 한일관계사학회, 경인문화사, 2004 pp251-273

102) 대내전(大內殿)은 조선에 사신을 보내오던 일본 호족 중 하나이다. 이

들은 14세기 중엽부터 일본의 큐슈(九州) 동북부와 치코쿠(中國) 남부
에서 세력을 떨쳤다. 일본의 9개 호족은 대내전을 비롯하여 국왕전(國
王殿)·전산전(畠山殿)·경극전(京極殿)·세천전(細川殿)·좌무위전(左武
衛殿)·우무위전(右武衛殿)·갑비전(甲斐殿)·소이전(小二殿) 등이다.

103) 『나무에 새겨진 팔만대장경의 비밀』, 박상진, 김영사, 2007 pp18-28,
236-240

104) 『환관과 공녀』, 정구선, 국학자료원, 2004 pp15-32

105) 『더 씨드』, 전경일, (사)한국물가정보, 2009 pp24-32

106) 『더 씨드』, 전경일, (사)한국물가정보, 2009 pp47-51

107) 『문익점과 목면업의 역사적 조명』, 김혜영, 아세아문화사, 2003 pp10-
43

108) 『독사여록』, 이장희, 경인문화사, 2001 pp 143-148

109) 『HD 역사스페셜』, kbs 원작, 박기현 해저, 효형출판, 2007 pp175-198

110) 『전쟁으로 보는 한국사』, 김성남, 도서출판 수막새, 2005 pp201-208

111) 『조선 역관 열전』, 이상각, 서해문집, 2011 pp36-46

112) 무경칠서(武經七書)는 중국 병법의 대표적 고전으로 여겨지는 일곱 가
지 병법서를 가리킨다. 손자(孫子)·오자(嗚子)·사마법(司馬法)·육도(六
韜)·울요자(尉繚子)·삼략(三略)·이위공문대(李衛公問對)를 말한다. 이
중 손자병법은 많은 나라에서 연구들을 하고 군사 교재로 지휘관 급들
이 공부를 하고 있다. 우리나라 사관학교에서도 교재로 사용되고 있을
정도이다.

113) 금의위(錦衣衛)는 황제 직속기관으로서 홍무(洪武) 15년(1382년)에 설
치했다. 중앙집권 통치를 강화하고 감찰·체포·심문·정탐 등의 업무를
관장하였으며, 북경 이외의 각지에 분지기구를 두었다. 무소불위의 권력
으로 월권과 전횡을 일삼아 관료들의 공포의 대상이 되었다.

114) 1407년부터 설치된 왜관(倭館)은 조선의 재팬 타운(Japan Town)으로,
일본의 대 조선 외교, 통상업무 관장과 첩보활동의 전진기지 역할을 했
다. 관수(館守 : 총영사 격)가 왜관의 최고 책임자로서 조선과 중국 방면
의 첩보수집과 보고를, 동향사(東向寺) 승려(書僧)가 실무 외교 및 첩보
활동을 수행하였다.

115) 조선왕조실록, 태조 3년, 1394년 1월 12일

116) 조선왕조실록, 인조 8년, 1630년 2월 16일

117) 『조선 역관 열전』, 이상각, 서해문집, 2011 pp146-160

118) 세종은 1446년 1월 국경지역 정탐을 위해 540명으로 구성된 체탐 정군(體探正軍)을 창설하였으며, 대병(大兵)으로 체탐하는 것과 소규모로 몰래 사람을 보내어 체탐하는 2가지 방법을 사용하였다. 그중 3년에 한 차례씩 실적이 우수한 사람 8인을 뽑아서 차례대로 6품 이하의 산관직(散官職)을 받게 하여, 그 활동을 권장·격려하였다.

119) 과학기술프로젝트팀은 이천, 윤사웅, 정인지, 정흠지, 정초, 김담, 이순지 등 집현전 학사를 거친 20여 명이 동원되어 칠정산내외편(七政算 內外篇) 등 각종 국가적 과제를 수행했다. 1983년 일본에서 편찬된 '과학사 기술사사전'에 따르면 1400~1450년까지의 주요 업적으로 조선이 29건, 중국이 5건, 일본이 0건이며, 동아시아 이외의 전 지역이 28건으로 기록되어 있다.

120) 『HD 역사스페셜』, kbs 원작, 박기현 해저, 현형출판, 2007 pp149-171

121) 조선왕조실록, 정조 17년, 1793년 1월 12일

122) 『징비록』, 유성룡 저, 구지현 옮김, 중앙북스(주), 2008 pp13-24

123) 『조선기담』, 이한, 청아출판사, 2007 pp153-167

124) 조선왕조실록, 선조 29년, 1596년 12월 28일

125) 『한국 중근세 정치문화사』, 이상배, 경인문화사, 2003 pp16-32

126) 『뜻밖의 한국사』, 김경훈, 오늘의 책, 2004 pp225-228

127) 『임진왜란과 김성일』, 김명준, 백산서당, 2006

128) 『조선왕조실록 속의 한국과 일본』, 한일관계사학회, 경인문화사, 2004 pp182-213

129) 정명향도(征明嚮道)란 도요토미 히데요시가 '명나라를 치러 가니 조선이 일본의 길을 안내하라.'고 요구한 내용이다. 이에 일본은 '정명향도'를 '가도입명(假道入明)', 즉 '명에 조공을 올리러 가는 길을 빌리고자 한다.'라는 요구를 조선이 거절했기 때문에 조선을 침략했다는 괴변을 내세운다.

130) 선무공작(宣撫工作, Pacification Work)이란 일종의 심리전 활동으로

자국의 국민이나 점령지의 주민의 민심을 안정시키고 정부의 시책을 알려 협조하도록 하기 위한 모든 활동을 말한다. 출처를 정직하게 공개하는 방식도 있으나 대체로 이를 숨기고 언론이나, 전단, 소문 등을 통한 기만, 허위정보 등을 유포하는 흑색선전이 이에 해당한다.

131) 『한국사이야기』 11권, 이이화, ㈜도서출판 한길사, 2004 pp84-123

132) 종계변무란 조선이 200년에 걸쳐, 明 사적(史籍)에 이성계가 정적이었던 이인임(李仁任)의 아들로 잘못 기록된 것을 고쳐주도록 요청한 일. 1584(선조 17)년에 주청사 황정욱, 홍순언 등을 보내어 이를 바로잡았다. 이 공으로 홍순언은 광국공신(光國功臣)과 당릉군(唐陵君)이라는 군호를 하사받았다

133) 가왜(假倭)란 고려 말기부터 왜구로 가장하여 약탈행위를 하고 다니던 무리로서, 국정의 문란과 왜구 침입으로 인해 사회가 혼란해지고 생활고가 겹치자 일부 우리나라 사람들이 집단을 이루어 가작왜구(假作倭寇)로서 활동하기 시작했다. 천민 중에서도 양수척(楊水尺)·화척(禾尺)·재인(才人)들이 무리를 지어서 왜적(倭賊)이라 칭하며 절도행위를 했다.

134) 한반도를 중국의 울타리로 생각하고 있는 중국 입장에서, 1592년 임진왜란은 항왜원조(抗倭援助), 1950년 한국전쟁은 항미원조(抗美援助)로 인식하고 있다. 이는 저항의 대상이 일본에서 미국으로 바뀐 것일 뿐 중국의 안전보장을 위해서는 조선을 보호해야 하고, 중국의 영향력 하에 두어야 한다는 논리이다.

135) 『조선 역관 열전』, 이상각, 서해문집, 2011 pp57-65

136) 『규장각에서 찾은 조선의 명품들』, 신병주, 책과 함께, 2007 pp86-92

137) 『회본태합기(繪本太閤記)』, 일본 국립중앙도서관

138) 明·日간의 한강이남 4도 할양론(割讓論)은 역사적으로 여러 차례 등장했다. 고려시대 거란 침입 때 서경 이북에 대한 할지론(割地論), 대한제국 시절 러·일간 39선 기점 남북 분할론, 해방 후 미·소간의 38선 기점 남북 분단이 그것이다.

139) 『청계처왜추소』, 허부원의 상소문, 1594년 5월 6일

140) 중국 『근보왜경(近報倭警)』에는 임란 전 일본 국내정세와 풍신수길의

정명계획을 제보한 류구(琉球) 관리, 明 상인·어민·피로인(被虜人)들의 증언과 임란 후 명군관인(明軍官人)에 의해 작성된 전황보고서가 포함되어 있으며, 전후 대일 첩보활동을 담은 허부원의 청계처왜추소와 함께 첩보보고의 백미로 꼽는다.

141) 조선왕조실록, 선조 29년, 1596년 11월 10일

142) 조선왕조실록, 선조 31년, 1598년 1월 23일

143) 『임진왜란 기 동아시아의 정보전과 조선』, 역사문제연구소, 역사비평, 2008년 겨울호, 통권 085

144) 항왜(降倭)는 정유재란 당시 조선에 투항한 일본군을 이르는 말이다. 전쟁 당시 조선군에게 적지 않은 도움을 주었고, 전쟁이 끝난 후에도 조선에 남아 자손을 낳고 살았다. 김충선, 사야가 등이 대표적인 인물이다. 이와 반대로 조선인이면서 일본에 투항하거나 협력한 자는 친일파의 개념으로 순왜(順倭)라 불렸다.

145) 『조선왕조실록 속의 한국과 일본』, 한일관계사학회, 경인문화사, 2004

146) 일본은 승려를 주축으로 외교사절을 파견했다. 이는 승려들이 최대 권력집단으로 자리 잡았고, 문자를 아는 계층들이었기 때문이었다. 이들은 외교업무 외에도 각종 첩보임무를 수행했으며, 이에 따라 조선도 유정을 비롯해 통신사에 승려들을 포함했다.

147) 『광해군』, 한명기, ㈜역사비평사, 2011 p184

148) 요시라는 대마도 출신이며, 유창한 조선어 실력으로 장인인 고니시의 통역을 담당했다. 고니시 휘하에서 양국 사이를 오가며 외교밀사이자 이중첩자 역할을 한 그는 조선으로부터 정3품 절충장군(折衝將軍)의 벼슬과 은자를 받기도 했다. 조선은 강화협상 차 한양에 온 그를 체포해 明에 인도하였으며, 후일 사형 당했다.

149) 『유성룡』, 이덕일, ㈜ 위즈덤하우스, 2007 pp327-350

150) 『한국사 전쟁의 기술』, 한정주, 다산초당, 2010 pp83-91, 180-189

151) 배수진은 중국 초한(楚漢) 시대 한신(韓信)이 강을 뒤로 하고 진을 쳐 퇴로가 막힌 부하들이 사력을 다해 싸워 결국 적을 격파하게 된데서 유래되었다. 야전의 명수였던 신립 역시 새로 선발한 조선군이 사실상 오합지졸임을 알고 그들을 사지에 몰아넣어 결사항전하게 하자는 작전을

세웠다. 그는 조령을 사수하자는 부하들의 조언에도 불구하고 충주성 밖 탄금대에서 진을 치고 왜군과 접전을 벌이다 패하자 스스로 목숨을 끊었다. 이 패배로 조선의 군사집단은 사실상 붕괴되었다.

152) 조보(朝報)는 조선 세종 때부터 나타나기 시작했으며 왕의 명령과 지시, 조정의 주요 결정사항과 관리의 임명 등의 기사가 포함된 관보적 성격의 신문으로 정보제공 역할을 수행하였다.

153) 『광해군』, 한명기, ㈜ 역사비평사, 2011 pp198-217

154) 철석간장(鐵石肝腸)이란 '간장과 위장이 쇠 같고 돌 같다.'는 뜻으로 단단한 의지를 비유적으로 이르는 말이다. 최명길이 청에 압송되어 문초를 받을 때 자신만이 연루자라고 밝혀 청나라 사람들이 그를 철석간장이라 불렀다고 한다.

155) 『조선최대갑부역관』, 이덕일, 김영사, 2006 pp147-160

156) 『조선 역관 열전』, 이상각, 서해문집, 2011 pp220-223

157) 『한국사이야기』, 이이화, 도서출판 한길사, 2004 pp264-267

158) 당시 일본이 적발한 무기 밀매단 관련 일본 나가사키 봉행소(奉行所) 재판기록 범과장(犯科帳)에 의하면 "이토 코자에몬(伊藤 少佐衛門) 49세, 1667년 6월 25일 체포, 이 자는 다른 자들과 공모하여 묘진양년(卯辰兩年, 1663, 1664년)에 조선국에 무기를 팔았다. 11월 그믐날 책형(磔刑)에 처했다."라고 되어있다.

159) 『비변사등록』, 현종 5년, 1664년

160) 일본은 1721년 대마도에 파견됐던 조선 역관 최상집을 주범으로 65명의 역관사 전원이 공모한 사상 최대 규모의 인삼 밀무역 사건을 적발했다. 은 102관(금 2251냥), 금 21냥, 인삼 80근 등 총 200근의 인삼에 해당하는 물품이 압수됐다.

161) 『왜관』, 다시로 가즈이 저, 정성일 옮김, 논형, 2005 pp252-304

162) 『조선의 암행어사』, 임병준, 도서출판 가람기획, 2003 pp141-148

163) 암행어사의 증표로는 마패(馬牌)와 2개의 유척(鍮尺 : 놋쇠로 만든 자로, 형구 크기를 재는 것과 도량형을 통일하여 세금 징수를 고르게 하는 것), 그 외에 봉서(封書 : 임명장)와 사목(事目 : 어사 복무수칙)을 받았다.

164) 『조선의 부정부패 어떻게 막았을까』, 이성무, 청아출판사, 2000 pp227-264

165) 조선왕조실록, 영조 9년, 1733년 12월 19일

166) 『통신사를 따라 일본 에도시대를 가다』, 정장식, 고즈윈, 2005 pp195-204

167) 『뜻밖의 한국사』, 김경훈, 오늘의 책, 2004 pp148-152

168) 여기서 인맥이란 일종의 내간(內間)으로서, 적의 관리를 매수하여 자기편의 첩자로 기용한 자이다. 적대국 요직에 근무하는 고위관리일수록 고급정보를 가지고 있기 때문에 매수할 가치가 높아진다.

169) 『역사 속의 젊은 그들』, 하영선, 을유문화사, 2011 pp37-39

170) 『임무록(壬戊錄)』, 고종 3년, 1866년 9월 8일

171) 『개화기의 군사정책 연구』, 최병옥, 경인문화사, 2000 pp31-33, 47-48

172) 오경석의 네트워크로는 내각, 예부, 공부, 병부, 한림원 등 청나라 주요 관리 및 문사 61명과 주고받은 편지 292통이 현재 7첩으로 표구되어 후손이 소장하고 있다.

173) 『조선 역관 열전』, 이상각, 서해문집, 2011 pp251-258

174) 정한론(征韓論)은 일본 메이지 유신(明治維新) 초기에 대두된 조선을 무력 침공한다는 침략적 팽창론이다. 과거 도쿠가와 시대(德川時代)에도 제기되었으나, 1868년의 메이지 유신을 전후하여 본격적으로 제기되었다. 1873년 연호를 메이지로, 수도의 이름도 에도에서 도쿄로 바꾸었다.

175) 『조선전도』, 일본 육군참모국 작성, 1875년 10월

176) 『한중일 3국의 관념 비교연구』, 구양근, 아세아문화사, 2008 pp227-283

177) 아세아연대론은 일본의 자유민권파들로부터 제기된 이론으로, 일본, 한국, 중국이 연대해 그 힘으로 동진하는 유럽 세력에 대항하자는 것이었다. 이 이론은 일본이 '동양의 문명 선도자'로서 조선과 청의 문명개화를 지도해야 한다는 이른바 '일본맹주론'을 전제로 한 것이었다. 결국은 아세아 침략의 이론적인 근간이 되었다.

178) 『조선의 최후』, 김윤희, 다른세상, 2004 pp179-182

179) 『개화기의 군사정책연구』, 최병옥, 경인문화사, 2000 pp164-167

180) 정보사용자는 일반적으로 한 국가나 정부의 최고 정책결정자를 의미하며, 때로는 그 정보를 필요로 하는 부서나 단체의 지휘관이 될 수도 있다. 정보 담당자들이 정보를 수집·분석·생산·배포하는 이른바 정보생산자와 비교되는 개념이다.

181) 『부보상을 아십니까』, 이훈섭, 한마음사, 2005 pp40-80

182) 사발통문(沙鉢通文)은 격문이나 호소문 따위를 쓸 때 누가 주모자인가를 알지 못하도록, 서명에 참여한 사람들의 이름을 둥글게 삥 돌려가며 적은 통문이다. 일종의 암호문 성격을 가지며, 특정 목적을 위해 특정인을 대상으로 하는 일종의 설득적 커뮤니케이션 수단이라고도 할 수 있다.

183) 『한국 근세사회와 보부상』, 조세곤, 도서출판 혜안, 2001 pp99-104, 143-171

184) 『대한계년사』 하, 광무 8년 3월 28일

185) 『한양이야기』, 이경재. 가람기획, 2003 p328

186) 독립신문 1920. 5. 8일자

187) 『이토 히로부미』, 정일성, 지식산업사, 2002 p151

188) 폭열탄 사건은 1899년 독립협회와 만민공동회 해산에 따라 고영근, 최정덕, 현제창, 임병길 등이 중심이 되어 1899년 5월부터 부패한 정부 고관(중추원 의장 조병식, 참정 신기선, 대신 이종건, 의주군수 방한덕 등)들 집에 폭탄테러를 가한 사건이다.

189) 개혁당 사건은 1901년 정부 내 수구세력들이 조작한 사건으로 민영환을 회장으로 하여 조선협회(朝鮮協會)를 만들어 일본에 망명중인 박영효 등 친일분자와 공모하여 정부를 전복한다는 모략사건이다.

190) 의화단 사건은 1899년 서구 열강을 몰아내기 위한 중국내의 외세배척 운동으로, 이 결과 수만 명의 중국인이 대한제국으로 흘러 들어왔다. 1900년 국내에서 발생한 '외국인과 기독교인 살해 통문사건'이 중국 의화단으로부터 영향 받은 것으로 알려지면서 고종은 주모자 김영준, 이용익을 처벌하고 그 대책 마련에 부심했다.

191) 『한국근대사』, 이윤섭, 평단문화사, 2009 pp292-292

192) 『한국근현대사연구』, 서진교

193) 『대한계년사』, 정교 저, 변주승 역주, 소명출판, 2004 권6 pp73-75, 86-
    91, 100-111, 권7 43-44, 53-67, 96-102

194)-195) 『대한제국 비사』, 노주석, 한국학술정보(주), 2009 pp68-69(출처
    : 박종효 전 모스크바대학 교수, 러시아 공개 외교문서)

196) 『대한제국정치사연구』, 서영희, 서울대학교 출판부, 2003 p307

197) 주한 일본공사관 기록, 1905년 4월 1일

198) 고종황제 밀칙, 1904년 12월 13일자(당시 신문사 편집국장 월급이 20
    원 수준)

199) 『대한제국정치사연구』, 서영희, 서울대학교 출판부, 2003 pp290-299

200) 『대한제국 비사』, 노주석, 한국학술정보(주), 2009 p33, 112

첩자열전

ⓒ2014김승제

초판인쇄 _ 2014년 4월 25일

초판발행 _ 2014년 4월 30일

지은이 _ 김승제

발행인 _ 홍순창

발행처 _ 토담미디어

서울 종로구 돈화문로 94 (와룡동) 동원빌딩 510호

전화 02-2271-3335

팩스 0505-365-7845

출판등록 제2-3835호(2003년 8월 23일)

홈페이지 www.todammedia.com

편집미술 _ 김연숙

ISBN 978-89-92430-96-8